国家出版基金项目
NATIONAL PUBLICATION FOUNDATION

中 国 传 统 技 术 的 新 认 知

张柏春 主编

长风破浪

——郑和下西洋航海技术研究

陈晓珊 著

山东教育出版社

图书在版编目（CIP）数据

长风破浪：郑和下西洋航海技术研究 / 陈晓珊著 . —
济南：山东教育出版社，2020.4
（中国传统技术的新认知 / 张柏春主编）
ISBN 978-7-5701-1000-1

I.① 长… Ⅱ.① 陈… Ⅲ.① 郑和下西洋—航海技术—
研究 Ⅳ.① K248.105 ②U675

中国版本图书馆CIP数据核字（2020）第030483号

ZHONGGUO CHUANTONG JISHU DE XIN RENZHI

CHANGFENG POLANG
——ZHENG HE XIAXIYANG HANGHAI JISHU YANJIU

中国传统技术的新认知   张柏春/主编

长风破浪
——郑和下西洋航海技术研究   陈晓珊/著

主管单位：山东出版传媒股份有限公司
出版发行：山东教育出版社
　　　　　地址：济南市纬一路 321 号　　邮编：250001
　　　　　电话：（0531）82092660　　网址：www.sjs.com.cn
印　　刷：山东临沂新华印刷物流集团有限责任公司
版　　次：2020 年 4 月第 1 版
印　　次：2020 年 4 月第 1 次印刷
开　　本：787 毫米×1092 毫米　1/16
印　　张：19
字　　数：350 千
定　　价：89.00 元

（如印装质量有问题，请与印刷厂联系调换）印厂电话：0539-2925659

总　序

　　近百年来，特别是20世纪50年代学科建制化以来，中国科学技术史学家整理和研究中华科技遗产，认真考证史实与阐释科技成就，强调新史料、新观点和新方法，构建科技知识的学科门类史，在许多领域都做出开创性的工作，取得了相当丰厚的研究成果，代表作有中国科学院自然科学史研究所牵头组织撰写的26卷本《中国科学技术史》，以及吸收多年专题研究成果的天文学史、数学史、物理学史、技术史、传统工艺史等具有里程碑意义的学科史丛书。然而，未知仍然远多于已知，学术研究无止境。仅在中国古代科技史领域就有许许多多尚未认知透彻的问题和学术空白，以至于一些学术纷争长期不休。

　　近些年来，随着文献的深入解读、新史料的发现、新方法的发展，学界持续推进科技史研究，实现了一系列学术价值颇高的突破。我们组织出版这个系列的学术论著，旨在展现科技史学者在攻克学术难题方面取得的新成果。例如，郑和宝船属于什么船型？究竟能造出多大的木船？这都是争论已久的问题。2011年武汉理工大学造船史研究中心受自然科学史研究所的委托，以文献记载和考古发现为基本依据，对郑和宝船进行复原设计，并运用现代船舶工程理论做具体的仿真计算，系统地分析所复原设计的宝船的尺度、结构、强度、稳性、水动力性能、操纵性和耐波性等，从科学技术的学理上深化我们对宝船和郑和下西洋的认识，其主要成果是蔡薇教授和席龙飞教授等撰写的《跨洋利器——郑和宝船的技术剖析》。

　　除了宝船的设计建造，郑和船队还使用了哪些技术保证安全远航？下西洋给中国航海技术带来怎样的变化？自然科学史研究所陈晓珊副研究员以古代世界航海技术发展为背景，分析郑和下西洋的重要事件及相关航海技术的来源与变化，指出下西洋壮举以宋元以来中国航海事业的快速发展为基础，船队系统地吸收了当时中外先进的航海技术，其成果又向中国民间扩散，促成此后几个世纪里中国航海技术的基本格局。这项研究成果汇集成《长风破浪——郑和下西洋航海技术研究》，这部专著与《跨洋利器——郑和宝船的技术剖析》形成互补。

北宋水运仪象台被李约瑟赞誉为世界上最早的带有擒纵机构的时钟。关于苏颂的《新仪象法要》及其记载的水运仪象台，学者们做出了各自的解读，提出了不同的复原方案。有的学者甚至不相信北宋曾制作出能够运转的水运仪象台。其实，20世纪90年代，水运仪象台复原的重要问题已经解决，也成功制作出可以运转的实用装置。2001年，台南的成功大学机械工程系林聪益完成了他的博士论文《水运时转——中国古代擒纵调速器之系统化复原设计》。该文提出古机械的复原设计程序，并借此对北宋水运仪象台的关键装置（水轮-秤漏-杆系式擒纵机构）做系统的机械学分析，得出几种可能的复原设计方案，为复原制作提供了科学依据。

指南针几乎成了中国古代发明创造的一个主要标志。王振铎在1945年提出的"磁石勺-铜质地盘"复原方案广为流传。然而，学术界一直在争议何时能制作出指南针、古代指南针性能如何、复原方案是否可行等问题。人们质疑已有的复原方案，但讨论主要限于对文献的不同解读，少有实证分析。2014年自然科学史研究所将"指南针的复原和模拟实验"选为黄兴的博士后研究课题。他将实验研究与文献分析相结合，通过模拟实验证实：从先秦至唐宋，中国先贤能够利用当时的地磁环境、资源、关于磁石的经验知识和手工艺，制作出多种具有良好性能的天然磁石指向器，这一成果被写成《指南新证——中国古代指南针技术实证研究》。

宝船仿真设计、下西洋航海技术、擒纵机构复原设计和指南针模拟实验研究等新成果值得推介给学术界和广大读者，以丰富和深化我们对科学技术传统和文明演进的认知，并为将来重构科学技术史添砖加瓦。当然，这些成果还存在这样或那样的不足，敬请广大读者不吝赐教。

张柏春

2020年1月8日

于中国科学院中关村基础园区

前　言

　　本书有两条主要线索。一条线索是研究郑和下西洋船队所用航海技术的来源和使用方法，例如在郑和下西洋前后，计程测速、测深、天文导航这三种定量航海技术在中国发生了不同程度的变化。本书考证了短时段计程、铅锤测深和过洋牵星三种技术的来源，认为它们来自古代地中海和印度洋地区。短时段计程法和过洋牵星术很可能是由郑和船队直接引进中国的，而铅锤测深技术最晚在北宋已传入了中国。明朝初年的郑和下西洋活动促进了这三种技术及其计量单位的传播与普及，大幅度提高了中国定量航海技术的准确度和安全性能，也形成了此后几个世纪里中国实用航海指南和航行技术的基本形态。这体现了郑和下西洋对中国航海科技的重要影响，也显示了古代航海活动中世界各地技术与文化广泛交流的情形。

　　另一条线索是通过分析郑和船队的运行方式，关注其制度基础和历史源流。对洪武海运、遮洋海运和成化海难这几个对明朝国家海洋事业有重要意义的事件加以详细研究，考证郑和船队的编组、调度、信号传递方式，观察下西洋人员的来源、构成及其在下西洋之后的去向，展现明代国家海洋事业中的成就与问题，从而对郑和下西洋这一重大历史事件做更加全面的描述。

　　本书分章论述了郑和下西洋涉及的一些问题：

　　第一章，洪武海运。这是明朝国家海洋事业的基础，也是郑和下西洋船队的组织和制度来源。它建立在元代从江南到大都长途海运的基础上，以明军的卫所制为组织形式。在朱元璋时代长达二十多年的时间里，每年数万官兵驾驶数千条粮船穿越黄海航行，除运输任务外还兼有捕倭职责。这正是明永乐、宣德年间郑和下西洋率领出海的卫所军，同时拥有长途运输和防卫功能的制度基础。然而由于郑和下西洋的功业过于显著，相较之下洪武海运得到的关注较少，这就造成常有人不解庞大的郑和船队由何而来。本章第一节以元代海运为背景，介绍郑和下西洋之前中国的航海造船技术与海外交流情况，第二节以《西洋朝贡典录》的作者黄省曾家族事迹为线索，结合《明实录》《武职选簿》《逆臣录》等文献，展示和阐述洪武海运的细节。

第二章，郑和船队的运作方式，包括人员组成、船队阵型和信号传递。海上潜藏着各种风险，虽然郑和下西洋承担的是和平交流使命，但也需要有效的武装力量护卫平安。本章通过对《武职选簿》这一明朝档案的细节分析，叙述了此前刚经历过靖难之役的实战锻炼，具有精锐战斗力的锦衣、羽林等各卫官兵在护航中起到的重要作用，并通过对汉唐至宋元以来中国水军长期作战传统的考察，分析郑和船队运转中可能使用的阵型设置和旗帜、灯火信号调度等制度。

第三章，郑和下西洋前后，中国几种主要定量航海技术和航海指南撰写方式的变化。在宋元以来中外航海技术充分交流、共同发展的基础上，郑和下西洋得以实现。本章研究了相关技术与工具的域外来源和演变情况，考证了量天尺、牵星板、铅锤测深、流木测速、短时段计法、航海指南书写方式的转变与航海计量单位的统一等具体问题，力图展现各种技术发展、应用和传播的动态过程。郑和下西洋船队不仅有来自浙江、福建、广东的众多民间航海者，而且有被称为"番火长"的外国领航员。这就使船队可以了解当时世界其他地区航海技术的特点，对中外航海技术做全面整理、借鉴和吸收。如船队在印度洋海域航行时使用当地的过洋牵星术，并借鉴西太平洋和印度洋水手的技术，结合中国传统计时习惯加以本土化，形成"更"这一航海计量单位和定更数航行法，大幅度提高了航海技术的精确程度。其一系列成果随着民间航海者的回归向中国沿海各地流传普及，形成了明清时期中国航海指南和航行技术的基本形态。

第四章，郑和下西洋航行中遇到的各种问题和对策。木帆船时代主要依靠风力航海，此章第一节叙述了在顺风、无风、逆风、风暴等不同情况下，船队采用的增帆、拖船、候风、下碇、收帆、换舵、排水等各种对策，并结合一些具体事例，展现海上处理风险的动态技术情景。第二节通过对古代航海谚语"针迷舵失"的考证，分析了航海者对岛礁区风险的规避意识，以及对使用罗盘的慎重提醒。因为礁石浅滩等复杂地形条件会导致海流情况异常，如果对航船方向判断有误，偏离安全航线靠近这些区域，就很容易使船舵与岛礁碰撞损毁，从而引发海难事故。本节还分析了世界各地用铁钉和线缝方式造船的不同传统。第三节是海洋环境与生物导航。生物导航是人类认识海洋之后最早的导航方式之一。在世界各地的古代航海记录和航海指南中，有许多对各海域环境特征的记载，包括水色、岛礁、风浪、生物等内容，在长期实践中，这类特点被总结成经验，写入各种航海记录，也体现了古代世界中海洋知识的交流与传播。第四节是祈愿平安的航海与造船风俗。每一种风俗都说明了航海中可能遇到的隐患，罗盘、舵、淡水舱中的神灵均是如此，它们反映了古人对航海中不可控因素的认识。

第五章，郑和下西洋结束后，明朝国家航海业出现了衰退现象。本章研究了遮洋海运与成化海难这两个较少受关注的事件。第一节分析遮洋海运与明初洪武海运和郑和下西洋之间的关系，论证自朱元璋时期以来，明朝国家航海业中长期存在的人地关系错位现象是导致其衰退的主要原因之一。第二节考证了成化年间出使满剌加的重大海难事件对明朝海外经营与交流的影响，并分析技术失误背后体现出的明朝中后期官方航海中的管理问题。

第六章，对后世流传的两个郑和下西洋相关事件的考证。一是郑和航海档案被焚毁的传闻。这实际只是一个以讹传讹的虚假故事。明朝中后期依然存在民间航海力量，但国内外形势都已经发生了变化，由官方组织的如郑和下西洋般的那种大规模远洋行动实际上不太可能。本节分析了相关传言的产生、演变和形成影响的原因。二是关于郑和下西洋宝船的考证。在20世纪普遍疑古的学术风气中，郑和宝船过于庞大的长宽数据和船型也受到了质疑。随着出土文物与资料的不断被发现，宝船数据中的长宽比例基本得到证实，船型也被普遍认定为福船，但长宽数据尚未得到确认，这也是郑和下西洋研究中的最大疑问。

通过对郑和下西洋中各种航海技术的考察，不仅能看到明朝官方与民间航海事业发展的情形，还可以看到在古代西太平洋和印度洋之间的航线上，来自各国的无数航海者交流合作，创造并传播了各种实用航海技术。航向、航距、水深和星高是定量航海技术中最重要的四种数据，而它们赖以实现的工具和技术，即中国的罗盘、印度洋的短时段计程法、地中海的测深锤和阿拉伯的过洋牵星术，分别由这条航线上几个古老的文明国家和地区最初开始使用，又在航线沿途广泛流传，使西太平洋和印度洋两端的航海者们使用着同样的技术，航行于欧、亚、非大陆之间，创造出辉煌灿烂的古代世界航海文明。

郑和下西洋船队也从这条航线上引进了短时段计程法和过洋牵星术，但他们学来并传播的是终端技术而非基础理论。因为东西方对地球和航海天文的认识方式和知识储备不同，站在普通航海者的角度，终端技术已经可以满足当时的实用航海需求，但若想在此基础上更进一步，则必须有理论予以指导和推进，后来中国与欧洲航海技术的不同走向就证明了这一点。郑和下西洋时正当明朝初年，虽然此前也有学者接触到相关理论，但在传统社会条件下，不能将其向民间流传，更不能广泛传播并使人们普遍认同，郑和下西洋船队自然也无法充分借鉴相关理论。这导致在后来的技术流传中出现疑问时，无法依据理论加以解释，从而产生长期争论。但这是由历史的局限性所致，不能站在今天的角度苛求古人。

郑和下西洋的船队为中国航海者全面引进了短时段计程技术，并普及了"更"这个计量单位和定更数航行法，使中国航海的精度从以日夜为单位提高到以"更"即2.4小时为单位，整体提高了一个数量级。这不但为航行提供了更明确的操作指示，而且在中国海域岛礁区众多的情况下，这种更精确的表达方法可以有效说明各岛礁浅滩位置，提示航船及时规避风险。六个世纪以来，关于对郑和下西洋的历史价值究竟该如何评价，一直存在各种争论。但从其对中国航海科技史的影响来看，至少它大幅度提高了中国实用航海技术的精确度与安全性，使此后五百多年间，无数中国航海者的生命财产得以保全，并促进了海洋相关生产力的发展，海洋国土得以进一步开发与命名，这种价值是无法用数字衡量的。而依据郑和下西洋过程中实测得来并加以改进的各种航行数据和航海指南撰写方式，也融入明清时期大量民间航海针经中，指导着航海者来往于中外航路上。时至今日，南海以至东南亚地区依然流传着各种郑和下西洋的传说，这也从侧面说明了民间航海者对郑和船队所做贡献的感怀与认同。

目 录

001　**第一章　洪武海运：前郑和时代的明朝国家航海事业**

002　第一节　从《大元海运记》和《海道经》看郑和下西洋之前的
　　　　　　航海技术

016　第二节　明初海运军队的组织与运转方式：以《西洋朝贡典
　　　　　　录》作者黄省曾家族为例

035　**第二章　郑和船队的航行阵型与信号传递**

035　第一节　靖难官军与锦衣卫在下西洋船队中的作用

052　第二节　明代水战与航行中的船队编组和指挥方式

059　第三节　旗号与灯火在古代航海中的应用

070　**第三章　定量航海技术和航海指南在郑和下西洋前后的变化**

070　第一节　过洋牵星术：下西洋船队对印度洋地区航海技术的借
　　　　　　鉴与吸收

095　第二节　铅锤测深与短时段计程技术的来源与传播：兼论计量
　　　　　　单位"更"的演变

111　第三节　从航海指南书写方式的变化看郑和下西洋对中国航海
　　　　　　科技的影响

123　**第四章　下西洋航路上的航行风险与应对技术**

124　第一节　顺风、候风与险风：风帆时代的航行动力和应急对策

140　第二节　"针迷舵失"与线缝船：古代航海者应对岛礁区风险
　　　　　　的方式

158　第三节　古代航海文献中的海洋环境与生物导航

173　第四节　从天妃与针、舵、水柜等诸神信仰看航行中的常见问题

185　**第五章　郑和下西洋之后的明代官方航海事业衰退现象**

186　第一节　遮洋海运与郑和下西洋军队的最终去向

196　第二节　成化十九年出使满剌加海难事件对明朝海外交流的影响

210　**第六章　后世流传的郑和下西洋相关问题分析**

211　第一节　郑和航海档案被焚传闻之误传与变迁

224　第二节　"疑古"与"信古"之间的20世纪以来郑和宝船技术
　　　　　　史研究

238　**附　录**

第一章

洪武海运：前郑和时代的明朝国家航海事业

明初永乐三年（1405年）至宣德八年（1433年）间，郑和率领船队七次远航西太平洋和印度洋，其目标是增加与西洋各国的联系，扩大明朝在这些地区的影响力。这是古代世界规模最大的长时间远洋航行，体现了中国古代航海技术的高超成就。在前后七次远航中，船队曾到达东南亚、南亚、西亚和东非的30多个国家和地区，包括今越南、印度尼西亚、泰国、马来西亚、印度、斯里兰卡、孟加拉、马尔代夫、阿曼、也门、伊朗、索马里等地。[①]

郑和船队海船数量常在百艘以上，人员多至27000余人[②]，航程10万余里，以今天的标准来看，其规模也非常庞大。向前追溯，可以看到明太祖洪武年间，曾连续20余年进行从江南太仓到辽东半岛的长途海运，常动用船只数千艘，人员八九万人，粮食运载量在每年70万石左右。虽然洪武年间的海运船只大小不及郑和宝船，航行范围也只在中国海附近，但其人员数量为郑和船队数倍，船只总数也远大于后者。从历史传承的角度来看，洪武海运实际是郑和下西洋的基础，二者在组织形式和人力调配方面都存在延续性。而在此之前，还可以看到元代持续数十年的长途海运，它是洪武海运的历史渊源和基础。从当时的信息中，还可以看到郑和下西洋之前中国航海技术的特点。这是郑和下西洋的技术基础，以当时的情形对比郑和下西洋之后中国航海术发生的变化，更能看出郑和下西洋的意义，及其给中国15世纪之后的航海事业带来的巨大改变。

---

① 郑鹤声：《娄东刘家港天妃宫石刻"通番事迹记"》，载纪念伟大航海家郑和下西洋580周年筹备委员会、中国航海史研究会编《郑和研究资料选编》，人民交通出版社，1985，第97-99页。

② 祝允明：《前闻记》，收入邓士龙辑《国朝典故》，许大龄、王天有主点校，北京大学出版社，1993，第1415-1416页。

第一节　从《大元海运记》和《海道经》看郑和
下西洋之前的航海技术

　　元大都是北京城的前身，宏大的城市、规整的街道，奠定了明清北京城的格局。这里是元朝的政治中心，常住人口曾达百万，再加上流动人口与众多政府机构，每天都需要大量粮食供应，然而当时的经济中心在江浙一带，为了维持国家中枢顺利运转，每年江南的大量税粮要运向北方。除京杭大运河外，更要依靠海上运粮路线，自长江口出海北上，通过黄海、渤海，由直沽经过通州，最终到达元大都城中的积水潭码头。这条航路，从1282年海运起始到1368年元朝灭亡，前后经86年，从第一次尝试运粮46000石，到天历二年（1329年）最高运输量达到350余万石。庞大的船队中有十数万运粮者，这是中国古代规模最大、持续时间最长的国家海运事业，支撑起了元大都的繁荣与辉煌。[①]元人张昱诗云"国初海运自朱张，百万楼船渡大洋"[②]，讲述的就是海运初行者朱清、张瑄的事迹。朱、张二人原为海盗出身，后来受命为元朝政府筹办海运事业，并根据他们当年为逃避追捕，闯入海洋深处时的经验，贡献出了一条贯穿黄海的深水航线。

　　在今天看来，元朝海上运输路线实际就是由上海附近出发，航行到天津附近港口，其起点和终点都在中国东部海岸线附近。但因北方近岸海域多浅沙，加上海岸线迂回曲折，沿海岸航行并不是最佳路线。为了开拓安全有效的航路，元朝海上运粮路线经过两次变迁，先后开辟了三条航线，最终形成一条直穿黄海的捷径，并沿用至明初永乐年间，成为明朝国家航海业的开端。

---

　　① 关于元代海运情形，可参考章巽《元"海运"航路考》（章巽：《章巽文集》，海洋出版社，1986，第73-85页）、高荣盛《元代海运试析》（南京大学历史系元史研究室编：《元史及北方民族史研究集刊》第7期，1983，第40-64页）、孟繁清《元代的海船户》（齐木德·道尔吉主编：《蒙古史研究》第9辑，内蒙古大学出版社，2007，第107-119页）。
　　② 张昱：《辇下曲》，收入顾嗣立编《元诗选》初集之《辛集·庐陵集》，中华书局，2002，第2068页。

至元十九年（1282年），元代海运开辟了第一条航线，其特点是全程沿海岸线航行，从刘家港（今江苏太仓浏河）入海，向北经过崇明州（今上海崇明）以西，再向北经海门县（今江苏海门）附近的黄连沙头及其以北的万里长滩，沿海岸北航，经连云港、胶州，又转向东，经过灵山洋（今山东青岛以南海面），沿山东半岛南岸向东北方航行，经半岛最东端的成山角，再转向西行，经渤海南部，一直向西直到渤海湾西端，进入界河口（今海河口），沿河航行直至杨村码头（今天津武清）。然而这条航线系近岸航行，海岸曲折，路程险远，全程长达6500公里，且近岸海域多浅沙，海船容易陷入其中，再加上海船需要季风才能航行，错过季节，会使航行不便，导致全程航行需要长达数月甚至近一年的时间，这种速度和效率并不能满足实际需要。宋末元初人周密曾记载了这条路线上，从长江口附近的张家浜到今苏北盐城海域，浅沙众多的情形。在这种海况中航行，一旦海船搁浅，就需要将船上粮食投入海中以减轻船重：

> 李声伯云："常从老张万户入海，自张家浜至盐城，凡十八沙，凡海舟阁浅沙势，须出米令轻。如更不可动，则便缚排求活，否则舟败不及事矣。①

面对这种浅沙众多的情形，运粮过程中的损失可想而知。因此十年之后的至元二十九年，第二条航线开辟。即自刘家港入海后，经过长江口以北的万里长滩，离开近岸海域，在西南顺风情况下，一昼夜可以航行一千余里，到达青水洋，然后在东南顺风条件下航行三昼夜，过黑水洋，就可以望见沿津岛大山（在山东文登以南，又称延真岛或元真岛），继续借东南风航行，一昼夜可到达成山角，再航行一昼夜到达刘家岛（今刘公岛），又一昼夜到芝罘岛，再一昼夜到沙门岛（今山东蓬莱西北庙岛），又借东南风航行三昼夜，就可到达海河口。这条航线的最早一段，即刘家港到万里长滩的一段航程，与第一条航线相同。但从万里长滩开始，就不再走近海海域，而是利用西南风直接向东北航行，经过青水洋，进入被称为黑水洋的深海海域，随后利用东南季风，折向西北方航行，直达成山角。这段航路避免了之前近岸航路的曲折，直接利用季风在深海中航行，避免了近海浅沙的风险，同时大幅度缩短了航程，顺利时半个月就可以到达，但"如风、水不便，迂回盘折，或至

---

① 周密：《癸辛杂识》续集上《海蛆》，王根林点校，上海古籍出版社，2012，第88页。

·月、四十日之上，方能到彼"①。

一年之后的至元三十年，千户殷明略又贡献出了第三条航线。依然是从刘家港入海，但到崇明岛的三沙后就直接向东驶入黑水大洋深海海域，然后向北直航，直达成山角，其后都与之前路线相同。这条航线与第二条航线的区别在于，南端不经万里长滩，直接向东进入深海，路线更直，航程更短，并能更多利用黑潮暖流，顺风时只需十天就可以到达，进一步缩短了航行时间。从此之后，元代海运都取此路线②，明朝初年，朱元璋为了向辽东驻军运输粮食，继续使用这条海路。

一、从《海道经》看明代之前中国航海指南的书写方式

明代航海工具书《海道经》是中国现存年代较早的航海工具书，书中保留了元代海运时留下的航海知识，流传过程中又陆续加入从明初直至明中期的内容③；记载了明初海运航程；收录了使用指南针航海的针路、水深和海底泥沙状况，以及水色、岛礁等用以导航的信息。其中《海道》一节实际上是航海实用手册，然而其中记载航线信息的方式，却与明清时期常见的航海操作指南相差甚远。例如其在记述刘公岛、成山角一带航线时，这样记载航路信息：

> 刘岛开洋，望东挑北一字转成山嘴，望正南行使，好风一日一夜见绿水，好风一日一夜见黑水，好风一日一夜便见南洋绿水，好风两日一夜见白水。望南挑西一字行驶，好风一日，点竿累戳二丈，渐渐减作一丈五尺。水下有乱泥，约一二尺深，便是长滩。渐渐挑西，收洪。如水竿戳着硬沙，不是长沙地面，即便复回，望大东行使。④

中国航海者最晚在宋代就已经利用指南针航行，《大元海运记》中记载，元代海运者是"凭针路定向行船"⑤，文中的"望东挑北一字""望南挑西一字"，说的正是指南针的指向。但这种记载方式与人们熟悉的明清时期的航海指南有很大不同。如明代航海书《顺风相送》中这样记载航行信息：

① 佚名：《大元海运记》卷之下《漕运水程》，广文书局，1972，第97页。
② 郑一钧：《宋元时代海上航路》，载章巽主编《中国航海科技史》第2章第3节，海洋出版社，1991，第125-126页。
③ 关于《海道经》的成书年代等问题，可参考周运中：《〈海道经〉源流考》，《海交史研究》2007年第1期，第129-136页。
④ 佚名：《海道经》之《海道》，四库全书存目丛书，齐鲁书社，1996，史部第221册第190-191页。
⑤ 佚名：《大元海运记》卷之下《漕运水程》，第103页。

（福建往交趾针路：）五虎门开船，用乙辰针，取官塘山。船行有三礁在东边，用丙午针取东沙山西边过，打水六七托，用单乙针三更船取浯屿，用丁午针一更坤未针取乌坵山，坤申七更船平太武山，用坤申及单申七更船平南澳山。[①]

文中的"乙辰针""丙午针""单乙针""丁午针""坤申""单申"都是方位，分别代表着若干度数。这是加了方位盘的指南针，称为罗盘，方位盘上有包括天干、地支、卦位在内的24个方位，即子、癸、丑、艮、寅、甲、卯、乙、辰、巽、巳、丙、午、丁、未、坤、申、庚、酉、辛、戌、乾、亥、壬。盘中的子位在正北方，午位在正南方，24个方位之间，各相差15°。而《海道经》中明显不是这种表达方式，它的写法是"望东挑北一字""望南挑西一字行驶"等，可见方位盘上的干支信息还没有被正式纳入航路记载中。实际上，元代周达观所作的《真腊风土记》已经采用方位盘上的固定干支名称记录指南针信息了，如"自温州开洋，行丁未针。历闽、广海外诸州港口……又自真蒲行坤申针，过昆仑洋，入港"[②]。这里丁未针、坤申针的表达方式明显与明代的《顺风相送》相同。

作为记录元代到明初航海信息的文献，《海道经》关于方位的阐述方式与《真腊风土记》不同，这很可能体现了北洋航线和南洋航线上航海技术的差异。而在测录水深的工具和计量单位上，《海道经》与《顺风相送》也完全不同。前者"点竿累戳二丈，渐渐减作一丈五尺。水下有乱泥，约一二尺深，便是长滩……如水竿戳着硬沙，不是长沙地面"，明显用的是水竿测深，计量单位是丈和尺。而《顺风相送》则是"打水六七托"，托意即双手平举后的长度，它是一种用铅锤测水深的计量单位。测深的铅锤最初见于北宋，它能有效带起海底泥沙，适于在深海中测量水深，北宋的《宣和奉使高丽图经》中就提到了使用铅锤[③]，同时它也是明清时期中国航海书中的通用工具。而《海道经》中却使用水竿测深，没有提到铅锤，这说明虽然北洋航线上有相关技术，但南北航线技术上并未统一。

在记录路程方面，《海道经》与《郑和航海图》《顺风相送》等年代略晚的航

---

① 向达校注：《两种海道针经》之《顺风相送·福建往交趾针路》，中华书局，2000年，第49页。

② 周达观著，夏鼐校注：《真腊风土记校注》之《总叙》，中外交通史籍丛刊，中华书局，1981，第15页。

③ 徐兢：《宣和奉使高丽图经》卷34《客舟》《黄水洋》，影印文渊阁四库全书，台湾商务印书馆，1986，史部第593册第892页、第895页。

海文献的精确度差异更大。前者是"好风两日一夜到黑水洋。好风一日一夜、或两日夜，便见北洋绿水"①。后者是"用丁未针，一更，船出双屿港。用丙午针，一更，船取孝顺洋"②。"更"是一种用时间表示距离的计量单位，一昼夜分为十更，即每更2.4小时；其代表的距离有不同说法，本书第三章第二节中将对其意义作进一步分析。"更"明显比日夜更加精确，中国附近海域岛礁众多，相距不远，以更为计量单位，更适合实际航行需求。海船一日之间可能经过若干个岛礁，但在以日夜作为计量单位时，这一路上的若干个岛礁都无法精确形容其所在位置。而改用更记录后，可能每过一两更都会提到一个岛礁，这实际上提高了海船航行的精确度和安全性。

回顾中国古代航海文献的书写方式，会看到《海道经》的写法与《大元海运记》之《漕运水程》的写法很相似：

> 先得西南顺风，一昼夜约行一千余里，到青水洋。得值东南风，三昼夜过黑水洋。望见沿津岛大山，再得东南风，一日夜可至成山。一日夜至刘岛。又一日夜至芝罘岛。再一日夜至沙门岛。守得东南便风，可放莱州大洋，三日三夜方到界河口。③

南宋时期的《岭外代答》也是类似书写方式："舟师以海上隐隐有山，辨诸蕃国皆在空端。若曰往某国，顺风几日望某山，舟当转行某方。"④可见《大元海运记》和《海道经》代表了郑和下西洋之前，中国北洋航线上的航路书写方式。对比它们，《郑和航海图》《顺风相送》在方位、路程、水深这几种定量航海的表达方式上，都有明显差异。《郑和航海图》中的定量航海技术与《海道经》相比，已经有了很大进步。

关于对不同海域海水颜色的记载也是《海道经》的主要特点之一。如书中记载：

> 往正东或带北一字行驶，戳水约半日，可过长滩，便是白水洋。望东北行使，见官绿水，一日便见黑绿水。循黑绿水望正北行使，好风两日一

---

① 佚名：《海道经》之《海道》，第189页。
② 茅元仪：《武备志》卷240，续修四库全书，上海古籍出版社，1996，子部第966册第321页。
③ 佚名：《大元海运记》卷之下《漕运水程》，第97页。
④ 周去非著，杨武泉校注：《岭外代答校注》卷6《器用门·木兰舟》，中外交通史籍丛刊，中华书局，1999，第217页。

夜到黑水洋。好风一日一夜、或两日夜，便见北洋绿水。好风一日一夜，依针正北望，便是显神山。好风半日，便见成山。[①]

章巽在1957年发表的《元"海运"航路考》中，介绍了不同海域中水色不同的原因："海水随着深度不同而选择吸收太阳光线，海水愈浅，绿色愈显；海水愈深，蓝色愈浓。我国以东海水的颜色，离岸愈近，就愈浅、愈绿，在我国历史文献上有青水洋之称；离岸愈远，就愈深、愈蓝，在我国历史文献上有黑水洋之称。而自长江口附近以北，近岸的海水，盐分较少，泥沙较多，故又呈黄色，在我国历史文献上有黄水洋之称。元海运航程所经过的青水洋，当指北纬34°、东经122°附近一带；黑水洋当指北纬36°—32°、东经123°以东一带。"[②]

对浅滩、礁石、暗礁等加以详细记载，是《海道经》的另一特点。礁石是航海中常见的风险隐患，古代航海书和航海游记中一直都很注意记述各处礁石情形。如《法显传》记载："若值伏石，则无活路。"[③]《宣和奉使高丽图经》中记载海上的"半洋焦"时说："舟触焦则覆溺，故篙师最畏之。"[④]《海道经》中《海道》一节对这类信息有详细记述：

早靠桃花班水边，北有长滩沙、响沙、半洋沙、阴沙、冥沙，切可避之。

……

一转过成山，望正西行使，前有鸡鸣屿，中有浮礁一片，可以避之……离有一百余里，有黑礁一片，三四亩大，避之。

……

到沙门岛，东南有浅，可挨深行使。南门可入，东边有门，有暗礁二块，日间可行。[⑤]

《海道经》中还附有《海道指南图》，其中保存有大量地名，是一种较为简单的航海示意图。与《郑和航海图》有方位、更数、水深、星高各种定量航海数据相比，《海道经》还停留在记述地名的阶段，由此可以看出两者所代表年代之间航海技术水平的差异。

① 佚名：《海道经》之《海道》，第189页。
② 章巽：《元"海运"航路考》，第77页。
③ 法显撰，章巽校注：《法显传校注》，中外交通史籍丛刊，中华书局，2008，第143页。
④ 徐兢：《宣和奉使高丽图经》卷34《半洋焦》，第895页。
⑤ 佚名：《海道经》之《海道》，第189-190页。

二、古代文献中的元代中国航海活动

在描写元代中国海船的文献中,《马可波罗游记》应是最著名者之一。虽然关于"马可·波罗是否真的到过中国"这个问题长期存在争论,但书中关于中国海船的许多记载却得到了印证。例如他称中国古代海船有6层外板:

> 当一艘船,航行了一年以上需要修理时,通常的做法是:将一层覆板盖在原来的底板上,形成第三层覆板,这和其它船舶的做法一样,也用麻絮捻缝,用油灰填缝。如果需要进一步修理的话,再照原样进行,累计达到六层板为止,这时候船便被认为是报废了,不能再出海航行了。[①]

在2008年,西沙群岛发现的华光礁1号南宋沉船中,确实有5—6层外板[②],这证实了马可·波罗的记载。马可·波罗还记载了中国古船运用的增强防水技术:

> 船舶都是用双层板造成的,也就是说,它们的每一部分,都有一层覆板盖在底板上,这些船板,内外都用麻絮捻缝,并用铁钉加固。因为这地方不出产沥青,所以不能用它涂船;而用下面一种油灰来抹船底。制法如下:人们用生石灰和切细的大麻混合起来捣烂,再加入从一种树上取下的油脂,制成一种软性油灰。这种油灰保持的粘性,比沥青更牢固更好。[③]

这里说的麻絮捻缝、铁钉加固、油灰抹船底的工艺是中国造船技术的典型特点。1979年,浙江宁波东门口出土的一艘北宋木船,就是"使用桐油灰加麻丝作捻缝以保证壳板的水密性"[④]。根据元代汪大渊《岛夷志略》中《勾栏山》一条记载,元朝初年出征爪哇,途中遇到风暴,海船被毁,于是士兵们登上陆地,利用繁茂的树木和船中尚存的"丁灰",重新造了十余艘船,再度出发:

> (勾栏山)岭高而树林茂密,田瘠谷少,气候热。俗射猎为事。国

---

① 马可·波罗口述,鲁思梯谦笔录:《马可波罗游记》,陈开俊等译,福建科学技术出版社,1981,第198页。本书引用的《马可波罗游记》《马可波罗行记》出自不同译本,反映了不同版本和译者的知识和观点。

② 袁晓春:《马可波罗对海上丝绸之路中国造船技术的记载与传播》,《南海学刊》2016年第1期,第108-112页。

③ 马可·波罗口述,鲁思梯谦笔录:《马可波罗游记》,第197-198页。

④ 林士民:《宁波造船史》,浙江大学出版社,2012,第108页。

初，军士征阇婆，遭风于山下，辄损舟，一舟幸免，唯存丁灰。见其山多木，故于其地造舟一十余只，若樯柁、若帆、若篙，靡不具备，飘然长往。有病卒百余人不能去者，遂留山中。今唐人与番人丛杂而居之。男女椎髻，穿短衫，系巫仑布。①

勾栏山即交栏山，也就是今天的印度尼西亚加里曼丹亚格兰岛。这里说的"丁灰"实际上就是造船所必须的"钉灰"——铁钉和油灰，这是古代中国主流造船技术中不可缺少的材料。而在世界另一些地方则不是这样，他们使用的是线缝船技术，即用椰子制成的绳索捆扎船板，并涂上沥青加固。随同郑和第七次下西洋的巩珍在《西洋番国志》中记载：

> 盖番人造舡不用铁钉，止钻孔，以椰索联缚，加以木楔，用沥青涂之至紧。②

《马可波罗游记》中详细记载了忽里模子人的线缝船技术，不过与《西洋番国志》的记载相比，忽里模子人的技术中少了用沥青加固的细节：

> 忽里模子人的造船技术非常差劲，它使商人和乘客航行时发生很大的危险。这种船只的毛病就在于，造船木料质地过于坚脆，和陶器一样一碰就裂。所以造船时铁钉打不进去，常常弹跳回来，容易使船板发生裂痕。船板的两头，必须小心地用螺旋钻打孔，然后再用大木钉楔入，造成船只的雏形。接着再用印度出产的一种坚果（即椰子），里面像马尾一样的纤维制成绳索，象缝衣服一样把船板联起来。这种绳索制作的方法是，先将这种坚果的皮浸泡水中，使果肉部分腐烂，然后把其中的丝条洗净晒干，制成细绳，缝联船板，它在水里经久耐用。船底不涂沥青，只涂一种用鱼脂制成的油，再用麻絮填塞缝隙。每只船上有一根桅，一把舵和一个船舱。货物装满以后用兽皮盖在面上。货舱上面又装载运往印度的马匹。船上没有铁锚，只有水底缆绳，因此，在恶劣的气候中——印度海的波浪很

---

① 汪大渊著，苏继庼校释：《岛夷志略校释》之《勾栏山》，中外交通史籍丛刊，中华书局，1981，第248页。费信《星槎胜览》卷1《交栏山》中的记载与此类似，但说的是"造船百号"（费信著，冯承钧校注：《星槎胜览校注》前集《交栏山》，中华书局，1954，第9页）。两相对比，大概还是应以汪大渊所说的十余条为准。

② 巩珍：《西洋番国志》之《溜山国》，向达校注，中外交通史籍丛刊，中华书局，2000，第33页。

大——海风一刮，常被闹得触礁沉船，造成海难。[①]

这里提到船上没有铁锚，以致风暴到来时，船会被海浪推上礁石撞沉，的确是一种隐患。船在海上遇风时，需要抛下系泊工具固定船，防止其到处漂流，如宋代《己酉航海记》中提到"大风，碇海中"[②]。《海道经》中保留了当时在各种环境下使用不同系泊工具时的航海口诀，如"海中泥泞，须抛木叮。黑水洋深，接缴数寻"[③]等。明代唐顺之在《武编》中提到，镇江的江滩上遗留有一块大碇，是郑和下西洋时的遗留物：

> 镇江江滩大碇用镇海船，三宝太监下西洋旧物也。[④]

现在印尼三宝垄的三保庙里依然供奉着传说中郑和船队的大铁锚。[⑤]因锚的形状似猫爪，古代航海者直接称其为"铁猫"。元朝海运时，大型铁锚重达数百斤，但巨大的风浪甚至会使锚爪折断，还发生过"尝有舟遇风下钉，而风怒甚，铁猫四爪皆折，舟亦随败"的事件，在当时人看来都觉得其严重程度甚为可异。[⑥]内陆河湖中有时也会遇到风浪过大，铁锚不能有效作用的现象，如元末至正二十三年（1363年）七月，朱元璋和陈友谅两方水军在鄱阳湖决战，由于风向和水流、地势的原因，陈友谅一方有战船顺水直下，无法控制，最后连抛了五只铁锚才让船停下：

> 值西风大作，红船之势高，拒顺流，如箭而下，无所措手足，流至禁
> 江口，抛五铁锚始住。[⑦]

海船上操作系泊工具的水手被称为"碇手"。如元代贡应泰在《海歌十首》[⑧]中描述他们的工作景象：

---

① 马可·波罗口述，鲁思梯谦笔录：《马可波罗游记》，第26页。
② 李正民：《己酉航海记》，收入顾宏义、李文整理标校《宋代日记丛编》（二），上海书店出版社，2013，第672页。
③ 佚名：《海道经》之《海道》，第196页。
④ 唐顺之：《武编》前集卷6《舟》，影印文渊阁四库全书，台湾商务印书馆，1986，子部第727册第482页。
⑤ 孔远志、郑一钧著：《东南亚考察论郑和》，北京大学出版社，2008，第155页。
⑥ 周密：《癸辛杂识》续集上《海蛆》，第88页。
⑦ 俞本撰，李新峰笺证：《纪事录笺证》卷上，癸卯至正二十三年，中华书局，2015，第180页。
⑧ 贡师泰：《玩斋集拾遗》之《海歌十首》，影印文渊阁四库全书，集部第1215册第725页。

碇手在船功最多，一人唱声百人和。何事浅深偏记得，惯曾海上看风波。(《海歌十首》之八)

贡师泰曾于元至正二十年任户部尚书，"俾以闽盐易粮，由海道转运京师"①。诗中描述的正是元代海运船运粮前往直沽的场景，十首海歌提到了海船上不同的工作场景，全景式展现了元朝海运的繁忙景象。例如对一些海上技术人员的记录：

千户火长好家主，事事辛苦不辞难。明年载粮直沽去，便著绿袍归作官。(《海歌十首》之六)

"火长"即伙长，是中国古代对主要领航员的称呼，是"主管海上航行者，熟知罗经之法，负责计测日月星位、测天气、察地理"②。下西洋的船队中还有"番火长"，即外国领航员。海船上各岗位的水手都有专门称谓，如明代《东西洋考》中介绍：

其司战具者为直库，上樯桅者为阿班，司椗者有头碇、二碇，司缭者有大缭、二缭，司舵者为舵工，亦二人更代。其司针者名火长，波路壮阔，悉听指挥。③

阿班也称"亚班"，明代胡靖记载"习登樯入水者谓亚班"④，是负责瞭望和整理帆索等工作的船员：

亚班轻捷如猿猱，手把长绳飞上高。你每道险我不险，只要竿头着脚牢。(《海歌十首》之九)

亚班有时也写作"鸦班"，李鼎元对此有详细解释：

① 顾嗣立编：《元诗选》初集之《戊集·贡尚书师泰》，第1394页。
② 佚名绘，大庭修著：《〈唐船图〉考证》，朱家骏译，海洋出版社，2013，第38页。
③ 张燮：《东西洋考》卷九《舟师考》，中外交通史籍丛刊，中华书局，1981，第170~171页。
④ 胡靖：《琉球记》，收入黄润华、薛英编《国家图书馆藏琉球资料汇编》(上)，北京图书馆出版社，2000，第262页。

桅梢尽处有鸦班（舟人时缘一绳以上桅，疾如飞，故名曰鸦班）。[1]

海船以鸦班为重，每舟三人，人管一桅，各披红执旗，缘一绳而上，疾如飞，不负鸦班之目……天空日朗，风波不兴，鸦班甫登桅末，西南风骤至，并带微雨，神其示以顺风矣。[2]

关于水手的衣着和工作情形，《海歌十首》中也有所描述：

上蓬起柂气力强，花布缠头袴两裆。说与众人莫相笑，吃酒着衣还阿郎。

蓬即是篷，风帆之意，上蓬就是扯起风帆起航[3]。相应的还有落篷，如《宣和奉使高丽图经》中记载：

夜分，风转西北，其势甚亟，虽已落篷，而飐动扬摇，瓶盎皆倾，一舟之人震惧胆落。黎明稍缓，人心尚宁，依前张帆而进。[4]

"起柂"之柂就是舵，有时也写作柁。舵作为船尾专门用来控制航向的属具，在《海歌十首》里有较多的描述，例如：

只屿山前放大洋，雾气昏昏海上黄。听得柁楼人笑道，半天红日挂帆樯。（《海歌十首》之四）

大工驾柁如驾马，数人左右拽长牵。万钧气力在我手，任渠雪浪来滔天。（《海歌十首》之七）

舵由巨木制成，体大质沉，需要多人一起用力转动。巩珍在《西洋番国志》中记载郑和船队的宝船"体势巍然，巨无与敌，蓬帆锚舵，非二三百人莫能举动"[5]。1957年，南京明代宝船厂遗址出土一支巨大的舵杆，长度有11.07米，用铁力木制成，2003年8月至2004年9月间，南京宝船厂遗址六作塘考古发掘过程中，又出土两条明代舵杆，分别长10.06米和10.925米。

---

① 李鼎元：《师竹斋集》卷12《航海词二十首》，收入王菡选编《国家图书馆藏琉球资料三编》（下），北京图书馆出版社，2006，第190页。

② 李鼎元：《使琉球记》卷2，韦建培校点，陕西师范大学出版社，1992，第57页。

③ 吴汉痴主编：《切口大词典》之《役夫类·舟夫之切口》："上篷：扯风帆也。"据上海东陆图书公司1924年版影印，上海文艺出版社，1989，役夫类第12页。

④ 徐兢：《宣和奉使高丽图经》卷34《半洋焦》，第895页。

⑤ 巩珍：《西洋番国志》之《自序》，第6页。

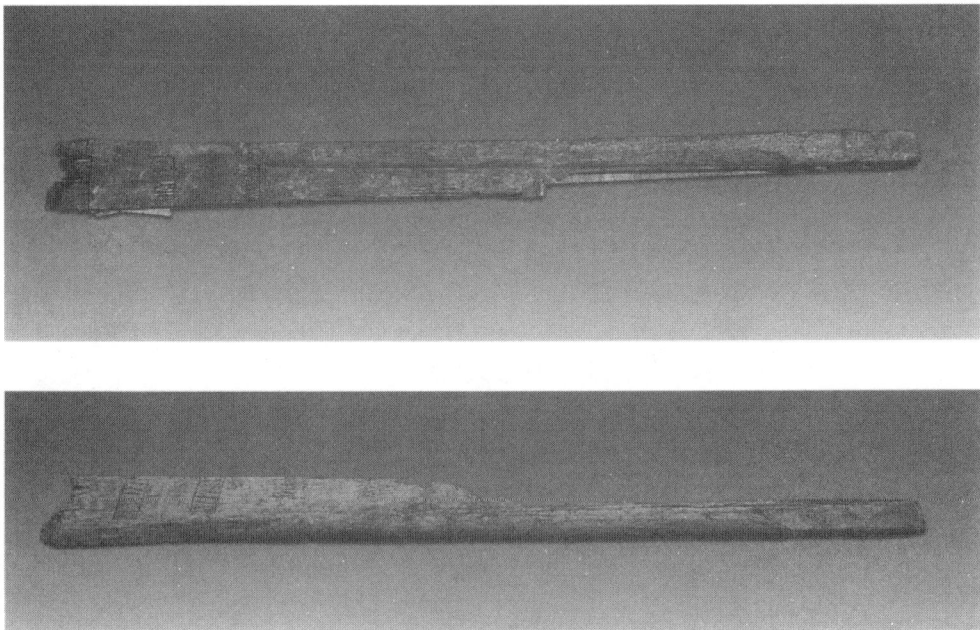

图1-1　南京宝船厂六作塘出土的两条明代舵杆[1]

铁力木是一种质地非常坚硬的木材，它是制作舵的首选材料。后来关于这样长度的舵杆应该匹配多大的船，学术界也产生了很多讨论。在马可·波罗的描述中，当时的中国海船上可以承载三百人：

> 按照船的容积大小，决定船员的数目。最大者三百人，较小的二百人，最小的只需要一百五十人。每艘能装载五六千筐或草席袋的胡椒。
> 古代船舶的容积，比现在的更大。但是，很多地方，特别是一些主要的港口，由于海上风暴冲击的结果，很多岛屿的沿岸水底泥沙淤积，水的深度，不够容纳吃水这样深的船舶。因此，只好制造吨位较小的船舶。[2]

按照文中的说法，古代的中国船要更大，在与马可·波罗齐名的摩洛哥旅行家伊本·白图泰所作游记中，正体现了这种情形：

> 要到中国海旅行只有乘中国船才行。这里先让我们看一看中国船的等级。中国船分三类：大的那种叫朱努克，单独一艘叫艟；中等的叫舟或

---

① 南京市博物馆编：《宝船厂遗址——南京明宝船厂六作塘考古报告》，文物出版社，2006，112–114页，书后彩版二〇。
② 马可·波罗口述，鲁思梯谦笔录：《马可波罗游记》，第198页。

艚；小型的叫舠舠木。大船上有十二面帆，最少的也有三面。这种帆用竹篾编织而成，很像席子，一直张挂着，从不落下，根据风向随时进行转动。停泊时，便让这些篾帆停在风口。①

虽然伊本·白图泰与马可·波罗一样，也经常被质疑究竟有没有来过中国②，但他记载的中国船帆是用竹篾编织而成，并可根据风向随时转动的场景，却是中国古代海船硬帆的典型特征。关于船上的人数，伊本·白图泰记载：

> 这样的大船一艘上往往有上千人为它服务，仅水手就有六百名，再有四百名武士。他们中有弓箭手、身穿铠甲的勇士以及朱乐希叶即投掷古脑油火器的人。③

关于中国古代海船的尺寸，长期以来一直存在争论，其中以郑和下西洋时乘坐的大型宝船为代表，其"长四十四丈，宽十八丈"的记载长期遭受质疑④。不过中国古代内陆水战中的战船体量也很大，如南宋陆游曾提到官军的战船"长三十六丈、广四丈一尺、高七丈二尺五寸"⑤，又如元末朱元璋与陈友谅双方水军在鄱阳湖决战时，陈友谅一方的战船较大，"大者容三千人，中者容二千五百人，小者容二千人"。而朱元璋一方的战船大者只能容1300人，远小于对方。⑥至于弓箭手、士兵和火器，在朱元璋和陈友谅的战船上都是基础配置，可见海船能容纳上千人的武装力量，在元代已属常态。

据伊本·白图泰记载："每一艘大船后面都跟随有三艘小船：其中一艘的大小相当于大船的二分之一，另一艘相当于三分之一，还有一艘相当于四分之一。这种海船只有中国的刺桐城或克兰穗城即中国的穗城才能制造。"⑦刺桐城和穗城分别指泉州和广州，它们是宋元时期中国海外贸易极为发达的两座城市。

---

① 伊本·白图泰口述，伊本·朱甾笔录：《异境奇观：伊本·白图泰游记（全译本）》，李光斌翻译，海洋出版社，2008，第487页。

② 费琅编：《阿拉伯波斯突厥人东方文献辑注》（下），耿昇、穆根来译，中外关系史名著译丛，中华书局，2001，第481页。

③ 伊本·白图泰口述，伊本·朱甾笔录：《异境奇观：伊本·白图泰游记（全译本）》，第487页。

④ 详见本书第六章第二节。

⑤ 陆游：《老学庵笔记》卷1，唐宋史料笔记丛刊，中华书局，1979，第2页。

⑥ 俞本撰，李新峰笺证：《纪事录笺证》卷上，癸卯至正二十三年，第176页。

⑦ 伊本·白图泰口述，伊本·朱甾笔录：《异境奇观：伊本·白图泰游记（全译本）》，第487页。

在海上航行的大船会有随行小船，这在内陆河运中也一样。1960年，江苏扬州施桥的唐宋时期码头中出土一大一小两艘楠木沉船，可能属宋代制造。其中大船残长18.4米，复原长度24米，小船是一艘全长13.65米的独木舟，应是大船附属的救生船。[1]大船大体可分为五个大舱，其中可能还分为若干小舱，船体用榫头、铁钉联结，木板之间用油灰填缝，木料上的节疤和裂痕用小块木片补塞。这艘船与1973年江苏如皋出土的唐代木船、1974年福建泉州出土的宋代木船一样，都属水密舱壁设计，这是中国古代造船技术的重要发明[2]，《马可波罗游记》里对此也有详细记载：

> （商人所使用的）这些船舶，是用冷杉木的材料造的。只有一层甲板，甲板下面辟六十个小舱，船舱数按船的容积大小，有时少些，有时多些。每一个小舱，可以搭乘一个商人。船上装备的舵很完善。船上有四桅和四帆。有些船却只有二桅，桅杆是活动的，必要时可以竖起，也可以放下。一些吨位较大的船，舱壁的厚度多达十三层，都是厚板造成，用榫眼相互结合。其目的在于预防意外事故。忽然触礁或受到鲸鱼的撞击而发生漏洞，这种事故是经常发生的，因为夜间行船，波浪激起的白沫，常常会引起饥饿的小动物的注意，它们希望获得食物，便勇猛地向行船的地点冲来，把船底某一部分撞击成洞。海水从撞坏的地方渗透进来，涌到一直保持很清洁的船舱。船员一旦发现漏洞，立即将舱内货物转移，由于这种舱隔绝得十分精密，所以一舱进水，并不影响其他船舱，他们将损坏的地方修复以后，将货物仍旧搬回原处。[3]

无论在马可·波罗的游记中还是在伊本·白图泰的游记中，关于中国海船的记载有多少是出于他们亲眼所见，又有多少是出于传闻，然而这些海船的形象毕竟是和许多出土文物及中国本土文献相互印证的。明初造船业是宋元以来航海造船事业的延续，也是下西洋长途远航的技术保障。贡师泰的诗描述的元朝海运，朱元璋和陈友谅在鄱阳湖大战的场景，均是郑和下西洋所依赖的船队组织和战斗力的来源。下一节将会阐述朱元璋在明朝初年进行的宏大海运行动，郑和下西洋船队所具有的制度和组织基础，将在其中得以展现。

---

① 江苏省文物工作队：《扬州施桥发现了古代木船》，《文物》1961年第6期，第52—54页。
② 关于水密舱壁技术的详细阐述，可参考席龙飞《中国造船通史》中的相关内容（席龙飞：《中国造船通史》，海洋出版社，2013）。
③ 马可·波罗口述，鲁思梯谦笔录：《马可波罗游记》，第197页。

第二节 明初海运军队的组织与运转方式：以《西洋朝贡典录》作者黄省曾家族为例

一、现有资料中的洪武海运军卫名称统计

洪武四年（1371年），明朝军队从山东半岛向北渡过渤海海峡，占领辽东地区，而当时辽东与华北相连的山海关陆路和燕山一带仍在元朝残余势力控制中，所以明政府对辽东的早期经营只能通过海路进行[①]。由于当时辽东缺乏军粮，又无法从陆路运输，于是明政府每年以大军出海，将江南太仓的储粮运往辽东。与此同时，明朝还面临着来自倭寇和元末割据势力海上残余力量的威胁，所以运粮船队有时还要执行捕倭等任务，实际上成为一支兼具经济与军事职能的水军部队。

由于明朝军队组织以卫所制为基础（按规定每个卫为5600人，分5个千户所），所以在《明太祖实录》中提及海运军队时，也以"卫"为基本叙述单位。此时的"卫"具有水军番号意义，当时参与海运的卫最多时有40个，人员多时达8万人以上。如洪武二十九年时：

> 命中军都督府都督佥事朱信、前军都督府都督佥事宣信，总神策、横海、苏州、太仓等四十卫将士八万余人，由海道运粮至辽东，以给军饷。[②]

---

① 在此前学者对洪武时期海运进行的研究中，较为典型的有，吴缉华的《明代开国后的海运》（吴缉华：《明代海运及运河的研究》第二章《明代开国后的海运》，"中研院"历史语言研究所，1997，第17~34页）概述了洪武时期的海运问题。樊铧的《明太祖对海洋的态度及洪武时期的海运》（樊铧：《明太祖对海洋的态度及洪武时期的海运》，载樊铧《城市·市场·海运》，学苑出版社，2008，第101~131页）研究明初政治形势与海运之间的关系，分析了明初海军的形成和洪武海运停止的原因。陈波的《试论明初海运之"运军"》（陈波：《试论明初海运之"运军"》，《中国边疆史地研究》2009年第3期，第124~132页）则具体研究洪武海运中的相关制度，并应用《李朝实录》和《（天启）海盐县图经》中的卫所选簿档案，对一些问题做了微观考察。

② 《明太祖实录》卷245，洪武二十九年三月庚申，黄彰健等校勘，"中研院"历史语言研究所，1962，第3553页。

这里的"神策、横海、苏州、太仓"就是卫的名称。明朝的海上军事活动在建制和人员上具有一定延续性，并拥有相对固定的番号群。在关于洪武早期海运的记载中，广洋、江阴、横海、水军这四个卫的名称出现频率较高，是海运队伍中战斗力较强，拥有造船、捕倭等水上行动职能的卫。例如洪武六年，德庆侯廖永忠就曾建议四卫加造多橹快船，以便于海上作战：

> （洪武六年春正月，）德庆侯廖永忠上言曰："……臣请令广洋、江阴、横海、水军四卫添造多橹快舡，命将领之，无事则沿海巡徼，以备不虞，若倭夷之来，则大船薄之，快船逐之，彼欲战不能，敌欲退不可走，庶乎可以剿捕也。"上善其言，从之。[1]

图1-2　《龙江船厂志》中的快船[2]

这种对多橹快船及其作战优势的描述，令人想起明朝中后期文献中提到的佛郎机国制造的蜈蚣船：

> 所谓海舟无风不可动也，惟佛郎机国蜈蚣船底尖面阔，两旁列楫数

---

① 《明太祖实录》卷78，洪武六年春正月庚戌，第1423-1424页。
② 李昭祥：《龙江船厂志》卷2《图式·快船》，王亮功点校，江苏古籍出版社，1999，第76页。

十，其行如飞，而无倾覆之患，故兼二船之长。则除飓风暴作，狂风怒号外，有无顺逆，皆可行矣。况海中昼夜两潮，顺流鼓楫，一日何尝不数百里哉？[1]

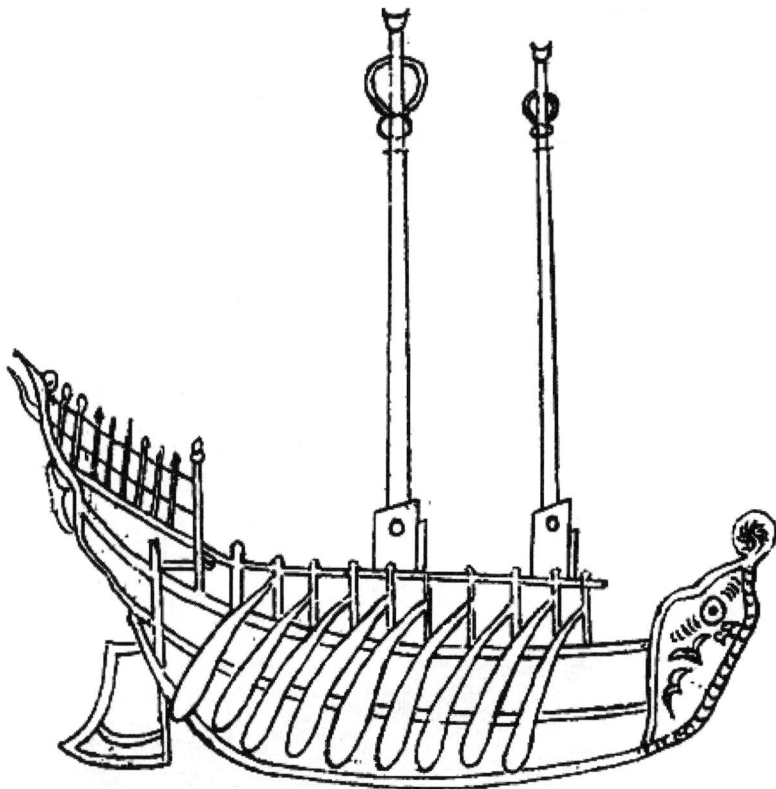

图1-3　《龙江船厂志》中的蜈蚣船[2]

可以想象，拥有多橹快船的明初海军，应是一支具有快速机动能力的海上作战部队。洪武七年，靖海侯吴祯作为总兵官率舟师巡海捕寇时，带的核心队伍也是这四个卫：

　　（洪武七年春正月，）诏以靖海侯吴祯为总兵官，都督佥事于显为副总兵官，领江阴、广洋、横海、水军四卫舟师出海，巡捕海寇。所统在京

---

① 胡宗宪：《筹海图编》卷7，天启四年（1624年）刻本，第17页b面。关于蜈蚣船的考证，可参考刘义杰：《蜈蚣船钩沉》（《国家航海》第20辑，上海古籍出版社，2018，第133–148页）。
② 李昭祥：《龙江船厂志》卷2《图式·蜈蚣船》，第78页。

各卫及太仓、杭州、温、台、明、福、漳、泉、潮州沿海诸卫官军，悉听节制。①

按照《明史·兵志》中的总结，明朝设置的总兵官是：

> 征伐则命将充总兵官，调卫所军领之，既旋则将上所佩印，官军各回卫所。②

吴祯担任的是总兵官一职，后来郑和率领船队下西洋时，职务之一正是"总兵太监"。洪武七年的这次巡海捕寇是一次规模宏大的军事行动，吴祯除直接率领水上作战力量最强的广洋等四卫之外，位于今江苏、浙江、福建、广东沿海的各卫所官兵也全部听从其指挥，自长江口以南的广大中国海岸线都在其节制之下。

从洪武年间历次海洋活动情况来看（具体记载及史料对应关系见书后附录），每次出海的卫数量不同，船队总人数和运粮数量、船只数量也不同。由此可以推测，当时的海运可能以一些水上力量较强的卫为核心力量，同时另一些卫作为机动力量，仅在运粮任务较重时才参与海运，平时只承担备倭和沿海防御工作。

在洪武时期的捕倭活动中，承担任务的是南京周边和今天江苏、浙江、福建直至广东的沿海各卫，由于中国的东南部海岸线均在此范围内，他们也就构成了洪武年间国家水军力量的基础。承担向辽东海运任务的主要是南京周边和今江苏、浙江的沿海各卫，原因可能主要是其驻地距离太仓储粮地和出海港口较近，便于调集。这是明初海运的总体背景，但在这一宏观形势下，还需对海运的具体运作情况有所了解，才能对这一海运活动有更全面的认识。因此有必要确定参与海运的具体军卫名称，因为明朝的卫所驻地固定，在确定了各番号名称后，就可以根据这些卫的地理方位、历史传统等特点，分析海运背后的更多问题。

然而，现有的传世文献中没有具体记载当时参与运粮、捕倭的卫所名称，所以只能根据《明太祖实录》、《中国明朝档案总汇·武职选簿》（以下简称《武职选簿》）③、《（天启）海盐县图经》（以下简称《海盐县图经》）④和《逆臣录》⑤等史料中的记载，整理出以下军卫名录（具体记载及史料对应关系见书后附录）：

---

① 《明太祖实录》卷87，洪武七年春正月甲戌，第1546页。
② 张廷玉等：《明史》卷89《兵志一》，中华书局，1974，第2175页。
③ 中国第一历史档案馆，辽宁省档案馆编：《中国明朝档案总汇》，第49-74册，广西师范大学出版社，2001。
④ 樊维城、胡震亨等纂修：《（天启）海盐县图经》卷10，四库全书存目丛书，齐鲁书社，1996，史部第208册第508-537页。
⑤ 明太祖敕录：《逆臣录》，王天有、张何清点校，北京大学出版社，1991。

1. 《明太祖实录》中提到参与运粮的卫共有14个：镇海卫、广洋卫、金吾前卫、江阴卫、神策卫、横海卫、苏州卫、太仓卫、淮安卫、大河卫、扬州卫、应天卫、高邮卫、水军右卫。

2. 《武职选簿》中提到的参与运粮的卫，除第1项中已经出现的以外，另有5个卫：金吾后卫、金山卫、鹰扬卫、府军卫、水军左卫。另有龙虎卫也参加了建文时期的海运。

3. 《武职选簿》中提到参与捕倭的卫有1个：羽林左卫。

4. 《海盐县图经》第10卷中，保留了一批当地卫所武职选簿的资料，从中可见另有海宁卫、明州卫、绍兴卫、长淮卫、府军右卫、兴武卫、镇南卫共7个卫参加过海运。其中可以确定兴武卫、长淮卫参与海运是在洪武年间，但其余几个卫参与海运的时间则不能确定是洪武还是建文时期。考虑到从洪武到建文年间海运的连续性，可以推测这几个卫，以及《武职选簿》中提到的曾经参与建文时期海运的龙虎卫，应该也都参与过洪武年间的海运。

5. 在记述洪武年间党案的《逆臣录》中，提及许多拥有海运粮船的军卫名称，其中包括未见于前4项的龙江左卫和镇江卫。虽然《逆臣录》中所载有关政治事件具体细节的可信性在一定程度上存疑，但书中涉及海运粮船的内容均属事件背景信息，例如当事人参与的"在竹篍监造海船"[1]，"于海船上取出军器、石炮"[2]，"赴京修造出海运粮船只"[3]等活动，其中可以确定的是南京附近竹篍有海船工场，以及相关军卫拥有海船和石炮等武器，这类细节属于可信任的基础公开信息，不会因政治事件本身的可信性而改变。

由于南京附近的海运军卫一般同时执行运粮、造船和捕倭任务，如江阴、广洋、横海、水军等卫均是如此，由此推测，在第3项中提到的参与捕倭的羽林左卫和第5项中提到的龙江左卫，应该也会参与运粮事务。此外，《明太祖实录》中提及，洪武六年正月时曾"赏杭州、明州、太仓等卫巡海及运粮军士钱布"[4]，由于杭州居于浙江沿海，也在运粮各卫的范围内，可以推测杭州卫也是海运卫之一。综合以上五项统计，明初参与海运事务的，已经可以看到31个卫的名称，它们分别是镇海卫、广洋卫、金吾前卫、江阴卫、神策卫、横海卫、苏州卫、太仓卫、淮安卫、大河卫、扬州卫、应天卫、高邮卫、水军右卫、金吾后卫、金山卫、鹰扬卫、

---

① 明太祖敕录：《逆臣录》，第201页。
② 明太祖敕录：《逆臣录》，第237页。
③ 明太祖敕录：《逆臣录》，第283页。
④ 《明太祖实录》卷78，洪武六年正月庚申，第1431页。

府军卫、水军左卫、龙虎卫、羽林左卫、海宁卫、明州卫、绍兴卫、长淮卫、府军右卫、兴武卫、镇南卫、龙江左卫、镇江卫和杭州卫。

其中位于南京附近的最多，共有16个，包括广洋卫、金吾前卫、金吾后卫、横海卫、应天卫、水军右卫、水军左卫、鹰扬卫、府军卫、府军右卫、龙虎卫、羽林左卫、兴武卫、镇南卫、龙江左卫、神策卫；另有位于苏州的苏州卫；位于太仓的镇海卫、太仓卫；位于江阴的江阴卫；位于淮安的淮安卫、大河卫；位于扬州的扬州卫、高邮卫；位于松江的金山卫；位于海盐的海宁卫；位于宁波的明州卫；位于绍兴的绍兴卫；位于凤阳的长淮卫；位于镇江的镇江卫和位于杭州的杭州卫。以后随着史料的进一步发掘，很可能还会发现更多的海运军卫。

就现存史料来看，《明太祖实录》中一般只有卫的名称，而没有具体人员姓名，而《武职选簿》和《海盐县图经》中虽然有基层军官姓名，但信息内容较为简单，一般只包括最基本的年代、职位、人名和籍贯信息，经常连这些军官参加洪武海运时所属的卫所都不注明。但在这些信息片断里，依然可以分析出一些与海运相关的细节线索，例如洪武二十九年的海运出动了40个卫的8万多人，平均下来，每个卫要出动2000余人。按照明朝的卫所制，每个卫的定额是5600人，也就是每个卫只有一部分人参与海运。当时许多卫设有水军所，如金吾后卫和府军卫的水军所就曾参加海运，洪武年间还曾把一部分元末割据政权的残余水军分别归入其中，那么这些人是不是洪武时期海运军队的主要组成力量？从《武职选簿》中可以看到，参与海运的并非只有水军所，还有如江阴卫前所、横海卫后所、金山卫左所、高邮卫左所和鹰扬卫右所一类普通所。另外，从《明太祖实录》关于海运官兵的赏赐标准记载中，还可以大体计算出每次参与海运的人员数量和官军比例。

由于《明太祖实录》的记载视角是国家政策的整体布局，《武职选簿》和《海盐县图经》中的记载又不够详细，所以到目前为止，关于洪武年间海运的具体运转情况和官兵的生活状况，依然极不清晰。幸有明代中期吴县人黄省曾为其先祖所作的几篇生平传记，收在其著作《五岳山人集》中，从他们的生活经历里，可以看到明初海运军队在建立和运转中的许多细节。黄省曾以撰写《西洋朝贡典录》和各种农书著作而为人所知。接下来本书将以黄氏先祖的生平为线索，结合当时的其他记载，对明初海运进行更详细的观察。

二、从黄氏家族的经历看明朝初年的海运活动

按照黄省曾的记述，其先祖名为黄斌，原籍河南汝宁，其家族在宋元之际为躲避战乱来到江西袁州，从此在当地生活。成年后的黄斌曾学习兵书、剑术、骑射，观察天下形势后投奔朱元璋军队，于洪武五年被任命为兴武卫百户，后来又调任苏州卫。在政府颁给黄斌的任命书中，明确写道"使尔子孙，世袭其职"[①]，这正体现了明朝卫所武官世袭制的特点。一个军官的职位可以在家族内世代传承，所以在黄斌参与了洪武年间苏州卫的海运工作后，黄氏家族实际上成了一个水军世家，传承下来的不单有卫所职务，还有一些航海经验与技术。从洪武六年起，黄斌开始参与将太仓粮储转运到辽东的工作，由于任务繁重，仅两年后便去世，如黄省曾所述，"折冲风涛，竟以劳险，至八年病卒"[②]。

从黄斌的履历中，可以看到他并非沿海居民，而是一直生长在内陆地区，在投奔朱元璋之前，他从来没有接触过航海业和海上生活方式。按《武职选簿》中的记载，可以看到在洪武年间的历次航海活动中，有很多像黄斌一样的内陆军官，在明确提及曾参与海上捕倭、运粮等活动的24条记载里，有霍邱人1名，海州人1名，新繁人1名，合肥人1名，江都人2名，全椒人1名，六安人2名，当涂人1名，昆山人2名，安东人1名，山阳人3名，新蔡人1名，和州人2名，西安人1名，凤阳人1名，寿州人1名，阳武人1名，永宁人1名。其中9人来自沿海和近海地区，即海州、昆山、江都、安东和山阳；10人来自霍邱、合肥、全椒、六安、当涂、和州、凤阳、寿州这些淮西地区；其余5人来自内陆的新繁、新蔡、西安、阳武和永宁。

从以上人员构成中可以看出，淮西人[③]在明初海运基层军官中所占比例很大。这也体现了洪武时期航海业的典型特征，即大量内陆官兵参与其中，不仅作为基层军官的黄斌如此，连当时的海运总指挥官吴祯也属同种情况。吴祯是朱元璋的同乡，定远人，早年与兄长吴良一起跟随朱元璋征战，逝后附葬明孝陵，是典型的早期亲信功臣。祝允明曾记载了一件吴氏兄弟因徐达被表彰功劳而产生的纠纷：

> 洪武中，造徐中山坊表初成，江阴侯吴良、靖海侯吴祯兄弟薄暮过之，问左右曰："何以称大功坊？"对曰："此魏国公第也。"良乘醉逐击，坏额署，有司以闻。明日，二吴入朝，上怒问："何以坏吾坊？"良对曰："臣等与徐达同功，今独达赐第表里，且称大功，陛下安乎？"上笑曰："毋急性。"未几，令有司即所封地建宅二区赐之。在今江阴县，良居

[①] 黄省曾：《五岳山人集》卷38《先昭信府君墓碑一首》，四库全书存目丛书，齐鲁书社，1997，集部第94册第843页。

[②] 黄省曾：《五岳山人集》卷38《先昭信府君墓碑一首》，集部第94册第843页。

[③] 关于明初功臣勋贵的派系特征，可参考李新峰《明初勋贵派系与胡蓝党案》（《中国史研究》2011年第4期，第145-158页）

前，称前府，祯居后，称后府，甚弘丽也。[①]

在明朝夺取辽东后，吴祯率领海运大军连年向辽东转运粮饷，同时还要兼顾海上捕倭等军事活动，先后被封为靖海侯和海国公。而在与海运相关的收取辽东的事业中，这种特点也很明显。洪武四年，率军从山东半岛北上渡海占领辽东的，是合肥籍军官马云与六安籍军官叶旺，他们同样来自淮西地区，此前也没有接触海上生活的记录，后来马云还参与了辽东运粮的活动。

作为淮西出身的内陆人，很可能不习惯海上生活方式，这也很可能会导致航海者健康的损害和海运效率的降低。那么当时为什么不选择富有经验的航海者，而是让这些内陆官兵从事海运事业？观察当时的时代背景，就会发现这是由明朝政权建立之初，面临的具体政治形势所致。元朝末年，为政府承担海运工作的是张士诚、方国珍和陈友定势力，这些沿海政权的军队是元末海运的承担者，也是当时水军与海船的主要拥有者。朱元璋在统一全国的历次战役和战后重建中，从他们手中接收了大量水军与战船，仅洪武四年时吸收的方国珍旧部就达11万余人：

> （洪武四年十二月，）诏吴王左相靖海侯吴祯籍方国珍所部温、台、庆元三府军士，及兰秀山无田粮之民尝充船户者，凡十一万一千七百三十人，隶各卫为军，仍禁濒海民不得私出海。[②]

方国珍势力中的很多人来自元代海运船户[③]，其中有些人后来又进入了洪武海运和郑和下西洋的队伍。这些人无疑拥有更丰富的航海经验和技术，但从安全角度考虑，如果主要依靠他们出海运粮，显然不能完全可靠。毕竟海洋辽阔无际，这些水军又来自敌对阵营，如果按照当时海运的规模，为这些富有经验的水军配置数千条海船，随行装载数十万石粮食，任其自行出海航行，则很有可能一去不返，甚至如当时的兰秀山事件一样，占据海岛与明朝对抗。因此，为了保证海运安全和政权稳固，明政府也只能将自己的陆军和内陆水军作为海运的基本力量使用。

朱元璋《大诰武臣》中记载了发生在太仓的一次诅咒军人事件。这次事件因船上祭神而起，最后当事军官被贬去云南屯田。按照制度，百户是管辖112人的军官。与诅咒本身相比，让朱元璋更为不满的是此人以军官身份与小军冲突。从事件经过和朱元璋的语气中，可以想象当时航船上的生活场景：

---

① 祝允明：《野记》卷1，收入邓士龙辑《国朝典故》，大学出版社，1993，第514页。
② 《明太祖实录》卷70，洪武四年十二月丙戌，第1300页。
③ 关于这段历史背景，可参考陈波《海运船户与元末海寇的生成》（《史林》2010年第2期，第105-111页）

金吾后卫百户秦仲良，差他领军出海运粮。行至太仓泊船，各军自备钞贯买酒肉祭神祈福，不曾将去送与他。他因此怀恨各军，当日晚夕就在船头对天烧香，咒说道："这一只船就太仓河里沉番（翻）了，把这一船的蛮军都淹死了。若是不沉了，到那黑水洋里也教沉了。我爷儿四五个，便做死了我时，我也有儿子出来承袭做官。"他后来这事发露，贬去云南屯种。他已自做官了，却和那小军每争些酒食，做这等见识。说将起来，也惶恐死人。似这等人，他如何去管得那人下？你怕他逃得将去！①

这位军官很可能来自北方，因为在他看来，一船士兵都是"蛮军"。士兵们之所以没有将酒食送给这位军官，可能也暗示了当时以北方军官统率南方水军，两个阵营间隐隐存在的对立情绪。

从元末明初的历史中可以看到，明朝的水军实际上是在朱元璋进行统一战争的过程中，以陆军和内陆水军为基础，逐渐发展起来的。朱元璋平定南方各割据势力的顺序，在方位上是由西向东再向南，陆续平定了陈友谅、张士诚、方国珍、陈友定势力，而在参加战斗的兵种上，则是由陆军到内陆水军，最后再到沿海水军。在吸收了巢湖水军，并经历了鄱阳湖大战，积累起丰富的内陆河湖作战经验之后，朱元璋的军队也逐渐开始海上作战，后来的洪武海运正是建立在此基础之上的。《明史·乐志》中记载洪武三年定宴飨乐章，其中第二支为开太平之曲，从中可以看到明初水军的这种情形：

名《风云会》：玉垒瞰江城，风云绕帝营。驾楼船龙虎纵横，飞炮发机驱六甲，降虏将，胜胡兵。谈笑掣长鲸，三军勇气增。一戎衣，宇宙清宁。从此华夷归一统，开帝业，庆升平。②

朱元璋为明朝水军的战斗力深感自豪，并认为仅凭这一条理由，自己的功业就已远胜汉唐：

汉唐之将长骑射、短舟楫，不利涉海。朕自平华夏、攘胡虏，水陆征伐，所向无前，岂比汉唐之为？③

但在宏大功业的光芒下，还要看到明初水军官兵为此付出的沉重代价。因为辽

---

① 朱元璋：《大诰武臣》之《咒诅军人第八》，收入杨一凡《明大诰研究》，江苏人民出版社，1988，第435-436页。

② 张廷玉等：《明史》卷63《乐三》，第1561页。

③ 《明太祖实录》卷116，洪武十年冬十二月，第1905页。

东海运中不可能完全使用元末各割据势力遗留下来的水军，即使派遣他们运粮，也必须有大量淮西出身的嫡系官军一同出海，客观上起到监督作用，所以许多此前没有经历过海上生活的内陆官军只得奉命加入海运队伍。明朝建立初期，政治军事领域中许多重要职位多由淮西一带出身的功臣占据，当时的海运负责人也是如此，例如廖永忠原是巢湖水军出身，吴祯则是在征战过程中逐渐接触水军和海运的。从内陆来的官兵们面临着各种海上风险，《武职选簿》中屡见海运官兵非正常死亡的记载，例如有分别来自新繁（今属四川）、当涂（今属安徽）和和州（今属安徽）的三名总旗和百户在出海时被淹死，一名来自寿州（今属安徽）的镇抚因运粮船失火而丧生：

> （新繁县）人张官音保……（洪武）二十一年钦调金吾后卫水军所充总旗，二十五年运粮，遭风淹死。①
> （当涂县人）李四儿……钦除横海卫后所世袭百户，三十年海洋遭风淹死。②
> （和州人）鲁丈……（洪武）十七年除鹰扬卫右所世袭百户，二十年出海运粮淹故。③
> （寿州人）王富……洪武元年除广洋卫所镇抚，四年辽东运粮船失火烧死。④

《（万历）应天府志》中还记载了一位洪武年间被旌表的唐姓女子的事迹。她与出海的丈夫生离死别，直至最终殉情的故事，也从一个侧面反映了当年海运官军面临的艰险形势：

> 唐氏，六合人，适龙虎卫陈贵。贵领海运，唐度不能还，乃断指为别。贵果溺水死，人慕其色，欲求娶。唐泣下，乃嘱邻人宜备火，中夜纵火自焚死。乡人哀之。⑤

虽然海难事故在历代海运中无法避免，但让此前从未接触海洋的内陆人下海航行，其实他们连海上生活都未必能适应，其结果肯定只会加重人员损失。后来万历

---

① 中国第一历史档案馆，辽宁省档案馆编：《中国明朝档案总汇》第54册49页。
② 中国第一历史档案馆，辽宁省档案馆编：《中国明朝档案总汇》第61册第219页。
③ 中国第一历史档案馆，辽宁省档案馆编：《中国明朝档案总汇》第64册413页。
④ 中国第一历史档案馆，辽宁省档案馆编：《中国明朝档案总汇》第69册162页。
⑤ 程嗣功、王一化纂修：《（万历）应天府志》卷31《列女传》，四库全书存目丛书，齐鲁书社，1996，史部第203册第694页。

年间出使琉球的使臣夏了阳曾记载刚出海时人们晕船的情形：

> 黎明开洋，南风迅发，一望汪洋，渺渺连天。海波起伏，前激后拥，
> 澎湃有声。封舟初在内港，安然若山，至此随波荡漾，飘如一叶，舟中人
> 晕者、呕者、昏迷欲倒者纷如矣。[①]

《明太祖实录》中记载，洪武七年六月，因暴风造成海运官军死亡717人，洪武十七年五月，海运途中又有溺死者近200人。这些意外事件和因不习惯海上生活而导致的健康问题，都对洪武年间的海军官兵生命安全造成了严重影响。洪武十一年，吴祯再度赶赴辽东，却因患病回到京师，第二年去世。在明朝初年的诸多功臣中，吴祯是离世较早的一位，不排除是长期的海上生活对其健康造成了影响。

但在明初辽东粮储必须继续运输、倭寇与海寇还需继续肃清的情形下，从事航海业的内陆官军们只能父死子继，例如黄省曾先祖黄斌去世后，他的儿子们就先后继承了军职，继续从事海运事业。

黄斌有两个儿子，分别为黄忠、黄信。黄忠字思忠，于洪武九年继承了其父苏州卫流官百户的职位，从洪武十一年开始督运前往辽东的粮船，跟随舳舻侯朱寿、航海侯张赫在海上航行。按照黄省曾的描述，黄忠的航海生活依然是"劳苦万状"[②]，在经历了长达十三年的风涛之险后，黄忠于洪武二十四年去世，葬在其父黄斌墓之南。由于长年在外奔波，黄忠没有留下子嗣，世袭职位转由其弟黄信继承。于是洪武二十五年时，黄信承袭了苏州卫百户一职，从洪武二十六年到洪武三十年，继续负责督运辽东粮储的工作。曾经有人建议黄信从家族延续的角度考虑，不要再从事海运工作，却被黄信拒绝：

> 或告信曰："海运，艰役也。父以悴死，兄以弗子，何不少辞，以图延
> 绵计耶？"信曰："生死，命也。继绝，天也。从役，分也。吾安能辞？即
> 欲殒死，绝嗣牖下，其能免乎？"卒不辞。[③]

洪武三十年，朱元璋下令停止从太仓到辽东的海运，原因是辽东屯田已颇见成效，而海上风波多险，经常造成官军伤亡，朱元璋认为这种代价过于沉重，并早已将其形容为"一夫有航海之行，家人怀诀别之意"[④]。《金陵梵刹志》中所载的洪

---

① 夏子阳：《使琉球录》，收入黄润华、薛英编《国家图书馆藏琉球资料汇编》（上），第423页。
② 黄省曾：《五岳山人集》卷38《先昭信府君墓碑一首》，集部第94册第843页。
③ 黄省曾：《五岳山人集》卷38《先昭信府君墓碑一首》，集部第94册第843页。
④ 《明太祖实录》卷145，洪武十五年五月丁丑，第2284页。

武三十年十月的一道圣旨中，也有关于超度亡故海运官员的内容：

> 近年多有征守、镇戍、海运官身故，及西平侯、信国公等亡故，都不曾超度。恁礼部择日，于善世寺条设水陆三日一夜普度。钦此。[①]

从黄氏家族的遭遇来看，官兵即使没有在海运途中非正常死亡，但健康和生活也会受到严重影响。考虑到明初海运官兵的籍贯来源，还可以推测，一方面，许多参与运粮的官兵来自内陆地区，此前没有在海上工作生活的经验，对海洋灾害的抵抗能力不足，这很可能导致了更严重的伤亡；另一方面，正因许多官兵来自淮西地区，而淮西功臣是明朝赖以建立的人事基础，与政治中枢的关系更紧密，所以对于海运的负面意见和舆论更容易上达天听，影响朝堂决策，这都很可能是促使朱元璋停止海运的原因。

然而在此后的建文、永乐年间，明朝的海上活动并未停止，黄信的事业轨迹也一直与国家航海业有关。永乐元年，黄信继续出海，督运前往辽东的粮储。由于明成祖朱棣即位后，陆续开始了经营北京和北征沙漠的事业，需要海运物资，所以黄信从永乐二年到七年一直督运前往直沽，再转运到北京通州的物资，其间还在南京监造海船，直到永乐八年在监邸去世。

黄信在南京监造的海船，可能是一般的运粮船，也可能是准备下西洋用的海船。永乐年间留下了多次制造海船的记录，其中一些应该与出使有关，但因当时也有他人出使西洋，所以不能确定是否为郑和的船队所用：

> （永乐二年正月，）将遣使西洋诸国，命福建造海船五艘。[②]

从时间来看，这五艘船很可能是为了永乐三年郑和第一次下西洋所造。后来明朝向琉球派出使臣时，通常也会提前一年在福建造封舟，所以永乐二年的这五艘海船有可能是专门给郑和船队提供的使船。

> （永乐五年九月，）命都指挥汪浩改造海运船二百四十九艘，备使西洋诸国。[③]

这很可能是为了永乐七年郑和第三次下西洋所造。海运船的船型与远洋航船不

---

① 葛寅亮：《金陵梵刹志》卷2《钦录集》，何孝荣点校，天津人民出版社，2007，上册第70页。

② 《明太宗实录》卷27，永乐二年春正月癸亥，黄彰健等校勘，"中研院"历史语言研究所，1962，第498—499页。

③ 《明太宗实录》卷71，永乐五年九月乙卯，第988页。

同，《天工开物》中有这样的记载：

> 凡海舟，元朝与国初运米者曰遮洋浅船，次者曰钻风船（即海鳅）。所经道里止万里长滩、黑水洋、沙门岛等处，苦无大险；与出使琉球、日本暨商贾爪哇、笃泥等舶制度，工费不及十分之一。凡遮洋运船制，视漕船长一丈六尺，阔二尺五寸，器具皆同，唯舵杆必用铁力木，艌灰用鱼油和桐油，不知何义。[①]

2014年8月，江苏太仓出土一艘海运船，长18米，宽5米，前半部呈V字形，后半部平缓变成U形，被认为是元代江浙的典型近海船[②]，有可能就是元代和明初的海运船形象之一。

据说在元代到明朝初年的海运中，还有一种名为两头船的海运船，头尾两端都有舵。明朝中期的丘浚这样解释两端设舵的原因：

> 舟行海洋，不畏深而畏浅，不虑风而虑礁，故制海舟者必为尖底，首尾必俱置舵，卒遇暴风，转帆为难，亟以尾为首，纵其所如。[③]

当黄氏家族的又一代先祖黄信去世时，其子黄昱年仅五岁，虽然明朝的国家航海业依然继续，郑和下西洋的宏大举动也已开始，但黄昱这个年龄却无法参加任何海上活动。十年后，当十五岁的黄昱承袭了家族的百户职位时，也没有记录显示他再参与造海船或是下西洋活动。后来下西洋全面停止，黄氏家族可能再也没有参与到航海事务中。但在百余年后的嘉靖年间，当黄氏后人黄省曾为先祖撰写生平事迹时，却表现出了对明初航海业的浓厚兴趣和了解。当他记述黄忠的经历时，不但将当时从太仓到辽东的海上运粮路线写入其中，还将航海者们观天象、测水深，用罗盘和星辰导航的情形作了描述：

> 其海道：遮洋船出刘家港，由满谷沙、崇明黄连沙北指没印岛、黑水大洋、延津岛、之罘、成山，西绕夫人山，东出刘岛鸡鸣山、登州沙门岛，以达于辽阳。昼则主针，夜则视斗，避礁托水，观云相风。[④]

---

① 宋应星：《天工开物》，钟广言注释，中华书局，1978，第247-248页。
② 杭涛：《江苏太仓元代古木船》，《大众考古》2014年第11期，第16-17页。
③ 丘浚：《琼台类稿》卷34《治国平天下之要·制国用漕挽之宜（下）》，收入《丘浚集》第2册，周伟民等点校，海南先贤诗文丛刊，海南出版社，2006，第583页。
④ 黄省曾：《五岳山人集》卷38《先昭信府君墓碑一首》，集部第94册第843页。

"昼则主针，夜则视斗"应当只是一种文辞对仗的写法，因为夜晚一样要看指南针。"避礁托水"说的是避开航线上的岛礁风险区，用以"托"为单位的测深锤计量水深，即《顺风相送》中的"打水若干托"一类记载。在黄省曾记述黄信的事迹时，还提及了"（永乐）二年，命总兵官一人、副总兵一人统海运，至直沽，以三版、划船转至通州"①的水军制度。

三版也就是舢板，有些记载中也写作三板、杉板。《龙江船厂志》中写作"叁板"，并注明"划船同"。这种小船在大船之间或者船和岸之间灵活机动使用，即"杉板者，舟之小船，泊时渡人者也"②。如元代贡应泰《海歌十首》之一描述：

黑面小郎棹三板，载取官人来大船。日正中时先转柁，一时举手拜神天。③

图1-4　《龙江船厂志》中的叁板船④

① 黄省曾：《五岳山人集》卷38《先昭信府君墓碑一首》，集部第94册第843页。
② 李鼎元：《使琉球记》卷3，第69页。
③ 贡师泰：《玩斋集拾遗》之《海歌十首》，第725页。
④ 李昭祥：《龙江船厂志》卷2《图式·叁板船》，第52页。

与一般记录人物生平的墓志铭相比，这些对海路和航海技术的描述无疑显得过于详细。此时明初海运早已成为历史遗迹，黄省曾在先人墓志铭中多处提及海运遗事，无疑表现出他对先祖功业的感情，以及对明朝航海业的浓厚兴趣和深入了解。而在此前的正德年间，黄省曾在《西洋朝贡典录》中记述了郑和下西洋所到之处风物特点，并记载了各种针路资料，表现了他对明代前期国家航海业的熟悉程度，也间接解释了他为何会在先祖的生平行状中详细记载海运路线和航海技术。从黄省曾的经历来看，作为明初海运军官的后代，他对海洋充满兴趣，并对祖先参与航海业充满自豪感，写作《西洋朝贡典录》在客观上弥补了黄氏家族未曾直接参与下西洋的遗憾，这或许也可看作明初海运为后人留下的间接影响。

三、从海运家族的事业中止现象看明初政治形势

从现存的资料中可以看到，有一些曾参与洪武海运的军官家庭，后来也参与了永乐时期的郑和下西洋活动，黄信在南京督造的海船也很可能与下西洋有关。而在《海盐县图经》中保留的海宁卫武职选簿里，还可以看到两个曾先后参与洪武海运和永乐下西洋事业的家族：

> 王福一，会稽人，至正丙午归附，洪武四年海运没，子亚员补，十七年至。永乐十二年下西洋，升试百户。[①]
>
> 黄子成，东莞人，洪武十六年募，隶镇南卫。海运殁，子本奴补。下西洋，升总旗。又征西洋。永乐七年升百户，传贵。[②]

在这两个家族的历史中，可以看到明代前期国家航海业的发展。海上活动需要有相应经验，而军户又是军队建设的基础单元，所以保持水军家族的职业延续性，也在客观上保证了明朝航海业的顺利进行。在《武职选簿》中，还可以看到来自近海昆山、山阴地区的三人，由于他们曾经分别做过水军，或是作为拥有专门航海技术的稍班、碇手，在洪武十八年和十九年时被选拔赴京，拨入水军左卫从事海运工作。其中山阴人孙闰还在永乐年间两次下西洋，在棉花洋、阿鲁洋立下战功：

> 陈福二，原籍昆山县人，洪武十八年以曾经下海军拨水军左卫小甲。[③]
>
> （山阴县人）孙闰，洪武十九年为稍班、碇手事，起取到京，拨水军

---

① 樊维城、胡震亨等纂修：《（天启）海盐县图经》卷十，第520页。
② 樊维城、胡震亨等纂修：《（天启）海盐县图经》卷十，第524页。
③ 中国第一历史档案馆、辽宁省档案馆编：《中国明朝档案总汇》，第61册260页。

左卫中所军。永乐三年棉花洋杀获贼船，阿鲁洋擒杀贼寇有功，升小旗。十五年升总旗。十六年复下西洋。[①]

（昆山县人）沈显一，洪武十九年为稍班、碇手起取赴京，拨水军左卫小旗甲，二十年出海运粮。[②]

但同时也可以看到，在《中国明朝档案总汇·武职选簿》的记载中，绝大多数曾参与洪武海运的军官家庭，都没有再参与郑和下西洋活动；而参与郑和下西洋活动的，也通常与洪武海运无关。在洪武、永乐年间的水军家族中，常出现断层现象，即参加海运后便调往内陆其他地区，或是将此前从未有过海上经历的官军调去下西洋。按照正常的情况，即使是内陆出身的官军，当一代人拥有了航海经验以后，将海上工作经验和生活方式传承下去，在家族间世代相传，成为专门的技术世家，也是一种顺理成章的做法。而今天看到的断层现象，却与这种做法背道而驰。分析造成这种现象的原因，一方面可能是保留至今天的海运家族样本太少，无法得出全面的结论；另一方面可能是海上生活过于艰苦，出于对海运官军的正常生活和家族延续考虑，不能让其再进行海运，因此主动或被动将其调往别处任职；也可能因为洪武海运为北洋航线，郑和下西洋则是南洋航线，两者之间的技术经验和船只设备并不完全匹配；还有一种可能，就是在明朝初年复杂的政治形势下，水军家族受到了很大影响，以至于往往不能延续家族事业。

观察已知的31个曾参与洪武海运的军卫，会发现其中多数位于首都南京附近，而在明朝初年的洪武、建文年间，南京屡发各种重大政治事件，比如胡惟庸、蓝玉案，靖难之役等，都会对政局形势和相关人物产生重大影响。当年参加海运的多是南京附近的驻军，与都城卫戍关系紧密，军官也多出自淮西一带，其地理位置和政治立场都与政权中枢密切相关，一旦发生政局动荡，这些卫所和军官往往首当其冲。例如洪武年间曾出现两次政治大案，株连数万人，在关于蓝玉案的《逆臣录》目录中，就可以看到本文所计的31个卫中，有23个卫的官兵涉入案件，其中提及的主要军官有金吾前卫指挥姚旺等、金吾后卫指挥李澄等、羽林左卫指挥戴彬等、府军卫指挥李俊等、府军右卫指挥袁德等、神策卫指挥孟德等、水军左卫指挥徐礼等、水军右卫指挥刘麟等、鹰扬卫指挥王贵等、江阴卫指挥徐兴等、龙江左卫千户沈文等、兴武卫指挥董翰等、龙虎卫指挥刘本等、横海卫指挥缪刚等、应天卫指挥

[①] 中国第一历史档案馆、辽宁省档案馆编：《中国明朝档案总汇》，第61册291页。

[②] 中国第一历史档案馆、辽宁省档案馆编：《中国明朝档案总汇》，第72册441页。

邓雄等、广洋卫指挥陈佐等、镇南卫指挥彭让等、长淮卫千户田胜等、镇江卫指挥戴复等、扬州卫百户张宽等、淮安卫指挥杨成等、大河卫指挥袁荣等、镇海卫指挥沙保等。位于南京附近的各海运卫全被卷入，未被牵连的则分别是位于苏州、松江和高邮的苏州卫、太仓卫、金山卫和高邮卫，以及远在浙江的明州卫、绍兴卫、海宁卫和杭州卫。又从书中具体细节可知，各卫涉案的并非仅有指挥一人，而是连千户、百户、镇抚、小旗以至普通军士都卷入其中，曾负责辽东海运事宜的舳舻侯朱寿也因牵涉其中而被诛杀。

据《武职选簿》记载，天策卫水军所的李旺在洪武二十六年时，检举"本所千户陈铭父陈得结交蓝玉，私造军器，听候谋反。四月，钦升天策卫水军所世袭副千户。"后来李旺也参与了下西洋，"永乐七年西洋等公干有功，升本卫所正千户"[①]。结合时代背景来看，天策卫可能也是洪武年间的海运卫之一。

蓝玉案的结果是一万五千余人被杀，在这样广泛的株连之下，众多曾参与海运的官军身名俱灭、事迹无存，还有许多间接受影响者调往别处，这很可能也影响了相关资料的保留和传承，给后来洪武海运的具体研究带来了一定困难。到建文、永乐之际，南京周边的卫所又不可避免会参与战事，在靖难之役中发生的损失与变化，同样可想而知。在今天的《武职选簿》中，可以看到南京附近卫所军官的先祖们，很多是靖难之役中跟随朱棣从北方南下者，他们早期立下的军功也多与靖难相关（见文后附录）。今日见到的《武职选簿》编修时间为明代后期，其间发生过各种调职派遣变化，选簿的编撰也有取材详略的问题，虽然不能简单判断今天所见的海运军官后代分布格局一定与明初政治形势有关，但这种明显的变化，却也是一种值得注意的现象。

与此同时，位于浙江海盐县的海宁卫保留的海运事迹，却与以上现象很不相同。《武职选簿》中仅保存了15条与洪武海运直接相关的记录，而记载明代海宁卫官兵事迹的《海盐县图经》中却保留了13条有关海运的事迹，这种高度集中的现象与《武职选簿》中的零星记载形成了明显对比。这两种档案虽然都来源于明代卫所选簿，且编撰时间也都在明朝后期，但相较于《武职选簿》中按照世系详细记载军官家族十余代人信息的方式，《海盐县图经》的记录明显要简略得多，然而却保留了较多关于明初海运的记载。分析其原因，有可能是这个卫确实居住有更多海运官兵的后代，也可能是浙江海盐地处近海地区，对航海业较为重视，所以在当地编修

---

① 中国第一历史档案馆、辽宁省档案馆编：《中国明朝档案总汇》，第73册第241页。

史志时，取材和叙述重点均向此类题材倾斜。而另一种可能，则是海盐县距离南京较远，与政治中心保持了一段距离，因此在明初的历次政治事件中未受太大影响，所以保留了更多洪武时期人员和事件的记录。

此外，从海宁卫参加航海活动的官兵籍贯组成中，也可以看到《海盐县图经》与《武职选簿》的明显差异。在《海盐县图经》关于海运和备倭、平寇的共16条记载中，来自沿海和近海地区的共计12人，分别为泰州人1名、鄞县人1名、仁和人1名、海盐人1名、会稽人1名、昆山人1名、慈溪人1名、金华人1名、东莞人1名、华亭人1名、武进人1名、江阴人1名，而其余4人则分别来自六安、博平、历城和大冶，这与《武职选簿》中多见淮西人的现象明显不同。从这一角度来看，早期的海宁卫与洪武时期南京附近兼具海运和首都卫戍功能的军卫不同，后者政治意义更为明显，拥有更多出身淮西地区的官兵。这种现象应该是在明朝建立过程中，在当时的政治势力和人事关系基础上逐渐形成的，所以后来受到政治事件波及后，产生的影响也更强烈。而海宁卫集中了较多出身近海地区、并拥有一定航海经验的官兵，更像是一个侧重于航海功能的卫。

由以上分析可见，在明政权建立过程中，由于既有势力范围从内陆扩展到海洋，朱元璋和功臣及官兵们开始面临水军建设问题。要攻取北方地区，稳定局势，必须向永平、辽东等地转运粮饷，还要应对来自倭寇和海寇的威胁。在这种情况下，作为一个从内陆政治集团发展起来的政权，明政府只能尽量兼顾安全与效率，一方面，有限度地谨慎使用方国珍等政权遗留的水军力量，另一方面，为了保证安全与稳定，只能将嫡系的陆军和内陆水军改造成海上水军，参与各种航海事务。因此，在洪武年间的历史中，我们也可以看到，一些方国珍水军残部暂留陆上备倭，而此前从未接触过航海的淮西陆军却要下海作战，这是在特殊历史时期中形成的特殊现象。为了适应国家的整体布局，许多来自内地的官兵只能尽量适应海洋生活，以致给他们自身健康和生命安全带来了许多危害，但也正是在这样的布局下，明朝完成了对沿海地区的经营，使国家建设平稳进行。

然而，这种矛盾的局面确实在客观上危害了众多水军官兵的生命健康安全，也成为最终促使洪武年间海运停止的原因之一。许多军官家族的事业随着海运、捕倭事业的兴起而变化，同时，由于明初政治形势的几次剧烈动荡，以淮西人员为基础的明初人事关系逐渐被颠覆，一些淮西出身的海运家族的命运也随之结束。洪武中期之后，随着来自前朝残余势力的威胁逐渐消失，更多具有经验的旧时水军也加入到明朝的国家航海业中来。到永乐时期，许多曾参加过靖难之役的军官家族参与了郑和下西洋活动，其中的一些人来自今日的河北、山东等地，是明成祖夺位的基础力量。他们的经历特点在某种程度上和洪武时期的淮西官军相似，同样来自内陆地区，此前没有参加过航海活动，但由于与新政权之间的关系密切，开始以军人身份参与国家航海业。像洪武时期的海运、捕倭事业一样，永乐、宣德时期的下西洋活动也获得了成功，这说明在传统社会强大的中央集权力量下，许多看起来并不科学的决策虽然付出了巨大代价但同样有效。然而，这些航海活动所依靠的主要是国家政权的强大意志，并非建立在正常的民间海上活动和对外交流基础上。事实上，洪武和永乐年间，在国家进行规模宏大的航海行动的同时，沿海许多地区却在执行海禁政策，这使得国家的航海活动成为无本之末，一旦国家政策调整，航海业也会随之衰落。宣德以后的明代国家的航海业状况，也证明了这种特点。

第二章

郑和船队的航行阵型与信号传递

郑和下西洋船队中人员和海船数量众多，他们是怎样有效运转的？要了解这个问题，首先要明白船队人员的组成与结构。虽然从现存的资料中看不到郑和下西洋船队的直接运转模式，但其性质是明朝水军的海上行动之一，所以在信号传递、协作指挥等方面都会遵循明军相关规定。从历史源流来看，郑和下西洋船队的运转方式应是对明初洪武海运的直接继承，并会受到宋元以来历次海运、水战状态的影响，在此之后，明军出使海外、水上作战与运输时依然沿袭着这种模式，所以通过对明朝水军历次活动的观察，便可以推测郑和船队运转的具体方式。在此视角下，尤其需要注意郑和"钦差总兵太监"这一职位，它区别于被更多提到的"正使太监"职务，实际说明了郑和船队在组织形式上的军事化特点。

第一节　靖难官军与锦衣卫在下西洋船队中的作用

一、泉州行香碑记中郑和的"钦差总兵太监"职位

1926年11月2日，厦门大学教授陈万里、张星烺和德国学者艾锷风（Ecke）在泉州搜访文物古迹时，发现一块永乐十五年（1417年）郑和第五次下西洋之前，途经泉州行香祈福时所立的石碑，其内容是：

钦差总兵太监郑和前往西洋忽鲁谟厮等国公干，永乐十五年五月十六
日于此行香，望灵圣庇佑，镇抚蒲和日记立。①

在这篇碑记中，郑和的职务是"钦差总兵太监"，其性质应与洪武、永乐年间
海运时，设置的总兵官一职类似。再次回顾《明史·兵志》，其中对总兵官的解
释是：

征伐则命将充总兵官，调卫所军领之，既旋则将上所佩印，官军各回
卫所。②

此时郑和担任的，正是洪武年间靖海侯吴祯担当的角色。虽然在更多文献中，
郑和的职务是正使太监，但其统领官军的特征明显。曾随郑和第七次下西洋的巩珍
在其著作《西洋番国志》中说："（明宣宗）乃命正使太监郑和、王景弘等兼督武
臣，统率官兵数万，乘驾宝舟百艘，前往海外，开诏颁赏，遍谕诸番。"③1931年，
福建长乐发现郑和第七次下西洋之前立下的《天妃之神灵应记》碑，碑文记载：

宣德六年岁次辛亥仲冬吉日，正使太监郑和、王景弘，副使太监李
兴、朱良、周满、洪保、杨真、张达、吴忠，都指挥朱真、王衡等立。正
一住持杨一初稽首请立石。④

可见使团中除正使、副使太监之外，接下来的就是两位都指挥朱真、王衡。按
照《明太宗实录》中的记载，永乐十三年时，王衡的职务是水军右卫流官指挥佥
事⑤，永乐十八年，朱真因历次下西洋而由龙江左卫指挥升为大宁都指挥佥事，掌
龙江左卫事⑥。两人后来的职务变动未见记载，但从以上线索来看，两人在宣德六
年立碑时至少是正三品的都指挥佥事。

在明朝对外出使活动中，有官军护卫是必备条件。海上形势历来多有风险，
早在东晋法显从师子国（今斯里兰卡）到耶婆提国（今苏门答腊东部一带）的航

① 陈万里：《泉州第一次游记》，收入陈万里《闽南游记》，开明书店，1930，第9页。
② 张廷玉等：《明史》卷89《兵志一》，第2175页。
③ 巩珍：《西洋番国志》之《自序》，第5页。
④ 郑鹤声、郑一钧编：《郑和下西洋资料汇编（增编本）》上册，海洋出版社，2005，第18-19页。
⑤ 《明太宗实录》卷168，永乐十三年九月壬寅，第1870页。
⑥ 《明太宗实录》卷225，永乐十八年五月辛未，第2211页。

路上，就已经是"海中多有抄贼，遇辄无全"①，而在上一节关于洪武海运的回顾中，也可以看到海运官兵除运粮之外还要与倭寇作战。出于安全考虑，明朝历次出使活动中均记载有官军参与，例如与郑和第七次下西洋时间相近的内监柴山出使琉球时，同样有官军随行。这些军人此前很可能没有太多航海经验，因为在遇到海上风涛时，他们显得过于惊恐。如因这次出使所做的《大安禅寺碑记》中写道：

> 天风一作，烟雾忽蒙，潮门濟湃，波涛之声振于宇宙，三军心骇，呼佛号天。②

在了解到这些历史背景之后，就可以理解为何明人会留下关于郑和相貌气质的传奇式记载了。这场远洋出使行动面临着种种未知困难，统领者不但要能经历海洋风涛之险，还要具备统率各路官兵指挥作战的领导才能，确实需要出众的胆识与能力。在郑和领兵出使之前，明成祖朱棣曾向与郑和同时代的著名相术士袁忠彻征询对郑和的印象，获得了充分肯定。袁忠彻据此在《古今识鉴》中保留了关于郑和外貌的详细记载：

> 内侍郑和，即三保也，云南人。身长九尺，腰大十围，四岳峻而鼻小，法及（一作反）此者极贵。眉目分明，耳白过面，齿如编贝，行如虎步，声音洪亮。后以靖难功授内官太监。永乐初，欲通东南夷，上问："以三保领兵如何？"忠彻对曰："三保姿貌、材智，内侍中无与比者。臣察其气色，诚可任使。"遂令统督以往，所至畏服焉。③

后来的研究者们认为这段记载有过度神化的趋向，如季羡林在《三宝太监西洋记通俗演义·新版序》中提到，中国古代相术中原本就有对人生理特征神秘化的趋向，后来又吸收了一些印度成分，于是日趋复杂与荒诞，且"最令人吃惊的是，当郑和还活着或者死后不久的时候，他本人已经被别人神话"④，这说明了下西洋活动在当时的影响力。《古今识鉴》中提到郑和出使之前的职务是内官太监，即内官监负责人。内官监是明初宦官体制中最重要的一个机构，负责人事、文书、礼仪、

---

① 法显撰，章巽校注：《法显传校注》，第142页。关于耶婆提国位置，见第144-145页注文。

② 郭汝霖、李际春编：《（重编）使琉球录》，收入殷梦霞、贾贵荣主编《国家图书馆藏琉球资料续编》（上），北京图书馆出版社，2002，上册第166页。

③ 袁忠彻辑撰：《古今识鉴》卷8《国朝》，四库全书存目丛书，齐鲁书社，1995，子部第67册第205页。

④ 罗懋登：《三宝太监西洋记通俗演义》之《新版序》，上海古籍出版社，1985，第3页。

采办诸事，郑和实际上是当时宦官中职务最高者。宣德之后，宦官体制中最重要的机构变成了司礼监，后来的王振、刘瑾、魏忠贤、王承恩等著名宦官都曾在其中任职，但在郑和下西洋之初，司礼监的地位尚在内官监之下。万明《明代内官第一署变动考——以郑和下西洋为视角》一文中考证了内官监的变迁情况[①]：永乐初年，朱棣准备迁都，需要在北京营建宫殿，而内官监承担着宫廷采办、仪仗等职责，作为内官监太监的郑和很可能是下西洋的建议者之一，在西洋各地采买内廷所需的贵重金属和珍宝，既是内官监的职责，也是下西洋的重要工作内容。但也是因为长期下西洋，使郑和及其所辖的内官监工作重心转移远离政治中枢，其原本具有的内廷人事职能转移到司礼监，使司礼监逐渐取代内官监成为宦官体制中的最重要部门。朱棣去世后，内官监的职能转为营建，所以在宣德年间最后一次下西洋之前，郑和只是在南京守备太监的职位上做营建工作，再没有回到朝廷中枢。这样的变化，应该是下西洋之初所有人都未能预料到的。

二、从军官张通事迹看下西洋船队中的锦衣卫和靖难官兵

率领卫所官兵和船队下西洋的郑和同时具有两种身份，即总兵和正使，前者是作为统兵者，后者是作为使团负责人。明朝万历年间，小说家罗懋登以郑和下西洋为背景，写成小说《三宝太监西洋记通俗演义》（以下简称《西洋记》）。这是一部带有神魔色彩的传奇小说，一些情节设置与人们熟悉的《西游记》类似，只能作为小说家的想象看待。但作为一部明代作品，书中也出现了许多具有典型时代特征的情节，从中可以看到明代军事行动的若干特点。例如小说第16回《兵部官选将练师教场中招军买马》，提到郑和下西洋之前做准备工作，筹措兵马时，设置了这样的情节：

> 圣旨道："征进西洋，还用精兵十万，名马千匹，该部知道。"兵部领了招兵的旨意，太仆寺领了买马的旨意。不旬日之间，兵部招了十万雄兵，每日间在于教场中分班操演，就在长干门外扎了五个大营，分个中左右前后。这个"中"，却不是留守中、武功中、济阳中、武城中、富峪中、大宁中。这个"左"，却不是金吾左、羽林左、府军左、留守左、虎贲左、永清左、武功左、武骧左、腾骧左、潘阳左、神武左。这

---

① 万明：《明代内官第一署变动考——以郑和下西洋为视角》，《北京联合大学学报》（人文社会科学版）2010年第4期，第12—21页。

个"右"，却不是金吾右、羽林右、燕山右、留守右、虎贲右、永清右、武功右、武骧右、义勇右、腾骧右、潘阳右。这个"前"，却不是金吾前、羽林前、府军前、燕山前、留守前、义勇前、忠义前、大宁前。这个"后"，却又不是金吾后、府军后、留守后、义勇后、忠义后。他自操自演，自扎自营，只在伺候圣旨调遣。①

文中提到的太仆寺是明朝官方驯养军马的机构，而"中左右前后"下所列的留守中、金吾左、羽林右、燕山前、府军后等名号，则是一些明代军卫的名称。小说作者依据左、右、前、后、中五个方位词自由发挥，选出了若干个名称中带有这些方位词的卫，是一种类似中国传统曲艺中文字游戏式的演绎。事实上，郑和究竟率领了哪些卫的将士下西洋，也可以像之前的洪武海运一样，从《中国明朝档案总汇·武职选簿》中找到线索。经相关研究整理②，已经有许多可以确定的番号（见文后附录），它们是：

锦衣卫、羽林右卫（长陵卫）、留守左卫、沈阳左卫、神策卫、龙江左卫、金吾左卫、观海卫、留守中卫、苏州卫、水军左卫、金山卫、旗手卫、羽林前卫、高邮卫、虎贲右卫、黄州卫、福州右卫、建宁左卫、建宁右卫、汀州卫、留守后卫、江阴卫、平阳卫、羽林左卫、龙骧卫、府军右卫、天策卫、豹韬卫、宽河卫、鹰扬卫。

在这些卫中，保留下军官姓名最多的，当数著名的锦衣卫。在明朝各卫中，锦衣卫是知名度最高的一个卫，流传有许多传奇故事，在郑和下西洋活动中也不例外。《武职选簿》中记载了178名③参与下西洋的军官们晋升的情况，其中来自锦衣卫的张通，很可能是整个船队中立功最多、晋升最快的人。张通的履历从洪武三十四年开始，这一年实际是建文三年，在朱棣发起"奉天靖难"之役，经过四年战斗，攻破京师，夺取皇位之后，从史籍中消去了建文年号，将这四年附于洪武之后，统一称之为洪武三十二年至三十五年。

---

① 罗懋登：《三宝太监西洋记通俗演义》，第203—204页。这里的"潘阳左""潘阳右"应当是"沈阳左""沈阳右"。
② 这一问题可参见徐凯《郑和下西洋的卫所人事补证》（徐凯：《燕园明清史论稿》，辽宁民族出版社，2014，第18—66页）；徐恭生《再谈郑和下西洋与〈卫所武职选簿〉》（《海交史研究》2009年第2期，第31—47页）；范金民《〈卫所武职选簿〉所反映的郑和下西洋史事》（《明代研究》第13期，2009年，第33—80页）。此外，周运中《郑和下西洋新考》第八章《郑和下西洋人物研究》（周运中：《郑和下西洋新考》，中国社会科学出版社，2013）中也考证了一些船队成员的生平事迹。
③ 本文统计《武职选簿》中下西洋军官共178人，详见文后附录。

与许多保定府新城县的同乡一样，张通在靖难之役中参加了朱棣的军队，建文三年成为仪卫司校尉，并在建文四年攻破京师之后，成了明朝军队中最基层的军官——小旗，管辖十名士兵。从永乐三年开始，张通加入下西洋船队，在历次战斗中立下赫赫战功。从《武职选簿》来看，他先后至少参加了第一、三、四次下西洋，并在十年间从一名小旗晋升为正四品指挥佥事：

> 永乐四年往西洋等国，节次杀贼舡，五年升试百户。九年往锡兰山国，杀退番贼，升正千户。十年征西洋，白沙岸对敌有功，十三年升指挥佥事。①

永乐四年的这次战役，是指第一次下西洋时的旧港之役。张通越过了总旗一级，直接从小旗晋升为从六品试百户。《明太宗实录》中没有记录旧港之役后的晋升标准，但在永乐九年的锡兰山之战后，晋升标准中有"凡官军奇功升二级，头功升一级……小旗奇功存者升试百户"②的记载，可见张通这次立下的应该就是使他晋升二级的"奇功"。

在旧港之役前一年的永乐三年正月，明成祖曾派官员谭胜受和杨信前往旧港招抚逃人，这里有数千名广东、福建军民：

> （永乐三年春正月，）遣行人谭胜受、千户杨信等往旧港招抚逃民梁道明等。旧港在南海，与爪哇邻，道明广东人，挈家窜居于彼者累年，广东福建军民从之者至数千人，推道明为首。指挥孙铉尝使海南诸番，遇道明子二奴，挟与俱来，遂遣胜受等偕二奴赍敕招谕之。③

这件事情在《武职选簿》的下西洋军人档案中也有体现。如曾参与第五次下西洋的锦衣卫官员何得清，当年就是被招抚而来的：

> 远年间流移旧港住过，永乐四年蒙千户杨信捧敕谕到，得清顺招本管头目前来朝见，钦除正千户，仍回旧港招谕。五年发锦衣卫镇抚司带俸。十四年复往西洋忽鲁谟厮等国公干，钦升锦衣卫流官指挥佥事。④

---

① 中国第一历史档案馆、辽宁省档案馆编：《中国明朝档案总汇》，第73册第23页。
② 《明太宗实录》卷118，永乐九年八月甲寅，第1499页。
③ 《明太宗实录》卷38，永乐三年春正月戊午，第646页。
④ 中国第一历史档案馆、辽宁省档案馆编：《中国明朝档案总汇》，第73册第33页。

何得清原籍广东归善县，和他一样被招抚来的还有他的同乡钟二，以及广东海阳县人萧汝贵、蔡荣，福建龙溪县人李存荆，广东东莞县人陈永革。[①] 他们都被安排到锦衣卫任职，蔡荣和陈永革还分别参与了第四次和第五次下西洋。明朝对旧港逃民的招谕进行顺利，当年九月，《明太宗实录》中记录旧港等处头目已经到京参加宴会。这年十一月，旧港来的头目梁道明等人还受到了赏赐：

> （永乐三年九月，）赐西洋、爪哇、车里、元江朝贡使臣及旧港等处头目宴。[②]
>
> （永乐三年十一月，）行人谭胜受等使旧港还，以头目梁道明、郑伯可等来朝贡马方物，赐道明等袭衣及钞百五十锭、文绮十二表里、绢七十匹。[③]

第二年，也就是永乐四年七月，另一名旧港头目陈祖义的名字在《明太宗实录》中出现。他和之前来贡的梁道明各自派遣自己的子侄前来朝见，受到赏赐：

> （永乐四年秋七月，）旧港头目陈祖义遣子士良，梁道明遣侄观政，及西干达哩耶回回哈直马合默等来朝，赐钞币有差。[④]

然而又过了一年，永乐五年九月时，陈祖义已经作为海贼首领被郑和捕拿到京，随后处决。按照《明太宗实录》中的记载，原因是当郑和到旧港招谕陈祖义时，后者假意投降，却率众袭击明军，被已有防备的官军击败，陈祖义也被生擒：

> （永乐五年九月壬子，）太监郑和使西洋诸国还，械至海贼陈祖义等。初，和至旧港，遇祖义等，遣人招谕之。祖义降，诈降而潜谋，要却官军。和等觉之，整兵堤备。祖义率众来劫，和出兵，与战祖义，大败，杀贼党五千余人，烧贼船十艘，获其七艘及伪铜印二颗。生擒祖义等三人，既至京师，命悉斩之。[⑤]

旧港之役是郑和下西洋途中的第一次重要战斗，《武职选簿》中记载有许多军

---

① 中国第一历史档案馆、辽宁省档案馆编：《中国明朝档案总汇》，第73册第48页、第79页、第168-169页、第110-111页、第108页。

② 《明太宗实录》卷46，永乐三年九月癸巳，第709页。

③ 《明太宗实录》卷48，永乐三年十一月甲寅，第734页。

④ 《明太宗实录》卷56，永乐四年秋七月丙辰，第834页。

⑤ 《明太宗实录》卷71，永乐五年九月壬子，第987页。

官参加了旧港之役，他们的战功记录是"杀贼有功""杀败贼众""杀获贼舡"①，与《明太宗实录》中的记载对照，可以想见当时战斗的激烈程度。这次战役后，原本只管辖十人的小旗张通升为从六品试百户，统领112人，比之前管理的人数增加了十倍。永乐九年，他又参加了第三次下西洋，参加了著名的锡兰山国之战。

从现存各种记录来看，锡兰山国之战是历次下西洋中最艰险的战役。锡兰山国王亚烈苦奈儿屡次劫掠邻国来往使臣财物，当郑和初次经过锡兰山国时，亚烈苦奈儿已经有谋财害命的计划，但被郑和察觉，离开锡兰山国。当船队再度到来时，郑和又被诱入锡兰山国。在索取金银宝物的要求被拒绝后，亚烈苦奈儿一边派出五万余人的军队劫掠郑和船队，一边阻断郑和回船的道路，使其随行队伍与船队之间无法相互支援。面对这种形势，郑和判断锡兰山国大军出动之后，国都之中一定处于空虚状态，且敌众已寡，决定利用对方的轻敌心理，主动攻击敌方都城。

于是郑和派人绕过敌方主力部队，潜回船队告知敌情，使留守船上的官兵尽力作战，以抗拒、牵制敌军，而自己则率领两千余名随行官兵，转由其他道路迅速返回，攻打锡兰山国都城。这种出其不意的战术获得成功，明朝官兵攻破都城，生擒锡兰山国王。随后敌方主力军队返回，围攻都城，明军与其交战数回，大胜而归。郑和船队回国时，将亚烈苦奈儿及其家属、锡兰山国头目带回明朝发落。面对群臣要求将其处决的建议，朱棣认为这属于不通晓事理的化外之民行为，并未加以惩处，"悯其愚无知，命姑释之，给与衣食，命礼部议，择其属之贤者立为王，以承国祀"②。

由锡兰山国之战的经过可以看出，郑和具有出色的军事指挥才能，而这种面对敌情迅速分析、判断、洞察和决断的能力，应该是实际征战锻炼的结果。郑和本人曾参与靖难之役，随同出征的许多军官也都曾参加其中多次战役，如涞水县人郑忠曾因灵璧县大战有功，升锦衣卫中所小旗，下西洋后在锡兰山国之战中"破贼池，擒番王，杀番贼，升锦衣卫中所试百户"③。

在靖难之役中，张通的战功没有太多记载，只知道他是在建文三年充仪卫司校尉，建文四年平定京师，升小旗④。其同乡李让早期经历与他基本一致，都是在建

---

① 中国第一历史档案馆、辽宁省档案馆编：《中国明朝档案总汇》，第73册第120页、第275页、第348页。

② 《明太宗实录》卷116，永乐九年六月乙巳，第1478页。关于锡兰山国之战的时间线，参考刘迎胜《郑和船队锡兰山之战史料研究——中国海军的首次大规模远洋登陆作战》一文中的考证（刘迎胜主编：《元史及民族与边疆研究集刊》第23辑，上海古籍出版社，2011，第78-100页）。

③ 中国第一历史档案馆、辽宁省档案馆编：《中国明朝档案总汇》，第49册第291页。

④ 中国第一历史档案馆、辽宁省档案馆编：《中国明朝档案总汇》，第73册第23页。

文三年成为仪卫司校尉，建文四年克东阿、灵璧县，渡江，克金川门有功，因此升锦衣卫锦衣左所小旗[1]。由此看来，张通经历的战事应该和李让类似。另一位锦衣卫的新城同乡刘海与他们一样，也是在建文三年加入朱棣的军队，只是一入军就是小旗，建文四年时升任了锦衣卫总旗[2]，管辖56人，在下西洋前比张通、李让的职位高一级，也在旧港之战后升为试百户。

在锡兰山国之战后，已经任职试百户的张通再度晋升，他和刘海一样由试百户晋升为正五品正千户，应该是立下了又一次奇功。《明太宗实录》里记载了这次战功赏赐的详细标准，从中可以看到下西洋船队中各种人员的组成情况，除各级官兵之外，还有被称为"番火长"的外国领航员，被称为"通事"的翻译，以及御医、军匠等：

> 永乐九年八月，甲寅礼部兵部奏议下西洋官军锡兰山战功升赏例。
> 凡官军奇功升二级，头功升一级。
> 指挥、千户、百户存者递增其秩，亡殁者与其子。
> 总旗奇功存者升实授百户，亡殁者子升试百户，头功存者升试百户，亡殁者子孙实授总旗。
> 总甲奇功存殁俱升试百户，头功存殁俱升实授总旗。
> 小旗奇功存者升试百户，亡殁者子升总旗，头功存者升总旗，亡殁者子升实授小旗。
> 小甲奇功存殁俱升总旗，头功存殁俱升实授小旗。
> 校尉、力士、军人、火长、带管、舵工、稍班、碇手、军人奇功不问存亡，俱升总旗，头功俱升小旗。
> 舍人、余丁、老军、养马小厮奇功头功悉如校尉军人之例，不愿升者加倍给赏。
> 奇功指挥每员赏钞二百锭，彩币六表里。
> 千户、卫镇抚钞百六十锭，彩币四表里。
> 百户、所镇抚钞百二十锭，彩币三表里。
> 御医并番火长钞百锭，彩币一表里，绵布二匹。
> 校尉钞九十锭，绵布五匹。

---

[1] 中国第一历史档案馆、辽宁省档案馆编：《中国明朝档案总汇》，第72册第262页。
[2] 中国第一历史档案馆、辽宁省档案馆编：《中国明朝档案总汇》，第73册第33页。

旗甲、军民通事、火长、小厮、军匠、军行人钞七十锭，绵布五匹。

民医、匠人、厨役、行人、稍水并家人钞三十锭，绵布二匹。

奇功次等指挥钞百六十锭，彩币五表里。

千户、卫镇抚钞百三十锭，彩币三表里，绢三匹。

百户、所镇抚钞百锭，彩币二表里，绢二匹。

御医并番火长钞八十锭，彩币一表里，绵布一匹。

校尉钞七十锭，绵布四匹。

旗甲、军民通事、火长、小厮、军匠、军行人钞六十锭，绵布四匹。

民医、匠人、厨役、行人、稍水并家人钞四十五锭，绵布三匹。

头功例与奇功次等同。

头功次等指挥钞百五十锭，彩币四表里，绢三匹。

千户、卫镇抚钞百二十锭，彩币三表里，绢二匹。

百户、所镇抚钞九十锭，彩币二表里，绢一匹。

御医并番火长钞七十锭，彩币一表里。绵布一匹。

校尉钞六十五锭，绵布四匹。

旗甲、军民通事、火长、小厮、军匠、军行人钞五十二锭，绵布四匹。

民医、匠人、厨役、行人、稍水并家人钞四十锭，绵布三匹。

阵亡者循前例，赏外在加赏。

指挥钞六十锭，彩币二表里。

千户、卫镇抚钞五十锭，彩币一表里。

百户、所镇抚钞四十锭，彩币一表里。

御医并番火长钞三十锭，绵布二匹。

校尉钞二十五锭，绵布二匹。

旗甲、军民通事、火长、小厮、军匠、军行人钞十六锭，绵布二匹。

民医、匠人、厨役、行人、稍水并家人钞十二锭，绵布二匹。[1]

来自锦衣卫的栖霞县人刁先也立下了升二级的奇功，"永乐元年充力士。九年杀退番贼奇功，升总旗"[2]。来自锦衣卫的何义宗在锡兰山国之战后升为锦衣卫指挥同知，《明太宗实录》里记载了这次晋升：

---

① 《明太宗实录》卷118，永乐九年八月甲寅，第1499-1501页。

② 中国第一历史档案馆、辽宁省档案馆编：《中国明朝档案总汇》，第73册第86页。

（永乐九年冬十月，）论锡兰山战功，升锦衣卫指挥佥事李实、何义宗俱为本卫指挥同知；正千户彭以胜、旗手卫正千户林全俱为本卫指挥佥事。①

何义宗原本是江都县人，早年因战乱随父亲到占城生活，洪武年间作为通事（即翻译）先后随占城王子和进象使臣来到明朝，后留在锦衣卫驯养大象。驯象是明朝仪卫制度中的重要环节，因为大象生活在热带，象征着明朝疆域的宽广，皇帝即位时需要有驯象出现，如朱元璋登基大典时就是"虎豹各二，驯象六，分左右"②。直至今日，朱元璋孝陵和朱棣长陵的神道边依然可以看到石象如当年仪卫制度般排列。

何义宗在建文四年和永乐元年分别前往爪哇国和西洋等国，此时朱棣刚即皇帝位，何义宗可能是随同其他使臣出使，回国后升任锦衣卫驯象所百户、副千户。随后他加入郑和下西洋的船队，旧港之战后升任驯象所正千户，又升为锦衣卫指挥佥事，直至锡兰山国之战后升任锦衣卫世袭指挥同知。③

在《武职选簿》的记载中，何义宗在锡兰山国的战功是"征破城池擒王，四门杀败番贼"。在明代嘉兴府楞严寺刊本《大唐西域记》"僧伽罗国"一条的明代注文里，可以看到锡兰山国之战的另一些细节：

> 郑和知其谋，遂去。后复遣郑和往赐诸番，并赐锡兰山国王。王益慢，不恭，欲图杀害使者，用兵五万人，刊木塞道，分兵以劫海舟。会其下预泄其机，郑和等觉，亟回舟，路已阨绝，潜遣人出舟师拒之。和以兵三千夜由间道攻入王城，守之。其劫海舟番兵乃与其国内番兵四面来攻，合围数重，攻战六日，和等执其王，凌晨开门，伐木取道，且战且行，凡二十余里，抵暮始达舟。④

从日程来看，这次攻破都城之战只用了一夜时间。《明太宗实录》中提到郑和发现回船的道路被断绝后，率两千余人"由间道急攻土城"⑤，用土筑成的都城可

---

① 《明太宗实录》卷120，永乐九年冬十月壬辰，第1513-1514页。

② 申时行等修，赵用贤等纂：《大明会典》卷45《礼部三·登极仪》，续修四库全书，上海古籍出版社，1996，史部第790册第36页。

③ 中国第一历史档案馆、辽宁省档案馆编：《中国明朝档案总汇》，第73册第2-3页。

④ 玄奘、辩机著，季羡林等校注，《大唐西域记校注》卷11《僧伽罗国·佛牙精舍》，中外交通史籍丛刊，中华书局，1985，第881页。

⑤ 《明太宗实录》卷116，永乐九年六月乙巳，第1478页。

能防御力略显不足，但同样是在这座土城里，郑和率军持续守城六日，众番兵"四面来攻，合围数重"，正对应了何义宗战功中的"四门杀败番贼"。六天之后的凌晨，明军打开城门，带着锡兰山国王室众人，一路伐木开道，边战边走，一天时间走了二十余里，直到日暮时分才终于回到船队。虽然在相关文献中看不到当时城池战备和攻守作战的细节，但此前伊本·白图泰的游记里记载了14世纪一些有防御的港口城市，可以作为参考：

> 一种是有拱顶建筑的，如发坦城：这是一座海滨城市，巍巍壮观，特别是它的港口实在令人赞叹。港口上建有巨大的木拱顶，由粗大的柱子支撑着，沿着木通道可登上拱顶。这条通道很是考究，通道上也建有顶篷。如有敌军来犯，停泊在码头上的艾基凡船都可躲入拱顶建筑下，步兵和射手们登上拱顶守卫，将港口封锁，敌军便无隙可乘。①

又如用铁索将港口锁起来的苏尔城和拉塔基亚城：

> 苏尔城固若金汤，坚如盘石。它三面环海，位置险要。人们在谈到城池坚固时，往往以苏尔城作比。苏尔城的两座城门，一门通海，一门与陆路相连。与陆路相连之门是四堵隔离墙，将城门包围。通海之门位于两座巨大的城堡之间。
>
> 该城建筑的奇特实是举世无双。三面环海，一面城墙，使得要停泊的船只必须驶进城池。而两个城堡之间横一铁索，不拉起铁索，任何船只都无法进出。铁索由看守和卫兵把守。如果事先没报告给他们，则欲进者进不去，欲出者出不来。
>
> ……
>
> （拉塔基亚城）此城的港口建有两座堡垒，中间横拉着一条铁索，进出港口时，如不解开铁索就无法通过。此港在沙姆国是最优良的港口之一。②

游记里还记载了一次陆地与海上军队作战的情形，在辛达布尔，当地人用投石机攻击船队，而战船里藏着战马，可以随时组建骑兵：

---

① 伊本·白图泰口述，伊本·朱筘笔录：《异境奇观：伊本·白图泰游记（全译本）》，第519页。

② 伊本·白图泰口述，伊本·朱筘笔录：《异境奇观：伊本·白图泰游记（全译本）》，第69页、第90页。

我们于星期一的傍晚到达辛达布尔，船队驶入港中停泊。我们发现当地人已作好打仗的准备，抛石机已架了起来。

当晚，我们没有动作，就在港湾过了一夜。次日，天刚亮，鼓声、号角声和喇叭声齐鸣，船队开始进攻了。岸上用抛石机轰击船队。我看见抛过来的石块击中了几个站在素丹身边的人。几条船上的士兵手抓盾牌和宝剑纷纷跃入水中。素丹登上一艘欧凯里号战船。我也纵身跃入水中，加入了进攻者的行列。我们还有两艘战船的后舱敞开着，里面藏着战马。此时，骑士们穿好甲胄，全副武装骑上战马从后舱冲了出来。[1]

由此来看，14世纪印度洋边的港口城市一般具有较强的攻防能力和军事装备，锡兰山国王之前能够劫掠过往使臣，这次又发兵五万攻打明朝官军，应该也拥有较强的武装力量。但郑和率领两千余人却能守城六日，最后全身而退，应当是此前的作战经验起到了重要作用。

中国古代战争中攻城守城战占有很高比例。按照《武职选簿》中的记载，参与锡兰山国之战的许多官兵曾参与靖难之役，在长达四年的连续作战中，燕王和建文帝双方军队一次次攻守城池作战，众官兵亲身经历，积累了实战经验，这是明朝军队在锡兰山国之战中最终取得胜利的重要原因。但明军在这次战役中应该也付出了很大代价，除了赏赐条例中提到的阵亡将士之外，直到宣德元年，还有当初流落在锡兰山的锦衣卫军人回到家乡：

（宣德元年六月，）行在礼部奏：锦衣卫军杜子忠等四（人），永乐中从太监郑和使西洋，至锡兰山遇寇，四人被掠，今自苏门答剌国附朝贡船来归。上曰："四人以王事流离远夷，父母妻子莫知存亡，情甚可悯。其赐衣服钞布，俾还乡省亲，而后复役。"[2]

这几名锦衣卫军人有可能就是在锡兰山作战时流落异国的。由此也可以看到能够在战斗中全身而退，还能屡立战功，尤其是奇功，确实是件很不容易的事情。在四年之后，第四次下西洋的苏门答腊之战中，张通再次立功，这应该是他第三次立下奇功，《明太宗实录》中第一次出现了他的名字：

① 伊本·白图泰口述，伊本·朱甾笔录：《异境奇观：伊本·白图泰游记（全译本）》，第491页。
② 《明宣宗实录》卷18，宣德元年六月甲戌，黄彰健等校勘，"中研院"历史语言研究所，1962，第480页。

（永乐十三年九月壬寅，）命兵部录官军战功，于是水军右卫流官指挥使唐敬、流官指挥佥事王衡、金吾左卫流官指挥使林子宣、龙江左卫流官指挥佥事胡后、宽河卫流官指挥同知哈只，皆命世袭。锦衣卫正千户陆通、马贵、张通、刘海俱升流官指挥佥事。其余千百户旗军王复亨等百四十余人，升用有差。①

这次战役的起因实际是苏门答腊王族内部因争夺王位引起的纷争，来到此地的郑和一行人卷入其中，结果引来数万番兵攻击明朝使团。但明军再次展现了强大的战斗力，一路追杀至喃渤利国，擒拿敌军首领，全胜而归：

苏门答剌国王宰奴里阿必丁遣王子剌查加那因等贡方物，太监郑和献所获苏门答剌贼首苏干剌等。初，和奉使至苏门答剌，赐其王宰奴里阿必丁彩币等物。苏干剌乃前伪王弟，方谋弑宰奴阿必丁，以夺其位。且怒使臣赐不及己，领兵数万，邀杀官军。和率众及其国兵与战，苏干剌败走，追至喃渤利国，并其妻子俘以归。至是献于行在，兵部尚书方宾言，苏干剌大逆不道，宜付法司正其罪。遂命刑部按法诛之。②

张通在锡兰山国之战后已升任了管辖1120人的正五品正千户，这次苏门答腊之役后，他又和同乡刘海一起，升为正四品锦衣卫指挥佥事。指挥佥事是一个卫的主要官员之一，按照通例，每个卫应该有一位指挥，两位指挥同知，四位指挥佥事，但第四次下西洋后，锦衣卫一次就有五位正千户升为指挥佥事。《武职选簿》在关于武进人李满的事迹中，提到了这次晋升。从李满的生平中，可以看到他也是靖难之役中因军功晋升的军官，在下西洋之前，已经升到了副千户的位置：

洪武三十二年攻围济南，升小旗，西水寨升总旗，三十五年渡江，除旗手卫中所百户。永乐元年升本所副千户。二年钦与世袭。

永乐三年调锦衣卫衣左所，本年西洋公干有功，升本卫正千户。永乐十三年功次簿内查有下西洋等处功，正千户升指挥佥事五员，内一员李满。③

值得注意的是，在《明太宗实录》中，李满和刘海的名字第一次出现是在永乐

① 《明太宗实录》卷168，永乐十三年九月壬寅，第1870页。
② 《明太宗实录》卷168，永乐十三年九月壬寅，第1869-1870页。
③ 中国第一历史档案馆、辽宁省档案馆编：《中国明朝档案总汇》，第73册第21页。

三年：

> （永乐三年六月癸巳，）升正千户王复亨、副千户李满、总旗刘海、小旗马贵俱为锦衣卫指挥佥事。初，满等由仪卫司校卫从征渡江，出使西洋，累著勋绩，故有是命。①

这可能是《明太宗实录》的编辑者在收集史料时，将时间顺序整理错了。从《武职选簿》中的记载可知，这件事情应当发生在永乐十三年六月，而不是永乐三年。在永乐十三年十二月的一条记载中，张通再一次被提到晋升为指挥佥事。

> （永乐十三年十二月，）是月，升千户徐政、汪海为府军右卫指挥佥事，小旗张通为锦衣卫指挥佥事，以使西洋有劳也。②

在《明太宗实录》的记载中，张通的原始职位是小旗，这可能是从第一次出使西洋之前的职位开始叙述的，事实上，此时的张通职务已经是正千户。计算下来，张通应该是在旧港之战、锡兰山国之战和苏门答腊之战三次战役中都立下了奇功，才能有这样的晋升速度。而他的同乡刘海应该是在后两次战役中立下了奇功，于是两人一起晋升为锦衣卫指挥佥事。同在锦衣卫的新城人李让，早期的经历与张通基本一致，都是在洪武三十四年成为仪卫司校尉，三十五年平定京师后升小旗，但在永乐九年的锡兰山国和永乐十三年的苏门答腊之战后，只是升为实授百户，其战功应该相对较少。③

几次下西洋改变了许多官兵的命运，比如来自羽林右卫水军所的临海县人张永，就从一名水手变成了军官。张永的祖父来自方国珍的军队，他本人作为稍班碇手加入了下西洋的队伍，永乐五年升为小旗，比照锡兰山国之战后的"稍班、碇手、军人奇功不问存亡，俱升总旗，头功俱升小旗"来看，他应该是在旧港之战中立下了一次头功。苏门答腊之战后，他升为总旗，永乐十八年升为羽林右卫水军所试百户。④山阴县人孙闻同样是在洪武十九年作为稍班碇手进入水军左卫，永乐三年在棉花洋和阿鲁洋立功后升小旗，永乐十八年升为试百户。⑤

在郑和下西洋期间，也有其他使臣在出使过程中作战，如永乐十五年时，内

---

① 《明太宗实录》卷43，永乐三年六月癸巳，第688页。
② 《明太宗实录》卷171，永乐十三年十二月，第1907页。
③ 中国第一历史档案馆、辽宁省档案馆编：《中国明朝档案总汇》，第72册第262页。
④ 中国第一历史档案馆、辽宁省档案馆编：《中国明朝档案总汇》，第53册第284页。
⑤ 中国第一历史档案馆、辽宁省档案馆编：《中国明朝档案总汇》，第61册第291页。

官张谦就率领160余名官军与4000余名倭寇作战，并获大胜。《明太宗实录》中记载：

> （永乐十五年六月）遣人赍敕往金乡，劳使西洋诸番内官张谦及指挥千百户旗军人等。初，谦等奉命使西洋诸番，还至浙江金乡卫海上，猝遇倭寇。时官军在船者才百六十余人，贼可四千，鏖战二十余合，大败贼徒，杀死无箅，余众遁去。①

从这些记载可以看到，面对海上随时可能降临的风险，刚经历了靖难之役的明军战斗力得到了充分展现。根据《武职选簿》的现存记载，178人中有40人参加过靖难之役，主要集中在锦衣卫（有25人）。而来自锦衣卫的官兵总共有56人，接近现存记载总人数的1/3。在下西洋的军官中，包括张通、刘海在内，共有14人来自保定府新城县，除一人早期经历记载不详外，其余13人都参与了靖难之役，并在此过程中获得晋升。此外还有来自房山、宛平、通县、霸州等处的北直隶官兵，他们都是在靖难之役中加入了朱棣的军队。实际上，参与靖难之役的军官除了作战事迹之外，还有人是因为搜捕建文朝臣获得晋升，例如神策卫的张清是因"绑到工部主事沈某，升总旗"②，留守后卫的李成是"洪武三十五年擒拿大理寺官一员，赴金山（川）门朝见，升留守后卫金川门所百户"③。来自高邮卫的王舍保和龙亨是因为建文四年，高邮全城归顺燕王军队，因此获升。④

就明初历史而言，靖难之役是一场惨烈的皇室内部之争，但一些身经百战的靖难官兵加入下西洋船队，却凭借他们丰富的实战经验护卫了远航的平安。结合《明太宗实录》和《武职选簿》中的军功记载来看，正如广洋、江阴、横海、水军是洪武海运时的主力四卫一样，锦衣卫很可能是下西洋船队中战斗力最强、立下功劳最多的主力军队。与此同时，来自保定、北京这些北直隶地区的将士也取代了当年洪武海运时的淮西将士，成为下西洋军队里的中坚力量。在多数下西洋官军的履历中，既没有海上相关的经历，也没有航海技术和经验，之所以让他们出海，应当是因为他们曾随明成祖南下夺位，在政治上可高度信赖，于是他们和福建沿海官兵一起远涉西洋，以同时保证船队的政治安全和技术安全。这与当年洪武海运时安排大

---

① 《明太宗实录》卷190，永乐十五年六月己亥，第2013页。
② 中国第一历史档案馆、辽宁省档案馆编：《中国明朝档案总汇》，第54册第378-379页。
③ 中国第一历史档案馆、辽宁省档案馆编：《中国明朝档案总汇》，第65册第101页。
④ 中国第一历史档案馆、辽宁省档案馆编：《中国明朝档案总汇》，第61册第341页、第408页。

量淮西官兵加入运军，与江浙军人、水手一起运粮辽东，是出于同样的考虑。

每次下西洋结束后，回到各地的官军们又分别走上不同的人生道路。江阴卫的兴化县人阮清曾参与第二次下西洋，随后永乐十一年在五虎关阵亡。[1]永乐十八年，朱棣正式迁都北京，张通、刘海、李满、何义宗等人应该是留在了南京，因为他们的后人出现在南京锦衣卫的编制中。

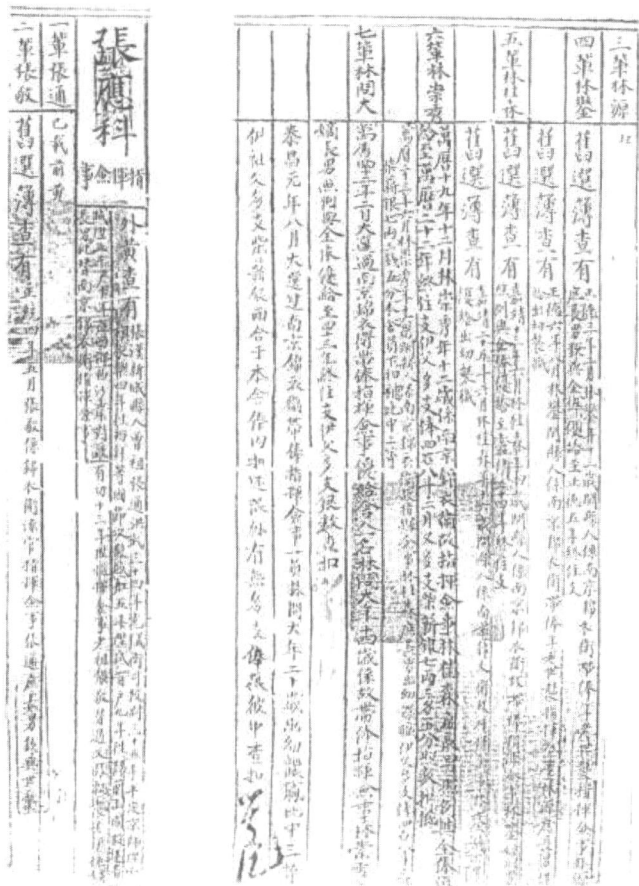

图2-1　《武职选簿》中的部分张通家族档案[2]

一些下西洋官兵中途去世，又由其家人继续补役。例如来自豹韬卫的安福县人朱大眼参与了第一次下西洋，之后在第四次下西洋时溺死，由朱秋奴补役，参与第五次下西洋。[3]鹰扬卫的溧阳人潘宅弟曾参与第一次下西洋，之后在永乐九年去

① 中国第一历史档案馆、辽宁省档案馆编：《中国明朝档案总汇》，第73册第274页。
② 中国第一历史档案馆、辽宁省档案馆编：《中国明朝档案总汇》，第73册第23页。
③ 中国第一历史档案馆、辽宁省档案馆编：《中国明朝档案总汇》，第73册第305页。

世，其弟潘住住补役，再度下西洋，后来在宣德二年的交趾战事中去世。[1]有不少下西洋官兵参与了交趾之战，例如来自豹韬卫的六合县人张僧住和莆田县人郑佛儿都曾参与第五次下西洋，也都于宣德二年在交趾阵亡。[2]

朱棣去世后葬于长陵，南京羽林右卫因此更名为长陵卫，调往北京守陵。与留在南京的锦衣卫官兵们相比，调往北京的许多官兵此后经历了更多重大事件。曾参与下西洋的长陵卫试百户杨林结局记载很模糊，只有"被虏"二字，他的职位在景泰三年四月由侄孙杨春继承。[3]从时间来看，杨林可能是在土木堡之战或后续战役中失陷。在土木堡之变中，明英宗御驾亲征却被瓦剌击败，五十万将士死伤过半，其中应该有不少曾参与下西洋的官兵及其后人。可以作为参考的是同样来自长陵卫的郑足，他曾参与锡兰山国之战和苏门答腊之战，去世后由其子郑郁袭职，景泰元年，郑郁因为"征进未还"，其职由九岁的儿子郑瑄继承。[4]留守后卫的董士中在锡兰山国之战后病故，其子董真补役，同样在正统十四年的土木堡之变中亡故，之后由其子董旺补役。当年十月，瓦剌军攻至北京城下，董旺在德胜门外杀敌立功，并因此升为试百户。

从《武职选簿》中，可以看到一个个明朝军官家族世代传承的故事。宏大的历史事件由许多具体人物组成，在书中呈现的不同细节里，可以看到郑和下西洋的许多微观与侧面信息，与官方史书的宏观记载相呼应，展现出更完整的时代全景。

第二节　明代水战与航行中的船队编组和指挥方式

一、明朝水军的五军阵型与中国古代水军布阵

明代小说《西洋记》（全称《三宝太监西洋记通俗演义》）第十八回，这样描

---

① 中国第一历史档案馆、辽宁省档案馆编：《中国明朝档案总汇》，第74册第396页。
② 中国第一历史档案馆、辽宁省档案馆编：《中国明朝档案总汇》，第73册第321页、第344页。
③ 中国第一历史档案馆、辽宁省档案馆编：《中国明朝档案总汇》，第53册第252页。
④ 中国第一历史档案馆、辽宁省档案馆编：《中国明朝档案总汇》，第53册第217页。

述郑和船队的阵型：

> 每日行船，以四"帅"字号船为中军帐，以宝船三十二只为中军营，
> 环绕帐外。以坐船三百号分前、后、左、右四营，环绕中军营外。以战船
> 四十五号为前哨，出前营之前。以马船一百号实其后。以战船四十五号为
> 左哨，列于左，人字一撇，撇开去如鸟舒左翼。以粮船六十号从前哨尾
> 起，斜曳开到左哨头止。又以马船一百二十号副于中。以战船四十五号为
> 右哨，列于右，人字一捺，捺开去如鸟舒右翼。以粮船六十号从前哨尾
> 起，斜曳开到右哨头止。又以马船一百二十号实于中。以战船四十五号为
> 后哨留后，分为二队如燕尾形。马船一百号当其前，以粮船六十号从左哨
> 头起，斜曳收到后哨头止，如人有左肋。又以马船一百二十号实于中。
> 以粮船六十号从右哨头起，斜曳收到后哨头止，如人有右肋。又以马船
> 一百二十号实于中。昼行认旗帜，夜行认灯笼。务在前后相维，左右相
> 挽，不致疏虞。①

这段内容后来被广泛引述，作为论证郑和船队行进阵型的主要资料之一。向达在《关于三宝太监下西洋的几种资料》一文中，认为罗懋登《西洋记》中有一部分材料出自马欢所作的《瀛涯胜览》，并对比了其中的若干细节。②从以往研究来看，《西洋记》一书形成于万历援朝战争时期，书中描述的一些关于郑和下西洋军队的内容，实际上是万历时期明朝水军的情形，由于明朝水军制度和战术的延续特征，从书中也能看到一些下西洋行动的情况。但这段却是小说作者的自由发挥，如果把阵型中各类型的船叠加在一起，总数达到了1432条，远远超出了历史记载中郑和船队200余条船的数目。

孙光圻《中国古代航海史》中有一幅《郑和船队编队示意图》，系根据罗懋登《西洋记》中的郑和船队队形绘制，书中认为它与明代戚继光《纪效新书》中的"安摆船式之图"如出一辙。由于《纪效新书》在《西洋记》之前问世，孙光圻在《中国古代航海史》中认为罗懋登的作品取材于戚继光的资料，并认为小说中的各种船舶数量出于虚构，不能相信。③

---

① 罗懋登：《三宝太监西洋记通俗演义》，第239页。
② 向达：《关于三宝太监下西洋的几种资料》，载《唐代长安与西域文明》，重庆出版社，2009，第431-455页。
③ 孙光圻：《中国古代航海史》，海洋出版社，1989，第493-495页。

图2-2 戚继光《纪效新书》之《安摆船式之图》[①]

虽然船只数字属于小说家的虚构，但这种分前、后、中、左、右五军的水军阵型却是由来已久。南宋韩世忠与金兵对阵时，宋军的船队阵型就呈五军状态：

> 世忠军皆海船阵于江中，中军船长大，处于中，余四军皆分列以簇之，甚可观，辎重船皆列于山后。[②]

可见这种阵型的特点是中军的大型船只在中间，其余四军分列围护，具有后勤职能的辎重船则被安排在最后，免得在作战中遭遇袭击。明朝中后期的《苍梧总督军门志》中记载了广东水军的五军阵型：

> 一、兵船在海，为一水寨；在陆，为一营。今以南头寨为中营，碣石寨为左营，柘林寨为后营，北津寨为中副营，白鸽寨为右营，白沙寨为前

---

① 戚继光：《纪效新书》（18卷本）卷18，曹文明、吕颖慧校释，中华书局，2001，第332页。

② 胡舜申：《避难录》，收入陶宗仪等编《说郛三种》，上海古籍出版社，1988，第4册第1760页。此版本中将《避难录》列于王明清名下，实际为胡舜申所著，只是后来被收入《玉照新志》。详见杨倩描：《宋金镇江"金山大战"考实——宋金黄天荡之战研究之一》，载姜锡东、李华瑞主编《宋史研究论丛》第5辑，河北大学出版社，2003，第160-178页。

营，各营大小五方旗，照依五哨分为前左中右后制造。①

但作战与行军时的阵形不同，有研究认为行进中的船队不可能有固定编队形式，如郑一钧在《郑和下西洋的贡献与局限》中所述：

> 郑和船队进行的是远洋航行，在长时间、远距离、多海域的航海中，航行要受风向、风力、海流流向和流速、航道宽窄深浅及突然而来的气象变化等诸多因素的制约，不可能采取这样一种固定的燕子形编队形式，否则，在海风、海流的作用下，这种编队形式立马就会被打乱，造成严重的碰撞，而无法正常航行。②

《纪效新书》也认为船队阵型应根据地形而变：

> 以上摆船之说，大端海涛汹涌，港有弯曲阔狭、当风隐风之不同，随港形深浅，难拘一定之势。此言处宽回水善之形耳。设使狭如羊肠，则又当单只一字顺下，不可拘方也。③

又如《海道经》中记载海船排列过密时会产生危险：

> 杨子江者，实海运之患也。必当择取小讯、大讯艊开洋，鲜有危险。如大讯行船，倘值东风势急，恶水急紧，船艊稠密，一船退下，纽二连三，缴碇交缠，头稍相系，风雨相攻，人无措手，直至沙滩，必有损坏，宜深慎之。④

从实际情况来看，海上情况多变，下西洋船队面临的风险很多，其阵型应参考明军早期水战中有一定防备时的行军状态。在朱元璋建立明朝的过程中，与陈友谅军队曾有多次水战，其战术和阵型特征可以作为参考。根据明朝早期文献《纪事录》的记载，朱元璋水军行进时曾有这样的阵型设置：

【至正二十一年（公元1361年）七月】上亲征江州。海船五十余帮，

---

① 应槚辑，凌云翼、刘尧诲重修：《苍梧总督军门志》卷15，赵克生、李燃标点，岳麓书社，2015，第181页。

② 郑一钧：《郑和下西洋的贡献与局限》载孔远志、郑一钧《东南亚考察论郑和》，第393-394页。

③ 戚继光：《纪效新书》（18卷本）卷18，第333页。

④ 佚名：《海道经》之《海道》，第188页。

大者容一千人，小者容八百人，船五只为一帮，惟上所乘船容一千三百人；风斗船五十余只；平口浅船俱载马匹、粮赏、军器，随其后；选轻便快船，命伶俐官军乘之，为前锋。①

由从朱元璋大军行进时的阵型布置，能看出不同职能队伍的阵型安排：快船在前，为前锋，中间是指挥船和官军运船，辎重粮船在最后，可以视作一种简化的五军阵型。而在此之前，元朝越海征伐日本时，也有千料舟、拔都鲁轻疾舟和汲水小舟这三种不同种类船只的记载。千料舟应属官军乘坐的主力军船和运输船，拔都鲁轻疾舟属于轻便的前锋船，汲水小舟则是机动的取水船，可以看出它们在船队中的协作作用：

（至元）十一年三月，命凤州经略使忻都、高丽军民总管洪茶丘，以千料舟、拔都鲁轻疾舟、汲水小舟各三百，共九百艘，载士卒一万五千，期以七月征日本。②

与此相似的还有清代出使琉球的李鼎元的记载。使团为了避免被袭，将船队划分成三起出行：第一起是先锋船，12只，作用是探看敌情；第二起是由20艘战船护卫的使臣乘坐的封舟；第三起是8艘在左右两翼接应的船。另外还有在船右侧安置的杉板小船，即可以用作取水、救生，以及大船停泊在港口附近时，从船到岸上摆渡之用的小舢板。由于李鼎元出使时，海上并不太平，因此在出港时还排兵布阵，制定了迎敌对策：

排定船只，各执器械，分三起出口。先锋船十二只为一起，若遇贼，视贼船扬帆来，即落帆让之。如贼船落帆，我船即扬帆直过，不必打仗，俟二起接著，打仗。闻连珠炮，即将船转回，前后夹攻。二起为封舟，配战船二十只。三起配船八只，左右接应。令船户车杉板，置于舟右。③

由此可以看到，在准备进入正式作战状态时，作为左右翼的船依然要出现。如至正二十三年（1363年），朱元璋和陈友谅最终决战前，大军行进时就有左右翼护卫：

上敕相国徐达、平章常遇春为前锋，平章廖永忠、俞通海为左、右翼，

---

① 俞本撰，李新峰笺证：《纪事录笺证》卷上，辛丑至正二十一年七月，第139页。
② 宋濂：《元史》卷208《外夷一·日本》，中华书局，1976，第15册第4628页。
③ 李鼎元：《使琉球记》卷3，第69页。

余船列帮而进。上以所乘船如征江州之势，令愈严肃，师愈鲜明，舟愈齐整，戒将士曰："昼则视旗帜，夜则视灯笼；远则听信炮，近则听金鼓。"以翱、翔二船为左、右副，以风斗快船为前导，大小船只相继而进。①

由此可以推测，郑和下西洋的船队很可能也像这样，在不同情况下有不同的阵型设置。当海上环境和平、风险较小时，采用前锋船、中军船、后勤船的三段式阵型，以便于行进为主。而在进入危险海域，有需要作战的可能时，则以防御为重，采用中、前、后、左、右五军阵型，尤其加强左、右翼的拱卫作用，以护卫指挥中枢的安全。

而对于如何避免船队行进时各船之间由于数量太多、密度过大而形成拥挤碰撞事故，水军会有自己的行进次序，即文中描述的朱元璋军队"大小船只相继而进"。关于具体操作方式，早在三国时曹操就有规定，要求各船根据鼓声行动，"鼓三通鸣，大小战船以次发，左不得至右，右不得至左，前后不得易，违令者斩"②。明代中后期文献《洗海近事》中也有相关规定：

> 行船遇单日，左哨先开，次右哨，次大中军哨。双日右哨先开，次左哨，次大中军哨。务要齐齐整整，不许混乱。③

二、郑和下西洋的分船队

郑和船队中的船数多时在200条以上，但它们并不是一直都作为同一个船队出行，如《西洋朝贡典录》序中所说，虽然郑和率领着大型船队出海，但他不需要亲自到达每一个国家：

> （郑和）总率巨舸百艘，发自福州五虎门，维艄挂席，际天而行。自是雷波岳涛，奔橦踔楫，掣掣泄泄，浮历数万里，往复几三十年，而身所至者，仅二十余国云。④

这里的"巨舸"明显就是巨船，舸就是作为独立个体的船。但舸还有分船队的

① 俞本撰，李新峰笺证：《纪事录笺证》卷上，癸卯至正二十三年，第175-176页。
② 杜佑：《通典》卷149《兵二·法制附》，万有文库本，商务印书馆，1935，第779页。
③ 俞大猷：《洗海近事》卷下《总兵俞军令于后》，四库全书存目丛书，齐鲁书社，1996，史部第49册第92页。
④ 黄省曾著，谢方校注：《西洋朝贡典录校注》之《自序》，中外交通史籍丛刊，中华书局，2000，第7页。

意义。明成化年间，丘浚回顾了郑和下西洋途中，各支分船队在位于马六甲海峡的满剌加齐聚的情形：

> 自林邑正南行八昼夜抵其地，由是而达西洋古里大国，八艅遍往支阿舟、榜葛剌、忽鲁谟斯等处，逮其回也，咸至于是聚齐焉。[①]

这里提到的"八艅"就是八支分船队。在马欢、费信所做的《瀛涯胜览》和《星槎胜览》中，还会看到宝船分组的间接记载。比如丘浚提到的分艅前往榜葛剌，就在《星槎胜览·榜葛剌国》中提到过：

> 永乐十年并永乐十三年二次，上命太监侯显等统领舟师，赍捧诏敕，赏赐国王、王妃、头目。[②]

当分艅出行时，可能还会根据情况分成更小的船队，一般是称某地有数只宝船前来。例如《瀛涯胜览·阿丹国》中记载第六次下西洋前往苏门答剌时又有分船队前往阿丹：

> 永乐十九年，钦命正使太监李等，赍诏敕衣冠赐其王酋，到苏门答剌国，分艅内官周领驾宝船数只到彼。[③]

从《星槎胜览·榜葛剌国》中提到的统领舟师的太监侯显，以及《瀛涯胜览·阿丹国》中提到的"正使太监李""分艅内官周"可以看到，统领分艅的也都是地位较高者。又如《瀛涯胜览·溜山国》的记载：

> 中国宝船一二只亦到彼处，收买龙涎香椰子等物，乃一小邦也。[④]

郑和本人到达之处，应当是具有相对重要地位的国家。在《瀛涯胜览》中提到郑和亲率船队到达的地方，有旧港、苏门答剌和古里国等，而此处关于溜山国的记载则说明这里是一个"小邦"，所以只有一两只宝船到这里购买货物。

① 丘浚：《琼台诗文会稿》卷11《送林黄门使满剌加国序》，收入《丘浚集》第8册，周伟民等点校，海南先贤诗文丛刊，海南出版社，2006，第4089页。
② 费信著，冯承钧校注：《星槎胜览校注》前集《榜葛剌国》，第39页。
③ 马欢著，冯承钧校注：《瀛涯胜览校注》之《阿丹国》条，中华书局，1955，第55页。
④ 马欢著，冯承钧校注：《瀛涯胜览校注》之《溜山国》条，第52页。

第三节　旗号与灯火在古代航海中的应用

一、彩色旗号在船队分组协作中的作用

《西洋记》第十八回《金銮殿大宴百官　三叉河亲排銮驾》中，对于即将启航的郑和船队外观有这样的描述：

> 圣驾已到三叉河，倒竖虎须，圆睁龙眼，只见千百号宝船摆列如星。每一号宝船上扯起一杆三丈长的鹅黄旗号，每一杆旗上写着"上国天兵，抚夷取宝"八个大字。万岁爷龙眼细观，只见另有四号宝船与众不同。第一号是个帅府，扯着一杆十丈长的"帅"字旗，船面前挂了几面粉牌，中间牌上写着"大明国统兵招讨大元帅"，左边牌上写着"回避"，右边牌上写着"肃静"。第二号也是个帅府，也扯着一杆十丈长的"帅"字旗，船面前挂了几面粉牌，中间牌上写着"大明国统兵招讨副元帅"，左边牌上写着"回避"，右边牌上写着"肃静"。[①]

虽然是小说的虚构，但文中所写的郑和船队情景，很可能来自作者亲眼所见的明朝中后期水军情形。这与元末的朱元璋水军很相似，至正二十一年（1361年）七月，朱元璋亲征江州时，使用各种色彩的旗号作为本方船队的标识：

> 船列百余里，涂粉为号，画黑云板旗钉于船尾……旌旗蔽天，衣甲耀日，金鼓之声震于远近。上以所乘船悬大蓝旗于中桅，缯制"奉天"二字于上，悬黄号带于旗端，书云"奉天征讨，纳顺安民"，或以大蓝旗红制"美"字，悬二桅上。[②]

两年之后，朱元璋就是站在悬挂着"美"字的船头，向将士们发出了与陈友谅军最终决战的命令。[③]从文中描述可见，朱元璋军队白船黄号，蓝旗红字，这样五

---

① 罗懋登：《三宝太监西洋记通俗演义》，第237页。
② 俞本撰，李新峰笺证：《纪事录笺证》卷上，辛丑至正二十一年七月，第139–140页。
③ 俞本撰，李新峰笺证：《纪事录笺证》卷上，癸卯至正二十三年七月，第185页。

彩缤纷的景象很可能是明朝水军的传统，应当也会出现在郑和船队中。"旗号"是旗与号带的合称。号带是一种用长条形布帛制作的标志，有时悬挂在旗的旁边。朱元璋所乘船的中桅上悬挂着黄号带，上面写着"奉天征讨，纳顺安民"，而小说《西洋记》里设定的宝船上则有三丈长的鹅黄旗号，上面写着"上国天兵，抚夷取宝"，外观上非常相近。

图2-3 《纪效新书》中的明代福船旗与号带[1]

白天根据旗帜指示行船，是古代世界各地通行的做法。[2]当船队中船只数量较多时，还需要根据不同颜色的旗帜加以区分。如《大元海运记》中就记载了将运粮船队分为若干"翼"的情形：

> 至元二十九年分作八翼，庆元浙江翼，江湾上海翼，青浦翼，崇明翼，许浦沿江翼，大场乍浦翼，青龙翼，顾迳下沚翼。元贞元年并为四翼：青浦江湾翼，青龙顾迳翼，许浦崇明翼，大场庆元翼。大德七年再设六翼，取知、仁、圣、义、忠、和为名：崇明知字翼，青号；青浦仁字翼，红号；许浦圣字翼，花号；青龙义字翼，白号；大场忠字翼，黄号；江湾和字翼，黑号。[3]

又如元代贡师泰《海歌十首》之三描述：

> 大星煌煌天欲明，黄旗上写总漕名。愿得顺风三四日，早催春运到

---

① 戚继光：《纪效新书》（18卷本）卷18，第317页。
② Lionel Casson. *Ships and Seamanship in the Ancient World*，Princeton University Press，1971，pp.246-248.
③ 佚名撰：《大元海运记》，第55页。

燕京。①

　　将大批海运船分成若干单位加以组织，自然是为了便于管理。它们的名称大都来源于今天上海附近的地名，这很可能就是船只当时的驻泊地点。在上文关于大德七年制度的记载中，可以看到这些船队是用不同颜色的号带区分的，分别是青、红、花、白、黄、黑色。船队的船只在海上航行时，应当就是根据这些号带确定自己所在翼的位置。

北方斗牛女虚危室壁演禽真形

图2-4　《纪效新书》中的二十八宿号带之北方星宿②

　　明代中后期编撰的《苍梧总督军门志》，记载了当时广东战船上悬挂号带的情形，这种用不同颜色的旗帜代表不同编队的方式，与《大元海运记》中非常相似，可以想象元代海运队伍中许浦圣字翼的"花号"应当都是不同色条组成的号带，与今日各国海军彩色通信旗在外形上有一定相似之处。《苍梧总督军门志》里的各支队伍也是以地域为名，各自将府号制成大字作为标识，文中描述了大旗和号带的长

---

① 贡师泰：《玩斋集拾遗》之《海歌十首》，第725页。
② 戚继光：《纪效新书》（18卷本）卷16，第270页。

宽数据：

> 其各船大桅上大旗各随方色为之，南头寨用黄旗，黄红绿带；碣石寨蓝旗，蓝带；柘林寨黑旗，黑带；北津寨黄旗，黄白绿带；白鸽寨白旗，白带；白沙寨红旗，红带。如一号船旗长一丈八尺，阔十三幅，带长二丈；二号船旗长一丈六尺，阔十一幅，带长一丈八尺；三号船旗长一丈二尺，阔八幅，带长一丈四尺；四号船旗长一丈，阔七幅，带长一丈二尺；白艚船旗长八尺，阔六幅，带长一丈。以上俱用官尺，各以前项色布为之，旗上缀以大字，以各府为号，南头"广"字、北津"肇"字、白鸽"雷"字，俱用黑布剪成；柘林"潮"字、碣石"惠"字、白沙"琼"字，俱用白布剪成，字画须六寸大，以便观察。其号带分别如，参将坐船用号带四条，正总坐船用号带三条，哨官坐船用号带二条，其余兵船俱号带一条。其各船尾两傍板用粉地，阔六尺，长一丈，用墨笔大书捕盗，某人姓名，字如斗大，帆上亦如之。书完，用桐油刷之，以免风雨淋坏，使人一见了然。①

郑和下西洋时，旗舰和各分船队上的旗号很可能比以上记载的种类更丰富，外形可能也更壮观。明朝很重视旗号在天子仪仗和军队中的使用，旗手卫就是专门负责旗帜、金鼓等仪仗的队伍。如《大明会典》记载洪武元年朱元璋登基时的情形：

> 列旗仗于奉天门外之东西：龙旗十二，分左右，用甲士十二人。北斗旗一、纛一居前，豹尾一居后，俱用甲士三人。虎豹各二，驯象六，分左右。左右布旗六十四：门旗、日旗、月旗、青龙白虎旗、风云雷雨江河淮济旗，天马、天禄、白泽、朱雀、玄武等旗，木火土金水五星、五岳旗、熊旗、鸾旗及二十八宿旗，各六行；每旗用甲士五人，一人执旗，四人执弓弩。②

从《隋书·礼仪志》《新唐书·仪卫志》《宋史·仪卫志》《元史·舆服志》

---

① 应櫨辑，凌云翼、刘尧海重修：《苍梧总督军门志》卷15，第181页。
② 申时行等修，赵用贤等纂：《大明会典》卷45《礼部三·登极仪》，第36页。

中可以看到，这些丰富的旗型是中国古代天子仪仗的传统制度。[①]到永乐三年，朱元璋登基时的这些旗型被加入明代天子出巡仪仗中。[②]从明朝中后期戚继光所作《纪效新书》里可以看到，这些旗在明朝军队中还具有协调作战的作用。[③]郑和下西洋一方面要在海外体现天子威仪，另一方面又要指挥船队和官兵调度，且出航前准备时间充分，船队中很可能出现制作更精美、寓意更丰富的旗号。

图2-5　明军使用的五方旗之朱雀旗和星宿旗之尾火虎旗[④]

---

① 可参考《隋书》卷8《礼仪三》、《新唐书》卷23《仪卫志上》、《宋史》卷143《仪卫志》、《元史》卷79《舆服二·仪仗》。如《宋史·仪卫志》中记载："宋兴，太祖增创错绣诸旗并幡麾等，著于《通礼》，正、至、五月一日，御正殿则陈之。青龙、白虎旗各一，分左右；五岳旗五在左，五星旗五在右；五方龙旗二十五在左，五方凤旗二十五在右；红门神旗二十八，分左右；朱雀、真武旗各一，分左右；皂纛十二，分左右。（以上金吾。）天一、太一旗各一，分左右；摄提旗二，分左右；五辰旗五，北斗旗一，分左右；（木、火、北斗在左，金、水、土在右。）二十八宿各一，（角宿至壁宿在左，奎宿至轸宿在右。）风伯、雨师旗各一，分左右；白泽、驯象、仙鹿、玉兔、驯犀、金鹦鹉、瑞麦、孔雀、野马、牦牛旗各二，分左右；日月合璧旗一在左；五星连珠旗一在右；雷公、电母旗各一，分左右；军公旗六，分左右；黄鹿、飞麟、兕、驺牙、白狼、苍乌、辟邪、网子、貔旗各二，分左右；信幡二十二，分左右；传教、告止幡各十二，分左右；黄麾二，分左右。（以上天部。）日旗、月旗各一，分左右；君王万岁旗一在左；天下太平旗一在右；狮子旗二，分左右；金鸾、金凤旗各一，分左右；五方龙旗各一。（青、赤在左，黄、白、黑在右。以上龙墀。）龙君、虎君旗各五，分左右；赤豹、黄黑旗各五，分左右；小黄龙旗一在左；天马旗一在右；吏兵、力士旗各五，分左右；天王旗四，分左右；太岁旗十二，分左右；天马旗六，分左右；排阑旗六十，分左右；左右幡麾各五行，行七十五；大黄龙旗二，分左右；大神旗六，分左右。以上六军。"（脱脱等：《宋史》卷143《仪卫志一·殿廷立仗》，中华书局，1977，第3366-3367页）

② 申时行等修，赵用贤等纂：《大明会典》卷140《兵部二十三·车驾清吏司》，第445页："（大驾卤簿之永乐三年增定）白泽旗一对、门旗四对、黄旗四十面、金龙旗十二面、日月旗二面、风云雷雨旗四面、木火金水土星旗五面、列宿旗二十八面、北斗旗一面、东岳旗一面、南岳旗一面、中岳旗一面、西岳旗一面、北岳旗一面、江河淮济旗四面、青龙旗一面、白虎旗一面、朱雀旗一面、玄武旗一面、天鹿旗一面、天马旗一面、鸾旗一面、麟旗一面、熊旗一面、罴旗一面。"

③ 戚继光：《纪效新书》（18卷本）卷16，第259-292页。

④ 戚继光：《纪效新书》（18卷本）卷16，第263页、第274页。

二、灯火和信炮、金鼓的信号传递作用

> 昼则视旗帜，夜则视灯笼；远则听信炮，近则听金鼓。①

这是元末至正二十三年（1363年）七月，鄱阳湖大战开始之前，朱元璋向麾下将士的宣讲内容，要求他们在不同的环境下，根据旗帜、灯笼、信炮、金鼓这些声光信号，协同作战。与此相似的"昼行认旗帜，夜行认灯笼"也出现在《西洋记》中，说明这很可能是从官方到民间都广泛流传的明朝水军口诀。实际上，古代世界各国在海上传递信号的方法是一致的：白天用信号旗，晚上用灯火，军船如此，民船、官船也是如此。例如唐代来华的日本僧人圆仁所乘海船入夜航行时，"两舶火信相通"②。又如北宋《宣和奉使高丽图经》中记载：

> 是夜，洋中不可住，维视星斗前迈，若晦冥则用指南浮针，以揆南北。入夜举火，八舟皆应。③

虽然现存资料中看不到郑和船队如何用灯火传递信号，但一些明朝文献中记载有水军在夜间用声光信号指挥行动的细节，可以作为参考。例如《苍梧总督军门志》中有这样的描述：

> 凡遇夜行船，各船以灯火为号。中军官放起火三枝，放炮三个，悬灯一盏。各船以营为辨，前营船悬灯二盏，平列于大桅上；中营船悬灯二盏，大小桅各一盏；左营船悬灯二盏，并列于头桅上；右营船悬灯大小桅各二盏；后营船灯二盏于大桅，一高一低。看灯听铳收艁，船到将近，船上捕盗先自呼名。识认悬灯失错者，捕盗捆打改正。④

《纪效新书》中记载，为了让船的数量看起来更多，给敌方造成迷惑，还可以多挂灯笼：

> 各船遇夜有急，看中军船五方高竖灯五盏，是欲设疑以见船多之意，

---

① 俞本撰，李新峰笺证：《纪事录笺证》卷上，癸卯至正二十三年，第175页。
② 释圆仁原著，小野胜年校注，白化文等修订校注：《入唐求法巡礼行记校注》，花山文艺出版社，1992，第3页。
③ 徐兢：《宣和奉使高丽图经》卷34《半洋焦》，第895页。
④ 应槚辑，凌云翼、刘尧海重修：《苍梧总督军门志》卷22，第252页。

每船后尾上立灯左右二盏，前桅上加灯二盏。[①]

不仅航船之间用灯火联系，海船与岸上也可以用灯火联系。如《宣和奉使高丽图经》中提及"每中国人使舟至，遇夜于山巅明火，与燧燧诸山次第相应，以迄王城"[②]。又如《大元海运记·记标指浅》记载：

> 直沽海口为无卓望，不能入河，多有沙涌淤泥去处，损坏船只。合准所言，设立标望于龙山庙前，高筑土堆，四傍石砌，以布为幡，每年四月十五日为始，有司差夫添力竖起。日间于上悬挂布幡，夜则悬点火灯，庶几运粮海船，得以瞻望。[③]

比较著名的陆地标识还有永乐十年在宝山修建的烽堠，它与郑和下西洋同一时代，为长江口附近的航船照亮航程。朱棣在碑文中记述：

> 乃命海运将士，相地之宜，筑土山焉，以为往来之望。其址东西各广百丈，南北如之，高三十余丈。上建烽堠，昼则举烟，夜则明火，海洋空阔，遥见千里。[④]

明清时期中国使臣出使琉球时，册封舟与岸上人员作灯火信号传递，可见琉球人同样也是白日鸣炮，夜间举火。如李鼎元乘封舟到姑米山附近，从举火传递信号联络到引导小船抵达，其中约历经三个时辰：

> 戌刻，舟中举号火，姑米山有火应之。问知，为球人暗令，日则放炮，夜则举火……丑刻，有小船来引导，乃放舟，由山南行。[⑤]

徐葆光也记载了陆海之间传信灯火通明的壮观场景：

> 号火连冈万炬明……夜三鼓，风大利，船上举号火，国头山沿海等处皆举火相应，光彻夜。[⑥]

---

① 戚继光：《纪效新书》（十八卷本）卷18，第342页。

② 徐兢：《宣和奉使高丽图经》卷35《黑山》，第896–897页。

③ 佚名：《大元海运记》，第102页。

④ 朱棣：《宝山烽堠碑》，收入上海博物馆图书资料室编《上海碑刻资料选辑》，上海人民出版社，1980，第50页。

⑤ 李鼎元：《使琉球记》卷3，第73页。

⑥ 徐葆光：《海舶三集·舶中集》之《海舶谣》，收入王菡选编《国家图书馆藏琉球资料三编》（上），北京图书馆出版社，2006，第188–189页。

用金鼓旗幡指挥调动是中国古代水军的传统，《通典》中记载了三国时曹操《船战令》中，对大小战船随鼓声行动，有序保持阵形前进的规定：

> 《船战令》曰：雷鼓一通，吏士皆严，再通，什伍皆就船，整持橹棹，战士各持兵器就船，各当其所。幢幡旗鼓，各随将所载船，鼓三通鸣，大小战船以次发。[①]

关于元末的朱元璋军队也有相似的记载："旌旗蔽日，金鼓震天，帆幔遮水，衣甲耀日，遥列数百里"[②]。而《船战令》中提到的要求士兵各当其所，在朱元璋的队伍里也有明确规定，即"军士所立之处，书其姓名，号曰'信地'，临战擅动者，斩"[③]。至正二十三年（1363年）七月两军对垒时，也是"风斗快船舣岸排列，海船依次排江中……遂令将士各措火器、兵仗、衣甲于所立信地"[④]。

平時立船閱視圖

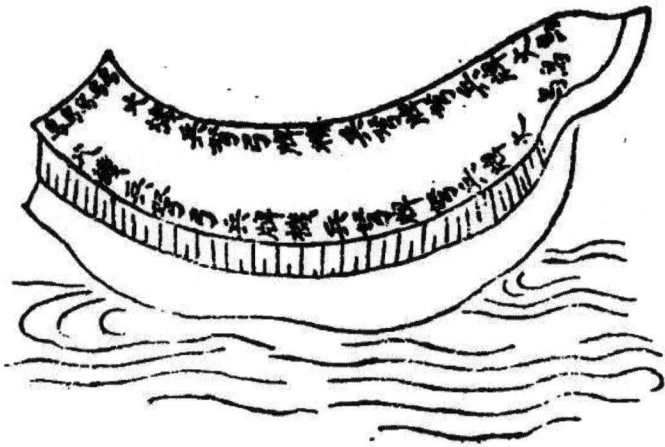

图2-6　明军船上不同职责的士兵位置[⑤]

明军战船上的水手在作战中也有分工，对于战事的细节，他们同样需要承担责任。如《苍梧总督军门志》中关于水军日常演练的程序，有一段生动的记载：

---

① 杜佑：《通典》卷149《兵二·法制附》，第779页。
② 俞本撰，李新峰笺证：《纪事录笺证》卷上，癸卯至正二十三年，第176页。
③ 俞本撰，李新峰笺证：《纪事录笺证》卷上，辛丑至正二十一年七月，第139页。
④ 俞本撰，李新峰笺证：《纪事录笺证》卷上，癸卯至正二十三年，第180页。
⑤ 戚继光：《纪效新书》（十八卷本）卷18，第319页。

中军官复呼舵工过来，齐应一声，跪过掌号官，发放云："舵工听着，一舟向往，全赖尔功，直射贼船者，拟受上赏；歪斜纵贼者，军法不饶。"舵工叩头，起立。次发放板招手曰："船若着浅，治尔之罪。"次发放缭手曰："使风不正，治尔之罪。"[1]

三、战船上的武器装备

《西洋记》第18回中给郑和船队设计了一系列武器装备，每艘船上甚至有"大发贡"和"大佛狼机"若干[2]，这明显是明朝中后期的小说作者才会构想出的情节。在郑和的时代，这些火器还不曾出现，当然也不会出现在下西洋船队中。永乐年间明军海船上装备的武器，应该与洪武晚期相似，按照《大明会典》中洪武二十六年的规定，每艘海船上的军器标准配置是：

军器：凡海运随船军器，洪武间定：每船黑漆二意弓二十张，弦四十条，黑漆铊子箭二千枝，手铳筒一十六个，摆锡铁甲二十副，碗口筒四个，箭二百枝，火枪一十条，火攻箭二十枝，火叉二十把，蒺藜砲一十个，铳马一千个，神机箭二十枝。[3]

现代研究者们对郑和船队上装备的武器及其数量已有研究。如周维强《试论郑和舰队使用火铳来源、种类、战术及数量》一文详细论证了自洪武至宣德时期火铳铸造、使用和发展演变的情况，并认为郑和船队中装备的火铳总数量应有5000门。[4]唐志拔《试论郑和船队装备的兵器》一文根据宋元至明初中国武器的发展情况，依据出土文物和文献的记载，认为郑和船队每艘战船上可能装备的兵器类型和数量为：

冷兵器：弓、弩、标枪、砍刀、钩镰、灰罐、撩钩、梨头镖、小镖等10~50把，头盔、藤牌每人1付。

① 应槚辑，凌云翼、刘尧海重修：《苍梧总督军门志》卷15，第180页。
② 罗懋登：《三宝太监西洋记通俗演义》，第238-239页："每战船器械，大发贡十门，大佛狼机四十座，碗口铳五十个，喷筒六百个，鸟嘴铳一百把，烟罐一千个，灰罐一千个，弩箭五千枝，药弩一百张，粗火药四千斤，鸟铳火药一千斤，弩药十瓶，大小铅弹三千斤，火箭五千枝，火砖五千块，火炮三百个，钩镰一百把，砍刀一百张，过船钉枪二百根，标枪一千枝，藤牌二百面，铁箭三千枝，大坐旗一面，号带一条，大桅旗十顶，正五方旗五十顶，大铜锣四十面，小锣一百面，大更鼓十面，小鼓四十面，灯笼一百盏，火绳六千根，铁蒺藜五千个。什物器用各船同。"
③ 申时行等修，赵用贤等纂：《大明会典》卷156《军器》，第634页。
④ 周维强：《试论郑和舰队使用火铳来源、种类、战术及数量》，载《第七届科学史研讨会汇刊》，"中研院"科学史委员会，2007，第377-396页。

燃烧性火器：火球、火蒺藜、火药箭、火枪、铁嘴火鹞、烟球等各约10～100个。

爆炸性火器：铁火炮、神机石榴炮等约50～100个。

金属管形火器：长630～1000毫米、口径210～230毫米、重70～120千克的大型铜或铁铳炮1～4座；长316～520毫米、口径75～119毫米、重8.35～26.5千克的铜或铁制中型铳炮2～8座；长320～440毫米、口径14～23毫米、重1.55～2.5千克的铜制手铳约10～20把。[①]

在本章第一节提到的战斗中，锡兰山国之战分两部分，一部分是陆上都城的攻城、守城战，一部分是官军固守海船，与陆上攻来的敌人作战。金乡海上御倭属于双方都乘海船的水战。明朝早期海船装备武器用于实战的情形，可以参考至正二十三年（1363年），朱元璋与陈友谅鄱阳湖大战时的情况。当时朱元璋军船上的装备是"衣甲、铠仗、旗帜、火炮、火铳、火箭、火蒺藜、大小火枪、大小将军筒、大小铁炮、神机箭"，两军对战时，设法投放到对方船上的远距离攻击武器"没奈何"起到了重要作用：

及以芦席作圈，围五尺，长七尺，糊以纸布，丝麻缠之，内贮火药、捻子及诸火器，名曰"没奈何"，用竿挑于头桅之上，两船相帮，燃火线，刀断悬索，"没奈何"落于敌船舟中，火器俱发，焚毁无救。[②]

设法将具有爆炸效果和杀伤力的武器投放到敌船上，是中国水上作战的传统战术。按照南宋陆游的记载，在宋朝官军与钟相、杨幺军作战时，使用的"灰炮"也是出于类似目的的设计的，"用极脆薄瓦罐，置毒药、石灰、铁蒺藜于其中，临阵以击贼船，灰飞如烟雾，贼兵不能开目"。由于两船之间有距离，为了有效杀伤敌人，当时作战中还使用了名为"拿子、鱼叉"的工具，其特点是比普通兵器更长，"以竹竿为柄，长二三丈，短兵所不能敌"[③]。

经过对泉州湾南宋海船等资料的研究，现在一般认为郑和宝船是福船船型，其特点是尖底、吃水深、首尾高翘，作战时可以凭借体量优势直接碾压敌船，如唐顺之《武编》中介绍福船的特点：

---

① 唐志拔：《试论郑和船队装备的兵器》，载南京郑和研究会编《走向海洋的中国人——郑和下西洋590周年国际学术研讨会论文集》，海潮出版社，1996，第200-205页。

② 俞本撰，李新峰笺证：《纪事录笺证》卷上，癸卯至正二十三年，第175-176页。

③ 陆游：《老学庵笔记》卷一，第1-2页。

此舟最为海贼所畏，每遇海贼，不用战斗，但使船骑贼船而沉之，盖以大胜小，高胜卑也。每船约价银五百两，大船底深而板木坚厚重，故能上有楼而不覆……福船利骑船，但无风不可动。沙船轻捷利斗，须用福船相兼行使。[1]

然而水上作战并不能仅以船只大小决定胜负，在鄱阳湖之战中，虽然陈友谅军的战船更大，但只做舱底，没有给全船加固，结果反而被朱元璋军的战船撞碎。两军分别以红、白色涂战船作为区分，最终是更灵活善战的朱元璋军白色战船获胜：

友谅战船涂红为号……其船以灰麻舱底，辖与两厢头尾不舣……以故友谅战船皆不及上船之坚。惟以白、红分两军……且（陈友谅军）十人无二三惯战，及船相帮，望见白船水上周旋迅疾，旗帜、衣甲、器械，又闻金鼓、铳砲之声，魂魄俱丧，安能操戈执弓哉？友谅惟恃巨舰，未知军心恇怯。白船往来湖中，仰而射红船，红船坚驻，不便转动。一日攻数次，白船轮次而战，红船军力疲倦。

……红船焚溺二十只，烟焰障天，咫尺不能辨，声震山谷，军浮水面，波浪漂没。白船亦被火裹焚者七只。红船将士焚溺者殆六万人，白船焚溺者七千余人。余船相帮，红船被白船相撞，即为碎薪。[2]

此时的朱元璋水军正是后来洪武海运和郑和下西洋航海水军的建制和组织原型，而鄱阳湖大战已经奠定了下西洋航海武装和战术的基础。

---

[1] 唐顺之：《武编》前集卷6《舟》，第482页。
[2] 俞本撰，李新峰笺证：《纪事录笺证》卷上，癸卯至正二十三年，第175-176页、第179页。

第三章

定量航海技术和航海指南在郑和下西洋前后的变化

航向、路程、水深和星高是定量航海技术中最重要的四种数据，在郑和下西洋前后，计程、测深、天文导航这三种定量航海技术在中国发生了不同程度的变化，而关于航向的记述方式，在各地航海指南中也逐渐趋于统一。本章考证了短时段计程法、铅锤测深和过洋牵星三种技术的来源，认为它们来自古代印度洋和地中海地区，短时段计程法和过洋牵星术很可能是由郑和船队直接引进的，而铅锤测深技术最晚在北宋传入中国。郑和下西洋活动促进了这三种技术及其计量单位在中国的传播与普及，大幅度提高了中国定量航海技术的准确度和安全性能，也形成了此后几个世纪里中国实用航海指南和航行技术的基本形态。这一过程体现了郑和下西洋对中国航海科技的重要影响，也显示了古代航海活动中世界各地技术与文化广泛交流的情形。

第一节　过洋牵星术：下西洋船队对印度洋地区航海技术的借鉴与吸收

利用方位星导航是古代航海活动中的主要技术之一，作为观测工具的典型代表，明代《戒庵老人漫笔》中提到的牵星板和泉州湾南宋海船中出土的"量天尺"，其形制、用法、计量单位和技术来源已引发了许多讨论，几乎每个细节都存在若干种不同看法。①本节将探讨此前研究中的一些疑问，并初步分析古代中国与阿拉伯航海中天文导航工具的差异及其成因。

一、泉州南宋海船中的"量天尺"之误

1974年，福建泉州湾后渚港发掘出一艘南宋海船，船中有一竹尺，由于形制奇特，被认为是中国古代航海活动中用来测量天体以导航的专有工具，并被称为"量天尺"②或"牵星尺"③。竹尺出土时残为3段，存有5格刻度，每格长2.6厘米，另有约3格的长度上没有刻度（图3–1）。在竹尺出土后的早期研究中，它被拼成图3–2所示的形状，左边一格、右边四格，中间一段无刻格。

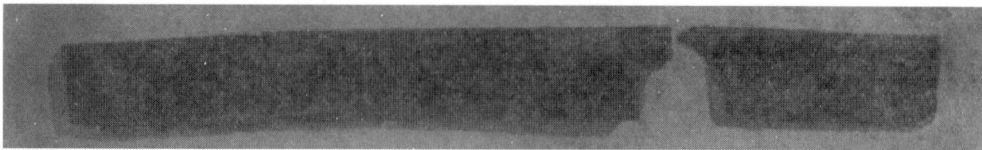

图3–1 1975年《泉州湾宋代海船发掘简报》中的竹尺照④

---

① 自1966年，严敦杰首次发表《牵星术——我国明代航海天文知识一瞥》（《科学史集刊》编辑委员会：《科学史集刊》第9期，科学出版社，1966，第77–88页）以来，国内主要相关研究成果还有韩振华《我国古代航海用的量天尺》（文物编辑委员会：《文物集刊》第2期，文物出版社，1980，第217–221页）和《牵星术——十五世纪初有关西亚东非天文航海的记录》（韩振华：《航海交通贸易研究》，香港大学亚洲研究中心，2002，第532–598页），袁启书《过洋牵星术考证》（《中国航海》1986年第1期，第71–79页），刘南威主编《中国古代航海天文》（科学普及出版社广州分社，1989），孙光圻、陈鹰《试论郑和牵星术中的阿拉伯天文航海因素》（郑和下西洋600周年纪念活动筹备领导小组编《郑和下西洋研究文选（1905—2005）》，海洋出版社，2005，第587–592页），赵鹿军《郑和牵星图考释及复原》（《中国航海》1993年第1期，第75–95页），金秋鹏《略论牵星板》（《海交史研究》1996年第2期，第83–88页），王玉民：《以尺量天：中国古代目视尺度天象记录的量化与归算》第三章第五节《"指"系统、牵星术及其他》，（山东教育出版社，2008，第64–71页），陈忠烈《相会在星空——十五至十七世纪东西方的航海天文》（广东省社会科学院历史与孙中山研究所编：《广东省社会科学院历史与孙中山研究所建所五十周年纪念文集》，银河出版社，2008，第241–258页），黄盛璋《〈过洋牵星图〉起源阿拉伯与中国发展、提高的贡献指迷解难——创建中国海学新学，复兴中国海国文明研究之一》（刘迎胜主编：《〈大明混一图〉与〈混一疆理图〉研究——中古时代后期东亚的寰宇图与世界地理知识》，凤凰出版社，2010，第120–163页）等。

② 韩振华：《我国古代航海用的量天尺》，第217–221页。

③ 《航海天文》调研小组：《我国古代航海天文资料辑录》，载中国天文学史整理研究小组《科技史文集·第10辑·天文学史专辑（3）》，上海科学技术出版社，1983，第170–171页。

④ 泉州湾宋代海船发掘报告编写组：《泉州湾宋代海船发掘简报》，《文物》1975年第10期，第1–18页。此处为第4–5页的文字说明以及第18页图23。

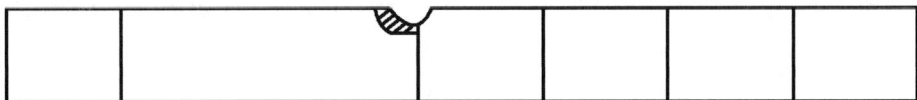

图3-2　1980年《我国古代航海用的量天尺》中所附泉州海外交通史博物馆的竹尺晒蓝图[①]

基于这种拼合方式，《我国古代航海用的量天尺》中将这柄竹尺与陆上测量表影用的量天尺做对比，认为它们的用法都是利用勾股原理求得高度，即手握住竹尺中间没有刻格的一段，使手臂与尺相垂直，尺的上端对准被测的恒星，下缘与海天连接线相切，臂长按照20寸计，可以算出恒星出水的高度，其计算方法如图3-3所示。

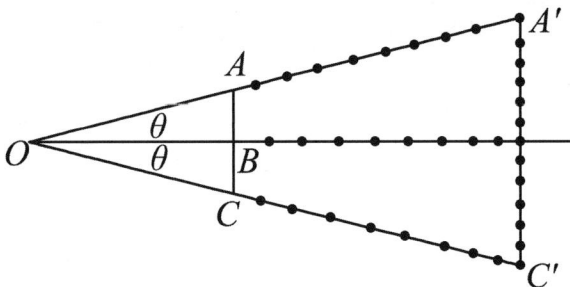

图3-3　《我国古代航海用的量天尺》中的量天尺用法示意图[②]

（O为眼睛的位置，OB为手臂，AC为尺长）

但在1983年发表的《我国古代航海天文资料辑录》中，《航海天文》调研小组的研究者们对竹尺形制的描述有所不同，称它的特点是一半有刻度，一半无刻度，有刻度的一半用来度量天体，无刻度的一半用以手持，形制如图3-4所示：

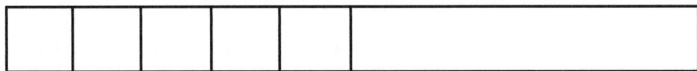

图3-4　《我国古代航海天文资料辑录》中的竹尺形制[③]

据此，南宋海船上出土的竹尺已经有了两种不同的拼合方式，但两篇文章都认为它的形制与其他尺子不同，表明其有特殊用途。又因其出土于海船尾部第13舱，

---

① 韩振华：《我国古代航海用的量天尺》，第218页。
② 韩振华：《我国古代航海用的量天尺》，第219页。
③ 《航海天文》调研小组：《我国古代航海天文资料辑录》，第170-171页。

这里是古代舟师工作之处，所以被认定为海上专用天体测量工具。《我国古代航海用的量天尺》中也提到，竹尺每寸长2.6厘米，与传世宋尺的每寸3.165厘米相差较大，更证明它并非宋代尺制之尺。[1]

1987年，《泉州湾宋代海船发掘报告》成书出版，介绍这柄竹尺时有所补充，称其长度与1975年福州出土的南宋黄升墓中一柄木尺近似，后者约为每寸2.8厘米。[2]黄升是南宋理宗时状元黄朴之女，嫁与赵匡胤11世孙赵与骏，17岁时去世，其墓未曾被盗扰，出土400余件工艺高超的服饰、丝织物、梳妆用品等，成为研究宋代服饰史的重要资料。木尺出土时位于墓主头部左侧，是一柄刻花髹漆木尺，同位置还有一刻花髹漆缠线板，两者纹饰相同。值得注意的是，这柄木尺的形制与泉州海船竹尺的第二种拼合方式相同，它同样只有一半刻度，刻画五格，另一半无刻格[3]，与海船竹尺的形制相同，长度相近。

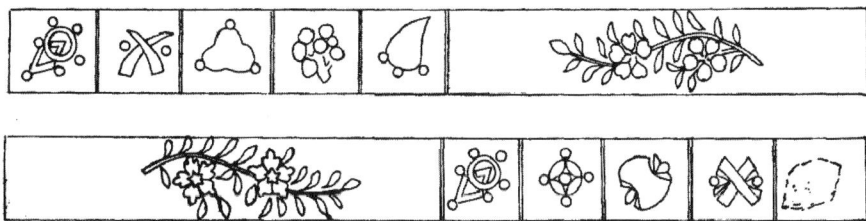

图3-5　黄升墓出土的刻花髹漆木尺正反两面纹饰图[4]

由墓主人的年龄、经历、木尺纹饰和同时出土的绕线板来看，这柄木尺应当只是女子日常做针线活计之物，仅有一半刻度的尺子很可能是当时民间用尺的常有形制。南宋海船出土位置与这座墓葬距离不远，两者年代相近，两柄尺子的形制和长度也很相似，由此看来，海船上的半刻度竹尺不太可能是专用的天体测量工具，它应该只是一件普通民用物品。

将这柄竹尺置于中国尺制发展的整体历史中来看，在收录大量古尺图的《中国古代度量衡图集》中，还可见年代从东汉至南宋的十余件仅有一半刻度的尺子，这也证明了泉州海船竹尺形制的普遍性（见书后附录）。从尺子的装饰纹样看，有卷

① 韩振华：《我国古代航海用的量天尺》，第218-219页。

② 福建省泉州海外交通史博物馆编：《泉州湾宋代海船发掘与研究》，海洋出版社，1987，第22页。

③ 福建省博物馆编.：《福州南宋黄昇墓》，文物出版社，1982，第80-81页。

④ 福建省博物馆编.：《福州南宋黄昇墓》，第80页图23。

枝纹、人物鸟兽纹、童了牡丹纹等，多应是做针线活计之用，如《中国历代尺度概述》中所说："刀和尺是古代妇女时刻不能离身的日用品，因此，至少从汉代以来，剪刀和尺就成为妇女墓葬中常见的陪葬品。"[1]

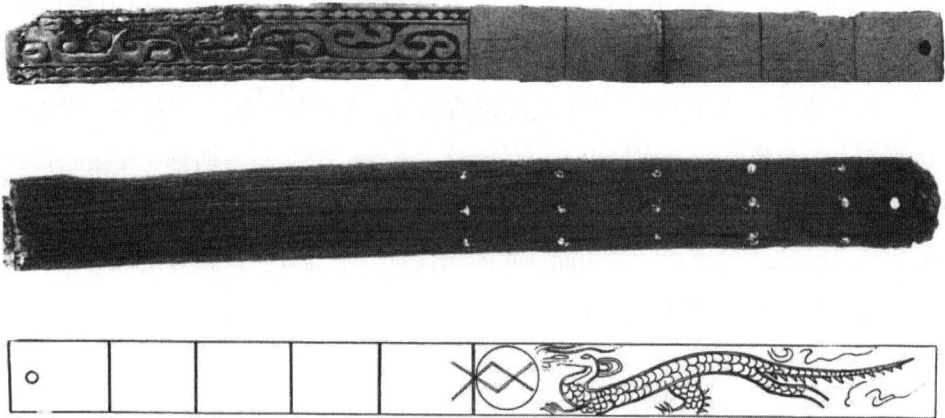

图3-6 《中国古代度量衡图集》中的三种半刻度尺

（上：河南洛阳出土东汉骨尺[2]；中：江西南昌出土三国吴竹尺[3]；下：湖北武昌出土唐代铜尺纹饰[4]）

在1981年出版的《中国古代度量衡图集》中，泉州海船出土的竹尺形制被认定为"残存二段。尺面半段刻五个寸格，未刻分。另半段未刻分寸。实测五寸长13.5厘米，推算一尺合27厘米"[5]。书中数据与发掘报告中略有不同，应是经过了重新测量和拼合认定。而对于竹尺不同于南宋官尺的短小刻度，有郭正忠《南宋的省尺与乡俗尺》一文，根据《三山记》中淳熙年间赵汝愚的奏疏，证明南宋时福建"乡尺"是27厘米左右的一种短尺，而"官尺"是30.9厘米或31厘米左右的营造官尺，泉州沉船里发现的残竹尺正属于福建乡尺。[6]

① 曾武秀：《中国历代尺度概述》，《历史研究》1964年第3期，第163-183页。
② 国家计量总局主编：《中国古代度量衡图集》，文物出版社，1981，图版说明第3页，图24。
③ 国家计量总局主编：《中国古代度量衡图集》，图版说明第4页，图31。
④ 国家计量总局主编：《中国古代度量衡图集》，图版说明第6页，图44。
⑤ 国家计量总局主编：《中国古代度量衡图集》，图版说明第8页，图64。
⑥ 郭正忠：《南宋的省尺与乡俗尺》，载岳飞研究会编《岳飞研究·第四辑——岳飞暨宋史国际学术研讨会论文集》，中华书局，1996，第433-449页。

图3-7　《中国古代度量衡图集》中的南宋泉州海船竹尺（上）①与福州黄升墓木尺（下）②

在竹尺出土的海船第13舱中，同时发现的还有一件铁斧和一件钉送，应当都是船上所用的木工工具③，这柄尺子很可能也是同类用途。由于该尺是目前唯一被认定的中国传统恒星导航工具，也没有其他文献或证据显示有类似工具存在，所以在排除了其专有用途的可能之后，实际上已经没有任何证据能够证明中国古代航海活动中，曾经存在原创的专用天体测量工具与计量单位了。

二、明代《戒庵老人漫笔》中记载的马怀德牵星板

泉州海船上的竹尺之所以在一些研究中被称为牵星尺，是因为明代李诩《戒庵老人漫笔》中介绍了一种名为牵星板的工具，它由一系列共12片方形乌木板组成，书中称收藏者为"苏州马怀德"。1966年严敦杰发表的《牵星术——我国明代航海天文知识一瞥》中首先介绍了这条史料，认为牵星板是中国古代用来测定船舶所在位置地理纬度的航海天文仪器，并引用晚近时期仍在使用的阿拉伯天文导航工具kamal加以对比，分析马怀德所藏牵星板的使用方法。文中提到两种古代阿拉伯天文导航工具，一种是由一系列木板和绳子组成，另一种是由一块木片和一根穿过木片中央的绳子组成，绳子上打若干绳结，使用时左手执木板，右手拉直绳子，使木板上边缘对准北极星，下边缘与海天连接线相切，可以大约测出所在地北极星距水平的高度，并根据木板宽度和绳长计算海船所在处的地理纬度。④

---

① 国家计量总局主编：《中国古代度量衡图集》，第38页，图64。
② 国家计量总局主编：《中国古代度量衡图集》，第37页，图63。
③ 福建省泉州海外交通史博物馆编：《泉州湾宋代海船发掘与研究》，第23页。
④ 严敦杰：《牵星术——我国明代航海天文知识一瞥》，第88页。

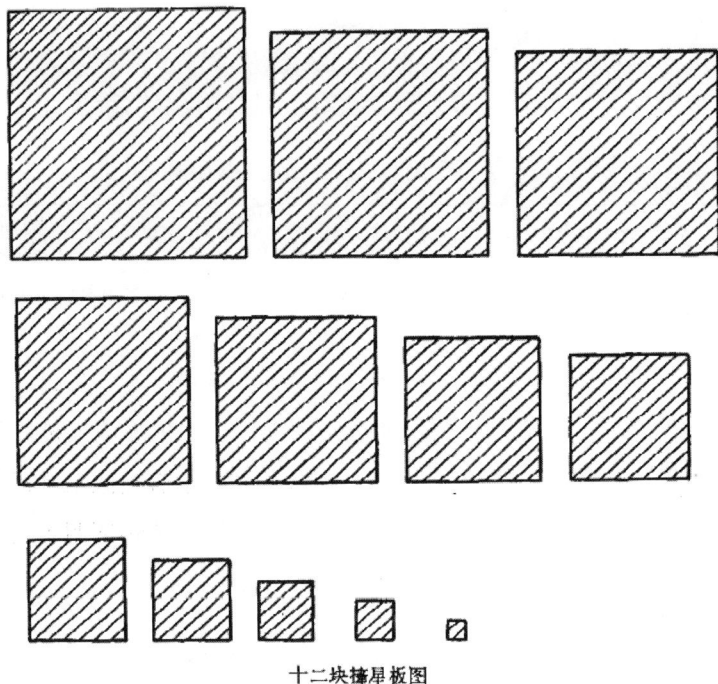

十二块搞星板图

图3-8　《牵星术——我国明代航海天文知识一瞥》中所绘牵星板图[①]

　　这篇文章引起了研究者们对中国古代天文导航中域外元素的关注，但由于文中默认马怀德牵星板与这些域外工具属同一类型，使得此后50年中，许多研究者按此思路，形成板绳结合，计算纬度定位的探索模式，认为马怀德牵星板与相关工具一样，也是一种与绳子搭配，并用来测定地理纬度以实现定位功能的工具。然而，回顾《戒庵老人漫笔》中的原始记载，却会看到原文中并未提及牵星板上有绳子，也没有提到板上是否有绳洞。其原文是：

　　　　苏州马怀德牵星板一副十二片，乌木为之，自小渐大，大者长七寸余，标为一指二指以至十二指，俱有细刻若分寸然。又有象牙一块，长二尺，四角皆缺，上有半指半角一角三角等字，颠倒相向，盖周髀算尺也。[②]

　　如果研究者此前未曾对阿拉伯航海工具有过印象，而仅是看这段明人记载，恐

---

　　① 严敦杰：《牵星术——我国明代航海天文知识一瞥》，第77页。
　　② 李诩：《戒庵老人漫笔》卷一《周髀算尺》，中华书局，1982，第29页。同书第43页《校勘记》："'长二尺'，明藏说小萃本作'长二寸'，未知孰是。"

怕绝不会产生"木板的中心有一根绳子"的判断，因为这里并没有任何线索与绳子相关。然而，由于先对相关工具有所了解，所以《牵星术——我国明代航海天文知识一瞥》中在介绍了牵星板之后，认为它的形制应该是：

> 用十二块方的木板，最大一块每边长约二十四厘米（合明尺七寸七分强），叫十二指。其次是约二十二厘米，叫十一指。这样每块递减二厘米，到最小的一块每边长约二厘米，叫一指。木板的中心穿一根绳子，这绳子的长度是自眼到手执板间的距离（手臂撑直），大约是七十二厘米左右。①

这里衍生出了关于绳子的阐述，并且将其长度界定为72厘米，但这些细节在李诩的原文中并不存在。然而从此之后，关于牵星板的研究都不免要对"牵星板上是否有绳子"这一问题做出解释。如《略论牵星板》中认为板上本来有绳子，只是李诩看到时绳子已经遗失了。②由于马怀德的真实身份未知，由此引发了许多猜测，《中国科学技术史》中提及北宋时有一位同名将领③，《宋史》记载其是北宋祥符（今开封）籍，长期在西北边疆作战④。也有研究认为此人在老年时移居苏州，牵星板应是他的收藏品。⑤但从《宋史》的记载来看，并没有证据表明北宋的马怀德曾经到过苏州。

关于牵星板收藏者的身份存在不同猜测，而不同身份带来的知识水平和社会阅历的差异，以及生活的时代和地区的不同，与《戒庵老人漫笔》作者李诩的关系，都可能影响到关于牵星板记载的可靠性。那么马怀德究竟是什么人？再回到《戒庵老人漫笔》中，会看到载有牵星板事迹的同一卷里，还有一条这样的记载：

> 马怀德言，曾为人求文字于祝枝山，问曰："是见精神否？"（原注：俗以取人钱为精神。）曰："然"。又曰："吾不与他计较，清物也好"。问何清物，则曰："青羊绒罢。"⑥

① 严敦杰：《牵星术——我国明代航海天文知识一瞥》，第77-78页。
② 金秋鹏：《略论牵星板》，第87页。
③ 李约瑟：《中国科学技术史》第4卷第3分册《物理学及相关技术·土木工程与航海技术》，科学出版社；上海古籍出版社，2008，第625页。
④ 脱脱：《宋史》卷323，第10466页。
⑤ 潘吉星：《中外科学技术交流史论》，中国社会科学出版社，2012，第756-757页。
⑥ 李诩：《戒庵老人漫笔》卷1《文士润笔》，第16页。

　　既然出现在同一本书的同一卷中，可以相信这就是李诩提到的牵星板收藏者马怀德。从两条事迹来看，他居住在明朝的苏州，既然与祝枝山、李诩交游，应是和他们生活在同一年代，并具有一定学识和社会地位，所以他对家藏牵星板的介绍，关于其形制与原理的阐述，应当也是较为可信的。他可能与阿拉伯文明有一定联系（马怀德这个名字屡见用于回族人名[①]），这套牵星板也可能来自此前中国与阿拉伯世界的航海交流。相似类型的天文导航工具并非只见于《戒庵老人漫笔》，《马可波罗行纪》中也有两条相关注解：

　　　　刺木学曾引一随同达迦玛（Vasco de Gama）之弗洛郎司（Florence，今佛罗伦萨）人初次航行之说云："航行印度海中者不用罗盘，仅恃若干木制之四角规以辨方位，若有云雾而不能见星宿时，航行则甚难也。"

　　　　……颇节引一传教师之说云："印度舵手测量高度之法，用一绳结数结，口衔其一端，绳中横贯一木，如是不难测得小熊星尾，即通称之北斗星或北极星也。"[②]

　　注中提到的这两种工具，第一种更像由一系列木板组成、未提及绳子的马怀德牵星板；而第二种更像是由一片木板和若干绳结组成的kamal。此外，《牵星术——我国明代航海天文知识一瞥》中还转述了16世纪西迪·阿里·赛赖比所作《海洋》中介绍的一种设备，其形制特点是"古代用九块板，第一块的长度约为人们的一小指长，把它分而为四，每一段叫一指，即第一块板是四指。这四指刚好是五车二与Dobban星间的距离。其次每一块增一指，以至于第九块为十二指。板的中心有一线，使用时左手执板，右手持线，左手伸直，这样便可通过观测求得所在地的位置"[③]。这种板应当是《牵星术——我国明代航海天文知识一瞥》中推测马怀德牵星板使用方法的依据，它看起来像是前两种的结合体，既有一系列木板，也有绳子，但是没有绳结。

---

　　① 例如《中国武术大辞典》记载的回族武术家马怀德。《中国武术大辞典》编辑委员会编著：《中国武术大辞典》，人民体育出版社，1990，第470页。

　　② 沙海昂注，冯承钧译：《马可波罗行纪》，上海古籍出版社，2014，第382页。

　　③ 严敦杰：《牵星术——我国明代航海天文知识一瞥》，第79页。原文译自Sidi Ali Celebi, translated by Joseph Von Hammer. *Extracts from the Mohit，that is the Ocean，a Turkish work on navigation in the Indian seas*，Journal of the Asiatic Society of Bengal. 1838：pp.771-772。黄盛璋《〈过洋牵星图〉起源阿拉伯与中国发展、提高的贡献迷迷解难》中对原书有所考证。

三、作为计量单位的"指"代表的角度演变

马怀德牵星板引人关注的原因之一，是其中出现了"指"和"角"两个计量单位。中国明代航海文献中屡见这类记载，例如《顺风相送》中的《古里往祖法儿》航线：

> 过礁头开洋，辛戌五十更，看北辰六指三角、灯笼星八指三角；单辛七十更，看北斗七指三角、灯笼星七指三角，取祖法儿马头，水六托，泊船是也。[①]

在上文所引《戒庵老人漫笔》的描述中，牵星板"大者长七寸余，标为一指二指以至十二指，俱有细刻若分寸然。又有象牙一块，长二尺，四角皆缺，上有半指半角一角三角等字，颠倒相向"。作为计量单位的"指"究竟是何种含义？国内相关研究的讨论集中于它是中国原创还是由阿拉伯航海术引入，以及其代表的角度究竟为多少，但一直未有定论，如《牵星术——我国明代航海天文知识一瞥》认为其角度在1°34′和1°36′之间[②]，而《航海天文》调研小组则认为1指约相当于1.9°[③]。在这种情况下，观察阿拉伯航海术中相关概念的形成过程及其含义，对此问题或有可参考之处。

1836年发表的《关于阿拉伯人的航海仪器》一文介绍了印度洋航海者使用的天体测量工具kamal，它的计量单位后来被通称为isba。在文章的开头，作者解释了isba一词的含义：一位阿拉伯海员伸直手臂，在地平线上并拢自己的手指，用它们计算北极星的高度。根据这种解释，isba其实就是"指"，它是一种粗略的早期导航方式。[④]

在航海工具kamal上，isba有另一种表现方式。按照文章中记载，这种工具的使用和制作方法是：取一块边长约2英寸的方形木板，将一根绳子穿过木板中心，绳

---

① 向达校注：《两种海道针经》之《顺风相送·古里往祖法儿》，第81页。

② 严敦杰：《牵星术——我国明代航海天文知识一瞥》，第78页。

③ 刘南威：《我国民间的航海天文》，载《中国古代航海天文》，第32—45页。

④ James Prinsep：*Note on the nautical instruments of the Arabs*，*the Journal of the Asiatic Society of Bengal*，1836，Vol.5. pp.784—794.这段原文在784页。在这一年，isba还被写作issabah或者issaba，但在1838年之后，它就被固定写作isba了。详见Sidi Ali Celebi，translated by Joseph Von Hammer. *Extracts from the Mohit*，*that is the Ocean*，*a Turkish work on navigation in the Indian seas*，Journal of the Asiatic Society of Bengal. 1836： pp.441—468，1838：pp.767—780。这篇文章的中文译名《关于阿拉伯人的航海仪器》系沿用孙光圻、陈鹰《试论郑和牵星术中的阿拉伯天文航海因素》中的译法。

了上打9个结。使用这种工具测量北极星的高度时，观测者用牙齿咬住绳子，木板下缘对准海平面，上缘对准北极星（如图3-9所示）。绳子打结的方式是，首先将木板宽度乘以5，在绳子上标记，并将这段绳长作为一个整体，等分为12段，然后在距离木板第6段处打第一个结，称为"12"。再将这段长度为木板五倍的绳长等分为11段，在距离木板第6段的地方也打一个结，称为"11"。以此类推，再分别等分成10、9、8、7和6段，也是在第6段上打结。这样，到等分为6段并打结时，恰好打结在长度为木板5倍的绳长上，这个点称为"6"。然后在此段绳长之外，再延伸出一个木板宽度的地方，打结称为"5"，又在另外延伸出1.5倍木板宽度的地方，打结称为"4"。一般到了这里，打结就结束了。[①]这些打结的数字就是isba（指）在kamal上的表现形式。

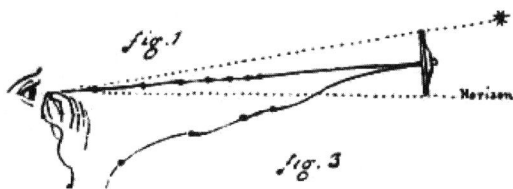

图3-9　《关于阿拉伯人的航海仪器》中的kamal[②]

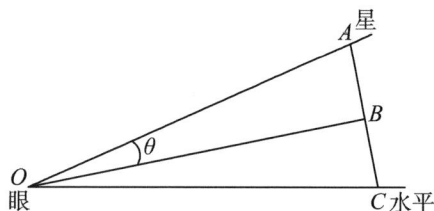

图3-10　kamal计算原理示意图[③]

---

① James Prinsep：*Note on the nautical instruments of the Arabs*，pp785：The mode of marking off these knots is curious. Five times the length of the horn is first taken，as unity，and divided into twelve parts：**then at the distance of six of these parts from the horn**，the first knot is made which is called "12". Again the unit is divided into eleven parts，**and six of these being measured on the string from the horn as before**，the second knot is tied and denominated "11". The unit is thus successively divided into 10，9，8，7，and 6 parts，when the knot tied will of course exactly meet the original point of five diameters：this point is numbered "6". Beyond it one diameter of the horn is laid off for the "5" division and one and a half again beyond，that for the "4" division，which usually terminates the scale.《牵星术——我国明代航海天文知识一瞥》在引述这篇文章时，将这段文字翻译为"这木板中心穿一根绳，以木板长度的五倍长，再十二分之，以离板最近十二分之处打一个结，叫十二指。同样长度十一分之，离板最近十一分之一处打一个结，叫十一指。这样一直算到四指。这样，这个绳子上一共打了九个结（也可以算到一指打十二个结的）"（第79页）。英文原文中用黑体字标出的部分在这段中文翻译中被遗漏了，实际每次都是等分绳子之后，在第6份上打结。关于这种工具的制作说明，另见Sidi Ali Celebi，translated by Joseph Von Hammer. *Extracts from the Mohit*，*that is the Ocean*，*a Turkish work on navigation in the Indian seas*，1838：pp.772-773。

② James Prinsep：*Note on the nautical instruments of the Arabs*，pp.784后附图。

③ 严敦杰：《牵星术——我国明代航海天文知识一瞥》，第78页。

由于在北半球观察北极星时，其仰角等于观测者所在的地理纬度，所以当绳子垂直于木板时，根据kamal上一系列绳结的位置，就可以用计算余切值的方法测算出当地纬度。从图3-9、图3-10中可知，绳结对应的角度θ是当地纬度的一半，$\angle AOC$的度数等于当地纬度，当木板长度AC为2英寸，绳子的长度OB是板长的5倍时，第N个绳结对应的角度θ的余切值计算过程如下：

$\cot\theta$=〔2（板长是2英寸）×5（绳子是板长的5倍）×6（在第6段上打结）/N（绳子被均分成N段，N=12，11，10……4）〕/1（板长的一半是1英寸）

=60/N（N=12，11，10……4）

当绳长是板长的5倍时，共打9个结，即4指到12指，可测量的纬度区间是7° 36′—22° 38′，每两个结之间的纬度差保持在1° 50′—1° 56′，即1.9° 左右，近似两个纬度。

	No.			Cotng. of half angle	Lat.	Diff.
The first division, No.	12	=	2 × 5 ÷ 12 × 6 =	5.00	22°38′	1° 52′
	11		10 ÷ 11 × 6	5.45	20 46	1 52
	10		10 ÷ 10 × 6	6.00	18 54	1 50
	9		10 ÷ 9 × 6	6.66	17 4	1 53
	8		10 ÷ 8 × 6	7.50	15 12	1 53
	7		10 ÷ 7 × 6	8.57	13 18	1 54
	6		10 ÷ 6 × 6	10.00	11 24	1 52
	5		10 + 2	12.00	9 32	1 56
	4		10 + 5	15.00	7 36	

图3-11 《关于阿拉伯人的航海仪器》中的计算数据（绳长为木板边长5倍时）①

除了这种绳长是板长5倍的kamal之外，《关于阿拉伯人的航海仪器》中还提到了另一种kamal。它与前一种相似，只是绳长从板长的5倍变成了6倍，绳结的数量也从9个变成了16个。这种kamal可测量的纬度区间是1° 36′—25° 04′，每两个结之间的纬度差是1° 31′—1° 36′。它的纬度计算方式是：

$\cot\theta$=〔2（板长是2英寸）×6（绳子是板长的6倍）×6（在第6段上打结）/N（绳子被分成N份，N=16，11，10……1）〕/1（板长的一半是1英寸）

=72/N（N=16，11，10……1）

① James Prinsep：*Note on the nautical instruments of the Arabs*，pp.785.

12 × 6 ÷ 16 =	4.50	Cotang. of half angle.	Lat. 25°04′	Diff.
15	4.80		23 32	1° 32′
14	5.14		22 01	1 31
13	5.54		20 28	1 33
12	6.00		18 56	1 32
11	6.54		17 24	1 34
10	7.20		15 48	1 34
9	8.00		14 14	1 34
8	9.00		12 40	1 34
7	10.29		11 06	1 34
6	12.00		9 32	1 34
5	14.40		7 56	1 36
4	18.00		6 22	1 34
3	24.00		4 46	1 36
2	36.00		3 10	1 36
1	72.00		1 36	1 34
0	infinite		0	1 36

图3-12　《关于阿拉伯人的航海仪器》中的计算数据（绳长为木板边长6倍时）[1]

　　Kamal的计算原理表明，它是三角学发展的产物，尤其是余切或正切函数发展的产物，这种简易工具的原型应与天文数学家制造的测量仪器相关。《印度洋中的阿拉伯导航史》中总结了这一发展过程：测星高的工具"花刺子模杖"带有刻度，它建立在三角函数的原理基础上，木杖后来被沿间隔打若干结的绳子取代，绳子从木板中心穿过。在夜晚的航船上，可以用这种工具测量星辰在地平线之上的高度。[2]这种工具与阿拉伯数学家阿尔·巴塔尼（852—929）的成就相符，他曾制作了从0°到90°之间每相隔1°的余切表，而kamal赖以计算的每个半角都接近1°。之所以将绳子长度取为木板边长的5倍或6倍，平分成若干段后再分别在第6段上打结，也是出于实际操作需要，人手臂长度有限，要满足等式所需的条件，必须在绳长和绳结位置之间取一平衡点。[3]从文献记载来看，在不同时间和不同地点，isba代表的数值和kamal的形制有所不同。比如在1394年时，它是1° 56′，而在1550年时，它是1° 33′。[4]

　　由于翻译中遗漏了每次等分绳子后，都要在第6段上打结的信息，《牵星

　　[1] James Prinsep：*Note on the nautical instruments of the Arabs*，pp.786.

　　[2] Anwar A.Aleem. *History of Arab navigation in the Indian Ocean. Marine biological association of India.* 1973：pp.255—270.

　　[3] 当需要测量的纬度范围较大时，有的kamal会采用一大一小两块木板，分别在不同的纬度地区使用，以解决手臂长度不足的问题。可参考Dennis Fisher，*Latitude Hooks and Azimuth Ring*，*McGraw-Hill Companies Book*，Camden，Maine，1995，p.21。以及E.G.R.Taylor：*The haven-finding art：A history of navigation from Odysseus to Captain Cook*，London：Hollis and Carter，1956，p.180，图版6。

　　[4] Sidi Ali Celebi，translated by Joseph Von Hammer. *Extracts from the Mohit，that is the Ocean，a Turkish work on navigation in the Indian seas*，1838：pp.779.

术——我国明代航海天文知识一瞥》中将牵星板的使用方法解释为手持一根72厘米的绳子结合一系列木板使用[①]，并计算出1指在1°34′和1°36′之间，近似1550年时isba的数值。而《中国古代航海天文》中将持牵星板的手臂长度取为60厘米，并计算出1指的数值约为1.91°，近似1394年时isba的数值。后者认为中国的牵星板是垂直手持的，其计算方式如下图：

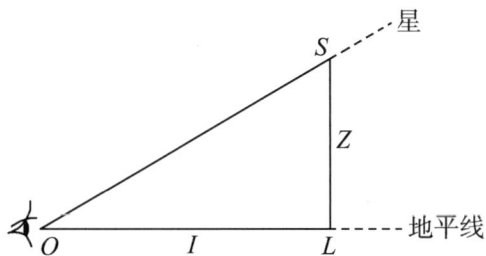

图3-13　《中国古代航海天文》中的垂直测量法计算原理示意图[②]

需要计算的α是∠SOL，即当地纬度，取最小的1指牵星板边长约2厘米，"对一般的中国人来说，其手臂向前伸直后，母指虎口到眼的距离约为手指宽的30倍（即约60厘米），则手指张角的度数为：

tgα=2/60=0.0333

α=1°.91"[③]

为什么这种计算结果会与第一种kamal代表的角度基本一致？从计算方法来看，因为后者取1指时，tan（α/2）=（1/60），计算出的α/2需要乘以2才是实际纬度值，一个是tan（α/2）求出的角度乘以2，一个是tanα直接求角度，算出的数据结果较为接近。由前文可知，作为1°52′和1°36′的isba（指）都曾经在印度洋周边出现过，一指究竟代表的是1°52′还是1°36′，其差异是由于kamal的形制发生了变化，绳长从板长的5倍变成了6倍，才使一指对应的数值相应发生了改变。

从以上情况来看，国内相关研究的结果与《关于阿拉伯人的航海仪器》中给出的数据看似相近，但操作原理却完全不同。由之前的计算过程可知，这里的72和60

① 严敦杰：《牵星术——我国明代航海天文知识一瞥》，第77-78页。原文是："木板的中心穿一根绳子，这绳子的长度是自眼到手执板间的距离（手臂撑直），大约是七十二厘米左右……已知眼到木板间的距离是七十二厘米，每块木板的宽度又知道；这样可以通过观测求所在地的地理纬度。"

② 刘南威、李启斌、李竞：《我国最早记载牵星术的海图》，载刘南威主编《中国古代航海天文》，第46-63页。

③ 刘南威：《我国民间的航海天文》，第36页。

是几个数据相乘后的结果，不能直接简化成绳长或手臂的长度。而手臂的长度也因人而异，不宜作为固定数据引入计算，例如《中国古代的恒星观测》一文中就提出："按作者自己手臂最远自然长度约为40厘米"[①]。

四、牵星板的计算功能与记录功能

《中国古代航海天文》中之所以采取垂直手持木板测星高的计算方法，实际是建立在中国南海社会调查的基础上，如书中记录1976—1981年间所做的传统天文导航方法调查：

> 民间至今还保留着几种类似牵星术的传统方法。例如，海南岛文昌县南岛大队的海员，以"掌"表示星辰的高度。[②]

> "掌度"如海南岛文昌县清栏镇黄华荫用手掌量度北辰星的高度，以大致确定船舶在海上的位置。其法是：伸直右臂，手掌横向，指向左侧，张开手指，母指头朝下，与海面相切，尾指尖向上。若北辰星恰好在尾指尖上，这时北辰星的高度为1"掌"，1掌约相当于20厘米。若北辰星高1掌，表示船已到海南岛附近海面，若北辰星高半掌（北辰星在中指上），表示船在越南南部以东海面。

> ……"尺量"如海南岛文昌县东郊公社张诗奉用尺量北辰星的高度，以大致确定船舶在海上位置。其法是：伸直手臂，竖直持尺，尺下端与海面相切，同时观测北辰星的寸数。詹细富收藏的《针路簿》手抄本中的"定子午高低法"中载："吕宋子午高五寸六分，表尾子午高七寸二分，语屿门子午高一尺七寸。"这是沿海民间航海家用尺量北辰星高度的宝贵的实测记录。[③]

在这些记录中值得注意的是，中国民间航海者用尺寸分的计量单位记录星高，而他们用更简单的"掌"测量北极星高度的方法，与本节第三部分开头提到的19世纪30年代《关于阿拉伯人的航海仪器》开篇中，阿拉伯海员并拢手指测北极星高的方法非常相似，只是阿拉伯海员测量的单位是"指"，而中国南海船员测量的单位

---

① 薄树人：《中国古代的恒星观测》，载科学史集刊编辑委员会编《科学史集刊》第3期，科学出版社，1960，第35-52页。

② 李竞：《我国民间传统的航海天文》，载刘南威主编《中国古代航海天文》，第26-31页。

③ 刘南威：《我国民间的航海天文》，第36-37页。同书第103页"定子午高低法"这段原始记载的说明为"辑自惠安县崇武公社靖海渔业大队占伙木收藏的针路簿"。随后也有"辑自厦门市水运公司外海船队詹细富收藏的针路簿"一节，与这段文字大体相同。

则是"掌"。^①可以推测，早期航海者测量北极星高度的方式很可能都是直接用手估算，如《中国度量衡史》中所述，古人最初设置度量衡标准时，常"以人体为则，如云'布指知寸，布手知尺'"^②。从相关信息中，可以看到古代印度洋上天体导航技术的发展历程：第一个阶段是原始的手指计数；第二个阶段开始使用简单的工具，用一系列以指为单位、每一块增加一指的木板代替手指计数；第三个阶段引入天文数学家的研究成果，将花剌子模杖中的木杆换成便携的绳子，改造成用若干绳结计量指数的kamal。用这种工具，甚至可以计算出观测者所在的地理纬度。

然而，使用kamal的普通航海者们真的都需要用这种工具计算纬度吗？虽然天文数学家们可以这样做，但古代印度洋上的航海者们未必都有相应的数学基础，而且要用kamal计算精确纬度，必须准确量出星高对应的绳子长度，再配合三角函数表使用，但并没有记载显示每位领航员都必须在航海工具外再配备一本函数表。从古代航海文献来看，其中只有关于星辰高度的数据，而没有纬度记录。例如《海洋》中记载从阿拉伯南部海岸到印度古吉拉特的航程：

> 直到天箭座6指高或天琴座5指高……如果你朝向阿拉伯海岸，并且北极星在9指高左右，你可能靠近了印度的陆地。^③

从《海洋》的阐述来看，原文中的"指"此时被译作inch，即英寸，其实它就是阿拉伯航海中常用的isba。早期译者将其翻译作celestial inch、issaba inch，大意为"天寸""指寸"，或直接简称为inch。^④在中国古代各种航海文献中也只有星高数据，例如前文所引《顺风相送》中的《古里往祖法儿》航线中描述："过礁头开洋，辛戌五十更，看北辰六指三角、灯笼星八指三角；单辛七十更，看北斗七指三角、灯笼星七指三角，取祖法儿马头，水六托，泊船是也。"列出的都是各星的高度。又如《马可波罗游记》中记载：

> 戈马利（Comary）是印度境内之一地，自苏门答剌至此，今不能见之

---

① 刘南威《我国民间的航海天文》第36页中也提出："这个指，应是手指的'指'，其起源于向前伸直手臂，用手指量度天体的高度，这与沿海渔民的'掌度'类同。"

② 吴承洛：《中国度量衡史》，商务印书馆，1937，第10页。

③ Sidi Ali Celebi, translated by Joseph Von Hammer. *Extracts from the Mohit*, *that is the Ocean*, *a Turkish work on navigation in the Indian seas*, 1836. pp.457. 原文是："……till Sagitta is six inches or Lyra five inches…… If you are leaning towards the Arabian shore, and the pole is made with nine inches or near it, it is guessed that you are come near the Indian land."

④ Sidi Ali Celebi, translated by Joseph Von Hammer. *Extracts from the Mohit*, *that is the Ocean*, *a Turkish work on navigation in the Indian seas*, 1836. pp.442-443; 1838, pp.774.

北极星，可在是处微见之。如欲见之，应在海中前行至少三十哩，约可在一肘高度上见之。

马里八儿（Melibar）是一大国……在此国中，看见北极星更为清晰，可在水平面二肘上见之。

胡茶辣（Guzarat）是一大国……国境延至西方，至是观北极星更审，盖其出现于约有六肘的高度之上也。[①]

从上下文来看，这里的"肘"应当也是一种以高度代表角度的计量方式[②]。既然戈马利附近的北极星刚刚露出地面，可见这里的计量单位cubit与古代通用的长度单位"肘尺"（或腕尺）应有所不同，后者明显过高。

从实际操作方法来看，牵星法的关键之处在于用标杆确定星辰在某一高度，然后航行时保证这个星辰始终在这个高度上，实际就是沿同一纬度前进。这种标杆可以是手臂、手指，也可以是直尺、木片，或是木板与绳结共同组成的工具。在没有现代计量工具和国际标准数据的年代，每个航海者只要保持星辰的高度在手掌或工具的某个位置，就可以实现同纬度航行，至于这高度究竟数值多少，对应哪个纬度，即使不知道也不会影响航行。而且相关工具和测出的数据也不需要达到国际统一标准，因为每个领航员只需要对自己的船负责，由于身高、臂长和指宽的差异，不同的人即使采用同一工具测量同一位置的同一星辰高度，也很可能测出不同的结果，但如果这些数据只由测量者本人使用，那么对于他和他所在的航船而言，这些数据就是可靠的，如果别的领航员需要使用这些数据，就要重新加以校正。如《海洋》中所说，每个领航员都要根据自己的手来使用木板，如果他个子较高，分割出的指就会大些，如果个子较矮，各指之间的分隔就会小些。因此不同的人测出的数据一定会存在差异，操作也不会特别精确。[③]

在1850年发表的一篇调查中，更显示了这类导航工具简单便利的特征。文章介绍了印度科罗曼德尔海岸的水手们使用的导航工具，它的外形和上一节提到的kamal非常相似，也是由木片和绳子组成，木片长3英寸、宽1.5英寸，中心穿过一根18英寸的绳子，但绳子的打结方式却有所不同：航海者们左手持木片，右手拉紧绳子，

---

① 马可·波罗：《马可波罗行纪》，上海书店出版社，2006，第412页、第414页、第417页。另参考马可·波罗口述，鲁思梯谦笔录：《马可波罗游记》，第230页、第231页、第232页。

② 《我国古代航海用的量天尺》一文中有所分析，认为它是中国古代计量单位"寸"的音译。此处的"肘"在其他版本中也被译作"古密"（cubit），其意义待另行撰文讨论。

③ Sidi Ali Celebi, translated by Joseph Von Hammer. *Extracts from the Mohit, that is the Ocean, a Turkish work on navigation in the Indian seas*, 1838. pp.771.

使木片的上缘和下缘分别对准北极星和海天连接线，当右手所牵的绳子碰到自己鼻子时，就在绳子与面部接触的位置打一个结。[①]由于每个地方纬度不同，北极星的高度不同，所以绳子上打结的位置也不同，以后需要航行到相关地点时，只要按之前的操作方式，保持北极星的高度与相应绳结一致，即可航行到目的地。虽然文章称每个绳结都代表海岸线上一个著名地点的纬度，但航海者既不需要记住纬度的具体数值，也不需要做任何计算，绳结位置也与"指"这个计量单位无关。由于绳子只起到固定作用，它甚至不需要垂直于木板，这实际上是一种只有记录功能而没有计算功能的导航工具。[②]

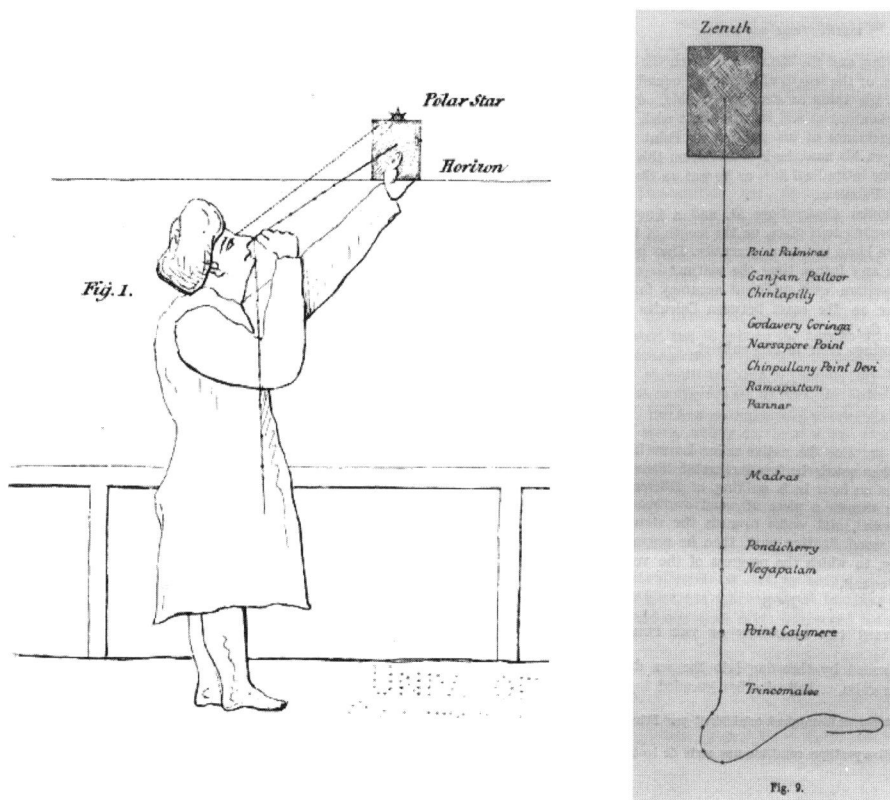

图3-14[③]　左：海员使用简易工具测星高的方法　右：每个绳结代表一个地名

---

① Captain H.Congreve. *A brief notice of some contrivances practiced by the native mariners of the coromandel coast，in navigating，sailing and repairing their vessels*，The Madras Journal of Literature and Science，1850，vol16，pp.101-104.

② 关于这种记录地名的kamal，另见E.G.R.Taylor：*A Note on the Kamal*，The Journal of Navigation，1964，vol17，No.4，pp.459-460。

③ Captain H.Congreve. *A brief notice of some contrivances practiced by the native mariners of the coromandel coast，in navigating，sailing and repairing their vessels*，第102页后附图。

　　将中国海员与阿拉伯航海者的导航方式进行对比，可知中国海员以手掌测高，或用直尺以尺寸分单位记录星辰高度的方法，正与后者第一阶段的以手指测天，以及第二阶段用一系列木板测星高指数的方法相似。而后者第三阶段用kamal工具测算的方法，在中国则没有出现。明代的马怀德牵星板看起来与后者第二阶段的工具相似，但又有所发展，多出一块测角的象牙板和一到三指共3块小木板。由此看来，马怀德牵星板很像是介于阿拉伯航海者导航方法第二、第三阶段之间的形态，它有可能是一种未见于其他文献记载的分支技术，也可能是古代中国航海者根据中国传统测量天体的习惯，对印度洋上的导航工具加以改造的结果。

　　马怀德牵星板中还有一块四角有缺口的象牙板，上面有"半指、半角、一角、三角"字样，看起来一指应是分为四角，即八个半角，而"半角"在阿拉伯航海书中的表达方式是zam。《牵星术——我国明代航海天文知识一瞥》中认为：

　　　　阿拉伯人又用zam的单位，1指（isba）=8zam。则zam与上牵星板的半角相当。欧洲有些学者把郑和航海图中的指和角直译作isba和zam，其中角作zam是错误的。[1]

　　在《海洋》中，可以看到指和角的表达方式，如"十又二分之一指"（ten inches and a half）、"四又八分之一指"（four inches and an eighth）、"五又四分之一指"（five inches and a quarter）、"八指差四分之一"（a quarter less than eight inches）。其中"二分之一指"即半指，"八分之一指"对应的是半角，"四分之一指"即一角，"某指差四分之一"则是三角。[2]换算成长度时，1指为0.75英寸，即1.91厘米。[3]

　　李诩《戒庵老人漫笔》中称牵星板是"周髀算尺"，这可能是收藏者马怀德的解释，也可能是李诩根据自己理解的重新阐释。它应是指中国传统中偃矩望高、立杆测影的垂直测量方法，与中国海员手持直尺测天的方式相同。从计算思路来看，用三角函数和天文数学工具测算纬度，其前提应是认识到地球为一球状体。考虑到中国古代的三角学发展和对地球的认识情况，相应知识要在明朝后期才传入国内，然后才被国人普遍接受。因此，即使明代中前期的航海者们在海外接触到了kamal和

　　① 严敦杰：《牵星术——我国明代航海天文知识一瞥》，第78页。
　　② Sidi Ali Celebi, translated by Joseph Von Hammer. *Extracts from the Mohit, that is the Ocean, a Turkish work on navigation in the Indian seas*, 1836. p.463, p.468, p.464, p.465.
　　③ Sidi Ali Celebi, translated by Joseph Von Hammer. *Extracts from the Mohit, that is the Ocean, a Turkish work on navigation in the Indian seas*, 1838. p.778.

纬度计算方法，恐怕也不能理解并认同其原理。^①在这种情况下，中国海员们完全可以像印度洋上很多普通的航海者一样，仅通过记录星高的方式航行，而不必了解具体纬度及其计算方法。可以想见，当中国海员航行到印度洋时，当地航海者都用指角作为计量单位说明和记录航海路线，为便于交流，中国海员也需要入乡随俗，以当地海员的测量工具和计量单位记录星高，而不必将它们再换算成尺寸分。

马怀德牵星板与阿拉伯航海文献中记载的一系列木板的不同之处，除了不确定究竟有没有绳子，还多出了一块"四角皆缺"的象牙板，其长度在古籍中有"长二尺"和"长二寸"的不同记载。既然是用来计量半角到半指的小刻度，这块象牙板也只可能是二寸长。《牵星术——我国明代航海天文知识一瞥》认为它是四角斜割，而《略论牵星板》中认为它是四角方形缺口，这样它的形状看起来会像一个不规则的十字架。从实际情况考虑，这两种形态都有可能存在，但方形缺口更便于使用，以便可以用来与乌木板叠加。同样，马怀德牵星板中不管是否存在绳子，也都不会影响测量，因为它不参与计算，只能起到固定和收纳作用。事实上，如果这套牵星板能在操作台上搭配水平木杆和垂直木槽使用，效果会比绳子更好，因为借助绳子观测会受到测量者身高、臂长的影响，且绳子多次使用后未必还能保持原有性能，而操作台可以确定观测高度，木杆可以保证观测距离不变，木槽也可以更有效地固定乌木板与象牙板。

在现存的中国古代航海文献中，有些星辰高度达十四指、十五指，测量范围已超出马怀德牵星板最高的十二指。如《郑和航海图》中记载："时月正回南巫里洋，牵华盖星八指，北辰星一指，灯笼骨星十四指半，南门双星十五指"^②。出现这种现象的原因可能是这片海域与马怀德牵星板的测量范围并不完全匹配，即这套牵星板的使用者不需要航行到星高超过十二指的海域，也有可能是马怀德牵星板原本还有从十三指到十六指的四片木板。还有一种可能是，乌木板之间可以叠加使用，当星高超出十二指时，可以将一指、二指、三指的小木板逐次叠加到大木板上尝试，直至测量出实际高度为止。马怀德牵星板与《海洋》中记录的类似工具比较，多出的一指到三指共3块小木板，其用途之一或许正在于此。

五、明代之前中国航海中的天文导航

从现有文献来看，中国古代航海中所用的天文导航方法仍是简单测高，没有证据能说明曾经出现过独立的天体测量工具和计算方法。此前研究中曾提到几例在明

---

① 陈忠烈《相会在星空——十五至十七世纪东西方的航海天文》从科学传统的角度出发，分析了东西方航海天文的差异，可作为这一问题的参考。

② 向达整理：《郑和航海图》，中华书局，2000，第64页。

代之前以计算方式进行天文导航的证据，除了开头提到的泉州南宋沉船上的竹尺和马怀德的身份之外，《中国科学技术史》中还提到了三条证据。第一条的内容是：

> 我们能找到关于中国勘测人员采用"指宽"（"指"）作为量度单位的记载，其时间比阿拉伯文化中任何类似的量度记载都要早。例如，前面曾经提过的一位魏国将军邓艾，他在公元260年左右就以谙悉军事地形而闻名——"每当他看到一座高山或一片荒野，他总是用指宽来度量，估算其高度和距离，以便草拟和计划最有利的安营扎寨的地点"（"邓艾每见高山大泽，辄规谋度指，画军营处所，时人皆笑之"）。和他同时代的人多以为他在故弄玄虚，引为笑谈。当然，以指宽为单位测量高度的方法，也极有可能分别独立地出现于阿拉伯和中华文化圈。[①]

这段文字中邓艾的事迹源于《三国志·邓艾传》。《中国科学技术史》英文原版中没有引《邓艾传》的汉语原文，但据其叙述可以推测作者解读原文时在"指""画"之间断开，将"度指"视为一个词；汉译本附有汉语原文，且较《三国志》通行本在"规""度"之间多出一个"谋"字。而中华书局标点本对这段的断句是："（邓）艾初不称谢。每见高山大泽，辄规度指画军营处所，时人多笑焉。"[②]在古代文献中，"规度"和"指画"是两个不同的词，例如两处与《三国志》成书时代相近的记载如下：

西晋杜预注《春秋左传·襄公四》：

> 偃猪，下湿之地。规度其受水多少。[③]

《后汉书·马援传》：

---

① 李约瑟：《中国科学技术史》第4卷第3分册《物理学及相关技术·土木工程与航海技术》，第623页。这段英文版原文是：Moreover, we can find possible Chinese mentions of surveyors' measurements in' finger-breadths'（chih）a good deal earlier than anything similar in Arabic culture. For example, as has already been noted, one of the Wei generals, Teng Ai, was well known about +260 for his interest in military topography——'whenever he saw a high mountain or a wide moor, he always estimated（heights and distances）, measuring by finger-breadths, so as to sketch and plan the best positions for an army camp or fort'. His contemporaries, easily amused, thought this rather pedantic. But of course the system of finger-breadth units for altitudes could easily have arisen independently in the Arabic and Chinese culture-areas.（Joseph Needham：*Science and Civilisation in China*, *Volume. 4*：*Physics and Physical Technology*, *Part III*：*Civil Engineering and Nautics*. Cambridge University Press. 1971. p.573.）此处获科学史所邹大海研究员提醒，关于邓艾的这条记载发生在其早年为小吏之时，尚未上战场，而《中国科学技术史》中误将这条记载置于邓艾晚年为将之时，其间年代相距甚远。现在此补充说明，特致感谢。
② 陈寿：《三国志》卷28《邓艾传》，中华书局，2011，第646页。
③ 杜预集解：《春秋经传集解》第3册，上海古籍出版社，1988，第1039页。

（马援）又于帝前聚米为山谷，指画形势，开示众军所从道径往来，分析曲折，昭然可晓。[①]

由此可见这里原本不应有"度指"一词，实际应是"规度""指画"。这只是断句引起的误会，不能认为邓艾使用了指宽作为量度单位。

第二条是《中国科学技术史》中根据沈括记录的11世纪弩机的事例，猜测中国领航员使用十字仪[②]。所引原文如下：

> 从沈括所说的一段值得注意的话可以看出，中国人早在十一世纪（即在宋代）就已经知道十字仪，而使用十字线网格则可以上溯到汉代。下面就是沈括的这段话：
>
> 有一次，当我在海州的一所房屋的花园里挖土时，曾挖掘出一个弩机。当你用它来观测山的整个宽度时，弩机上的距离很长……[③]

虽然外形上有相似因素，但kamal的核心原理是计算圆心角，而弩机的核心原理则是相似三角形，两者使用的方式和依据的技术原理不一样，不能认为它们是同一种工具。

第三条是宋代海船上的"望斗"。《中国科学技术史》中对原文解读如下：

> 〈（建炎三年）三月十二日……监察御史林之平为沿海防托……既而之平言应海船，乞于福建、广东沿海州军雇募。……船合用望斗、箭隔、铁撞、硬弹、石炮、火炮、火箭及兵器等，兼防火家事之类。〉
>
> 虽然我们在别处还未曾遇到过"望斗"这个名称，但它的意思显然是指用来观测大熊座位置和高度的窥管。我们还应记得与此有关的那种窥管（"望筒"）和象限仪，这在本书第三卷图146中已有说明，该图取自年代与上述文献极为接近的一部著作——1103年的《营造法式》。但"望斗"也同样可能是一种十字仪或阿拉伯牵星板。所以，对于中国领航员来说星体高度的测定也许是紧随天体方位的测定而发展起来的。[④]

从一些军事史料中可以看到，望斗是中国古代战船上的一种战斗装备，是安装

---

① 范晔：《后汉书》卷24《马援传》，中华书局，1999，第558页。
② 李约瑟：《中国科学技术史》第4卷第3分册《物理学及相关技术·土木工程与航海技术》，第624页。
③ 李约瑟：《中国科学技术史》第5卷《地学》第1分册，科学出版社，1976，第206页。
④ 李约瑟：《中国科学技术史》第4卷第3分册《物理学及相关技术·土木工程与航海技术》，第625~626页。

在桅杆顶部，外形如斗的木厢，可以用于瞭望，也可以向外放箭，这里的士兵被称为"望斗兵"，与天文观测并无关系。如《兵录》中记载：

> 桅顶用望斗，以布作围，藏兵在上，以了贼舟。①

《广东新语》中对望斗的形制和作用有更具体的解释：

> 广之蒙冲战舰……桅上有大小望斗云棚。望斗者，古所谓爵室也。居中候望，若鸟雀之警示也。云棚者，古所谓飞庐也。望斗深广各数尺，中容三四人。网以藤，包以牛革，衣以绛色布帛。旁开一门出入，每战则班首立其中。班首者，一舟之性命所系。能倒上船桅，于望斗中以镖箭四面击射。②

图3-15　明代战船桅杆顶处的望斗和望斗兵③

---

① 何汝宾：《兵录》卷10，四库禁毁书丛刊本，北京出版社，2000，子部第9册第620页。
② 屈大均：《广东新语》卷18《舟语》，清代史料笔记丛刊，中华书局，1985，第479页。原文有句读而无标点，本文引用时略加标点以便阅读。
③ 何汝宾：《兵录》卷10，子部第9册第622页。

从以上史料分析来看，邓艾的"度指"、宋代的弩机和望斗几例证据都不成立，所以不能认为中国古代曾经出现过独立的天文导航工具。然而没有独立工具不等于没有天文导航方法，《牵星术》一文中提出："唐代南宫说在开元十二年（724年）的疆土测量中，已准确定出北极高度与南北里程的关系，此后不久即有可能将这一原理用于海上"①。近年有《海中识方位——航海南北定位在中国古代开始应用时间探析》一文提到早期中国文献中常以为日本在海南岛附近，直到唐代后期，文献中才准确指出日本在北方的位置②，也为此提供了一条旁证。

中国古代航海文献中的牵星数据之所以只涉及印度洋及其周边区域，是因为相关海域中常不见陆地标识，所以只能依据天文导航。而在中国附近海域，由于陆地标识较多，海中常有山石相望，所以未将牵星术作为主要导航方法。从人类航海史发展的角度来看，海上技术通常是由内陆技术演化而来。中国内地堪舆术中常使用罗盘勘测，所以海船上较早使用指南针，而阿拉伯航海者惯用的星高导航方式，也能在陆地上找到它的原型。《古代阿拉伯航海技术》中分析阿拉伯人在内陆同样需要用星辰引路。③这是因为当地多沙漠，人们在其中穿行时，茫茫沙海常与海洋一样漫无标志，所以旅行者们只能依靠星辰定向。由于生活环境和历史传统的影响，当地航海者将牵星法的使用范围从陆地扩展到了海洋。

中国古代早期与天文记录有关的"指"用来表示人们估测天体的距离④，它很可能也是当时人们用身体部位作为度量衡的表现，与明代海道针经中印度洋周边的天文导航计量单位"指"的本义有一定相似之处。从印度洋上的导航工具来看，这里明代航海书中的"指"应当就是isba的意译，在明初之前，可能已经有许多中国民间航海者接触到了这种计量单位，但它的正式引进、普遍使用和流传，应当是在郑和下西洋时期。当古代中国海员与印度洋上的航海者交流导航工具和方法时，很可能与后来的欧洲观察者们一样，看到了当地海员用手指测星高以解释计量单位的情形。这种解释是中国海员们可以理解的，因为它与中国传统的掌度和直尺测天方

① 李启斌：《牵星术》，载刘南威主编《中国古代航海天文》，第15-23页。此处在第15页。
② 李丞：《海中识方位——航海南北定位在中国古代开始应用时间探析》，《中国历史地理论丛》2014年第2期，第136-147页。
③ George Fadlo Hourani：*Arab Seafaring：In the Indian Ocean in Ancient and Early Medieval Times*，Princeton University Press，1951，pp.106.
④ 关于中国古代天文文献中的"指"，详见王玉民：《以尺量天：中国古代目视尺度天象记录的量化与归算》第三章第五节《"指"系统、牵星术及其他》，第64-65页。

法基本相同，而中国内陆的量天尺正是以尺寸分为计量单位。[①]所以再回到本文开头，虽然泉州湾海船中出土的尺子不具备特殊形制，但它依然有可能是导航工具，因为中国传统航海活动中的天文导航工具原本就是普通的尺子。

从天文导航技术的发展过程中可以看到，世界各地的航海者们常有用手简单估算星高的传统，除了中国南海船员的"掌"、印度洋海员的"指"之外，太平洋上南岛语族的土著航海者们也用手指和手掌估测星体出水高度以导航定位。[②]由于科学技术传统和地理环境的差异，中国与印度洋周边地区的导航技术向不同的侧重方向发展，在现存的航海指南中，可以看到中国的文献更多描述更路和岛礁等陆标用于辨识，而印度洋周边地区的文献更多描述星辰、风浪和生物。当中国古代航海者来到印度洋海域时，为便于交流，借鉴了当地常用的测星工具和计量单位，但仍然是以中国传统方式使用，正体现了两种导航传统在这一时段的不同趋向。

在印度洋上航行时，虽然用kamal这样的牵星工具可以粗略算出船舶所在的纬度，但这并不能说明所有的牵星工具都有计算功能，也不能说明所有的航海者都必须在量出星高之后还要继续计算纬度。事实上，一些论著中也已注意到这种现象，如《略论牵星板》开头即阐明"牵星板是过洋牵星时用于测量方位星出地高度的观测仪器。过洋牵星术是一种天文航海术，它通过对于方位星出地高度的测量，进而测定船舶在大海中航行时的航向和方位，是古代远洋航行中重要的测向定位技术"[③]。但自从《牵星术——我国明代航海天文知识一瞥》做出"用牵星板以测定船舶所在的地理纬度，实为我国航海天文仪器的先声"[④]这一结论后，很多论著中没有强调记录功能与计算功能的区别，以致许多读者认为所有古代航海者使用牵星法时，都必须计算出具体纬度，这实为一种误解。

海员仅依靠星高就可以导航，虽然这种方法看起来比较简单，但却是许多古代航海者的实际生活与工作状态。与精确的地理纬度测算相比，经改造后简单实用的星高记录工具和导航方法显得技术含量不足，其精确度更不可能与今天的国际标准相比。但对许多古代普通航海者而言，他们的需求并不是算出确切的地理纬度，而

---

① 伊世同：《量天尺考》，《文物》1978年第2期，第10-17页。

② 吴春明：《从南岛"裸掌测星"到郑和"过洋牵星"——环中国海导航术的起源探索》，《南方文物》2012年第3期，第144-150页。Thomas Gladwin，*East is a big bird*：*Navigation and logic on Puluwat Atoll*，Harvard University Press，1970.

③ 金秋鹏：《略论牵星板》，第83页。

④ 严敦杰：《牵星术——我国明代航海天文知识一瞥》，第88页。

是顺利到达每一个他们想去的地方。许多航海者不具备较高的天文数学水平和经济基础，但只要拥有丰富的航海经验，就可以用简单的木片和绳子确定星高，辨识天象、风浪与海洋生物，遵循正确的航线前行，到达目标港口。因此，从航海史角度来看，星高导航的意义正在于即使不知道实际纬度，普通人依然可以用最简单有效的技术横渡海洋，创造出辉煌的古代航海文明，这也正是过洋牵星术真正的历史价值所在。

第二节　铅锤测深与短时段计程技术的来源与传播：兼论计量单位"更"的演变

在航海活动中，测量水深和航程是两种非常重要的技术。明清时期中国航海者一般使用底部涂有动物油脂的铅锤沉水测深，并以粘起的泥沙判断海底状况；又用投入海中的木片与人的奔跑速度做对比，以计算海船航行速度与路程。在以往航海科技史的相关研究中，虽然都对这两种定量航海技术有所介绍，但并未提及它们的来源。本节将从古代中外航海科技交流的角度出发，分析这两种技术的来源与演变情况，并探讨郑和下西洋在其中起到的促进与传播作用。

一、北宋的铅锤与古代地中海地区的测深锤

用长绳系铅锤探测海水深度与海底状况，是宋代之后中国航海活动中常见的做法。这种方法是在铅锤的底部涂上油脂等物，系上数十丈长的绳索，放入水中测量深浅。油脂等物粘带起海底沙泥，由此判断海底是泥质、沙质还是石质。在此前的研究中，林瀚《传统航海测深用具"铅锤"考》一文考察了多种民间征集和水下考古而来的铅锤，并通过对老船工的访问和文献记载，详细说明了中国传统航海术中这类工具的特征和用法。[①]

---

① 林瀚：《传统航海测深用具"铅锤"考》，《福建文博》2017年第1期，第47-51页。

图3-16 宁波"小白礁I号"清代沉船出土铅锡合金测深锤[1]

从历史源流来看，用铅锤测深的方法最早出现在两部北宋文献中。庞元英的《文昌杂录》中记载有北宋使臣前往高丽时的经历：

> 鸿胪陈大卿言：昔使高丽，行大海中，水深碧色，常以镴碅长绳沉水中为候，深及三十托已上，舟方可行。既而觉水色黄白，舟人惊号，已泊沙上，水才深八托。凡一昼夜，忽大风，方得出。[2]

镴是铅锡合金，"碅"同"砣"，镴碅也就是含有铅成分的金属制成的秤砣状物。北宋徐兢在《宣和奉使高丽图经》中，解释了之所以用铅锤探测海底地形，是为了防止海船搁浅：

> 《客舟》：海行不畏深，惟惧浅阁。以舟底不平，若潮落，则倾覆不可救。故常以绳垂铅碅以试之。

---

① 宁波市文物考古研究所、象山县文物管理委员会办公室、国家文物局水下文化遗产保护中心编著：《渔山遗珠：宁波象山"小白礁I号"出水文物精品图录》，宁波出版社，2015，第122页。
② 庞元英：《文昌杂录》卷3，丛书集成初编，中华书局，1985，第21页。

《黄水洋》：故舟入海以过沙尾为难，当数用铅硾时其深浅，不可不谨也。①

从以上三条记载中可以看到，北宋时已经使用铅锤测量水深，且计量单位为"托"。明代《东西洋考》中解释"托"的含义："方言谓长如两手分开者为一托"②，与中国早期计量单位"寻"同义。北宋时的文献没有提到铅锤底部是否有油脂，而在南宋之后的文献中，能看到测量水深的工具已经具备了从海底取泥沙的功能。如《萍洲可谈》中记述：

（舟师）或以十丈绳钩，取海底泥嗅之，便知所至。③

这里说要取海底泥，具体该如何取？如果直接用长绳系住表面平滑的重物放到水底，肯定无法取出泥沙，既然能钩取，重物表面一定有黏着物可用以取样。又如《梦粱录》中记载：

（过七洲洋时）舟中测水，约有七十余丈……凡测水之时，必视其底，知是何等沙泥，所以知近山有港。④

虽然《萍洲可谈》和《梦粱录》里未明确提到测水深的工具是何物，但从其特征来看，应是一种能粘取海底泥沙的重物，结合此前列举的几种文献来看，它很可能就是底部涂有油脂的铅锤。清代《台海使槎录》中记载了这种工具的细节：

寄碇先用铅锤试水深浅；绳六七十丈，绳尽犹不止底，则不敢寄。铅锤之末，涂以牛油，沾起沙泥，舵师辄能辨至某处。⑤

此前国内相关研究中虽对此技术多有介绍，但并未提及这种测量工具的技术来源。如果观察世界航海科技史的发展，会看到在古代地中海周边地区早有使用这种工具的记录。如Lionel Casson在《古代世界的船舶与航海技术》中介绍，每条船上都有一个系有绳子的铅块，铅块下方有一个凹陷处，其中装入动物油脂，可以用它

---

① 徐兢：《宣和奉使高丽图经》卷34《客舟》《黄水洋》，第892页、第895页。
② 张燮：《东西洋考》卷9《舟师考》，第170页。
③ 朱彧：《萍洲可谈》卷2，唐宋史料笔记丛刊，中华书局，2007，第133页。
④ 吴自牧：《梦粱录》卷12《江海船舰》，浙江人民出版社，1980，第112页。
⑤ 黄叔璥：《台海使槎录》卷1《赤嵌笔谈·海船》，近代中国史料丛刊续编，文海出版社，1978，第17页。

测量水深并粘上水底的样品①。古希腊历史学家希罗多德在《历史》中记载：

> 如果你从海上向埃及陆地靠近，离陆地还有一日航程的时候，如果你放下测深索，你就会把泥带上来，并知道那里的海水深度为11寻，这就表明从陆地上通过河流冲刷下来的泥土一直沉积到这么远的地方。②

按照John Peter Oleson在《测水：测深锤在古代地中海航行中的作用》一文中的总结，这种测深锤至少在公元前6世纪的地中海上已广泛使用③，文中列举了大量文物资料，呈现了这类工具的不同形态④。它们一般呈半球形、钟形或圆锥形，底部有凹槽用来放动物油脂，有顶部的铁环或耳部的孔洞用来系绳。测深锤底座宽阔，重心较低，这是为了能尽量大面积与海底泥、沙、鹅卵石等沉积物牢固接触。用来放动物油脂的凹槽通常会有一个突出的边缘，内部有隔片，或者用钉状物来固定填充物。之所以用动物油脂填充，是因为它原本就是船上的常见物品，一般用来烹饪和维修设备，而且动物油脂在较冷的环境中也能保持相对柔软，可以让更精细的水底沉积物附着其表面。在已出土的一件铅锤凹槽中，确实也发现了牛油的痕迹。测深锤一般用铅制作，因为它密度大，价格便宜，可以防锈蚀和破碎，最重要的是容易铸造。有时也会出现用石头制造的测深锤，其中一些做过加工处理，还有的未经加工，依然保持着不规则的形状。⑤

---

① Lionel Casson. *Ships and Seamanship in the Ancient World*，p.246：原文是Every ship carried a leadline to sound depths, and the lead had a hollow on the underside which, filled with tallow or grease, brought up samples of the bottom.

② 希罗多德：《历史：新译本》，徐松岩译注，上海三联书店，2008，第82-83页。

③ John Peter Oleson：*Testing the Waters：The Role of Sounding Weights in Ancient Mediterranean Navigation*，*Memoirs of the American Academy in Rome*，Supplementary Volumes，2008，p.118.

④ John Peter Oleson：*Testing the Waters：The Role of Sounding Weights in Ancient Mediterranean Navigation*，pp.117-174.

⑤ John Peter Oleson：*Testing the Waters：The Role of Sounding Weights in Ancient Mediterranean Navigation*，pp.119-122.

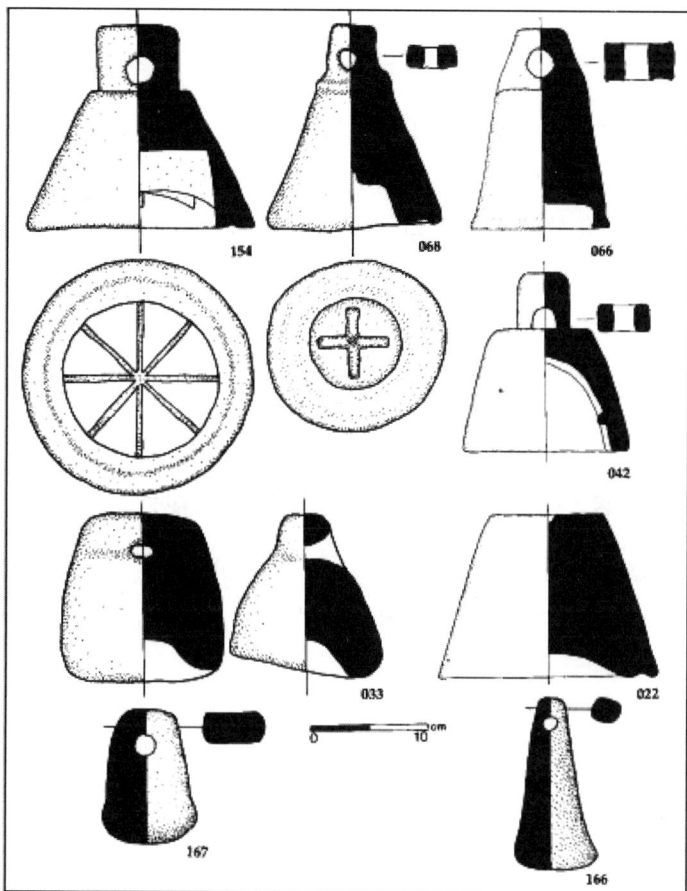

图3-17　一些公元前地中海沉船中的测深锤示意图[①]

从计量单位可以看出，地中海周边测深锤使用的计量单位为fathom，意为人伸展开双臂的长度，正与中国的"托"含义相同。由这些线索可以判断，宋代之后的铅锤测深法正是古代中外航海交流的结果。

虽然这种技术最晚在宋代就已经传入中国，但在明代之前的航海书中，能看到中国航海者使用的工具并不统一，除以"托"为计量单位的铅锤外，航海者还会使用长竿测水，其计量单位是丈和尺，这应是铅锤测深法传来之前，中国本土的测深方式。记录元代到明初北洋航线情况的《海道经》中没有出现铅锤，而是使用水竿测深：

好风两日一夜见白水。望南挑西一字行驶，好风一日，点竿累戳二

① John Peter Oleson：*Testing the Waters*：*The Role of Sounding Weights in Ancient Mediterranean Navigation*，p.122.

丈，渐渐减作一丈五尺。水下有乱泥，约一二尺深，便是长滩。渐渐挑西，收洪。如水竿戳着硬沙，不是长沙地面，即便复回，望大东行使。[①]

对比铅锤和水竿，可知铅锤测深的范围更大，用绳子放入海底，可以达到六七十丈的深度。而水竿由于材质所限不会太长，即使将数支长竿连接在一起，其上限也较为有限。但长竿也有其优势，即测量者可以通过下戳长竿时的手感判断水底的状况，如这段文字中提到的"一二尺深"的乱泥，就是铅锤测深无法达到的效果。从《郑和航海图》之后，中国航海工具书中普遍采用铅锤的"托"作为计量单位，但也有以丈、尺记载的数据，可能是航海者依然保留着水竿测深方法作为辅助方式。

二、《顺风相送·行船更数法》与印度洋的短时段计程法

流木测速法是一种测量航速的古代技术，在一份1850年发表的文章中，可以看到印度东南部科罗曼德尔（coromandel）海岸的水手依然保留着这种测速方法的原始形态：

> 当地海员通过事前实践，知道自己行进的速度，或者说他知道自己在不同的速度下，一个小时分别能走多少英里。他将一块木片从船头投向船外的水中，保持与木片向后流的同样速度走向船尾，然后他记下自己行走的速度，这就等于海船前进的速度。[②]

这篇文章的作者是一位英国军官，他之前没有见过这种古老的技术，因此把它作为新奇的见闻，写进了调查报告。实际上，成书于东晋的道教文献《太清金液神丹经》介绍海外诸国时，就提到了这种在西太平洋上使用的技术，即用投入水中的物体速度估算海船每天航行的里程：

> 当得行之日，试投物于水，俯仰一息之顷以过百步。推之而论，疾于

---

① 佚名：《海道经》之《海道》，第190–191页。

② Captain H.Congreve（Madras Artillery）: *A brief notice of some contrivances practiced by the native mariners of the coromandel coast，in navigating，sailing and repairing their vessels*，The Madras Journal of Literature and Science，第16卷，1850，第101–104页。原文是：To ascertain the rate of sailing：By previous practice the Native sailor knows his rate of walking；in other words he has instructed himself to tell how many miles an hour he is walking，at different degrees of celerity. He throws a piece of wood overboard at the stern of the vessel，and walks towards the stern keeping pace with the wood floating past，then he remembers his rate of walking，to which the progress of the vessel must necessarily be equal.

逐鹿。其于走马，马有千里，以此知之，故由千里左右也。①

按照这种计算方式，当时的人们计算出"典逊去日南二万里，扶南去林邑似不过三千七八百里"②。日南在今越南中部，林邑在越南南部，典逊约在今缅甸南部，扶南在柬埔寨一带。由此可见在南北朝时，类似技术已经在中南半岛周边海域使用，航海者用"逐鹿"和"走马"作为船速参照物，认为在"俯仰一息"的时间内，海船已经驶出百步之外，其速度比鹿更快，因此用千里马作为速度标准，得出四帆海船每日行千里的结论。这种方法与1850年英国调查者在印度所见的方法相比，尚处于相对原始的目测估算状态，还没有发展到水手根据自己奔跑的不同速度，以确定船速的阶段。因此这时的船速还只能定出日行千里，而不能具体到以若干小时计算的精度。

到了明代，这种向海中投掷物体以测算船速的方法再次出现在中国航海书中，并且引入了人与木片一起从船头快速行至船尾的细节，使测速更为准确。如明代航海工具书《顺风相送》的开头就记载了《行船更数法》：

> 凡行船先看风汛急慢，流水顺逆。可明其法，则将片柴从船头丢下与人齐到船尾，可准更数。每一更二点半约有一站，每站者计六十里。③

隆庆二年（1568年）成书的郑若曾《江南经略》中对这一方法有更详细的记述：

> 更也者，一日一夜定为十更，以焚香几枝为度，船在大洋，风潮有顺逆，行使有迟速，水程难辨。以木片于船首投海中，令人从船首速行至尾，视木片至何处，以验风之大小，以定此风此潮。如何方为一更？必须木片与人行不差，而后所谓一更者方准。若人行至船尾矣，而木片方至船腰，则香虽焚至某处，尚是半更；或流过船腰，则断其为大半更；或舟行如飞，其风或逆，亦用此法验船退程多寡，而后复进。故行几更，船至某山地界，皆可以坐而知。但是术也，得其传者或寡矣。④

---

① 《太清金液神丹经》卷下，收入《道藏》第18册，文物出版社、上海书店、天津古籍出版社，1988，第759页。
② 《太清金液神丹经》卷下，第759页。
③ 向达校注：《两种海道针经》之《顺风相送·行船更数法》，第25页。
④ 郑若曾：《江南经略》卷8上《海程论》，影印文渊阁四库全书，台湾商务印书馆，1986，子部第728册第444页。

清代《台海使槎录》中记载木片测速技术时，前半段文字与《江南经略》基本一致，后半段略有改动，提出了"合更""不上更""过更"的概念：

> 以木片于船首投海中，人从船首速行至尾，木片与人行齐至，则更数方准。若人行至船尾而木片未至，则为不上更；或木片反先人至船尾，则为过更，皆不合更也。①

有研究认为流木测速法的实质是用船的长度除以木片漂过全船的时间，以此计算船行速度。②但是从原始文献来看，并没有提及全船长度，而且古代海船长度有限，木片漂过全船的时间也相对较短，古人用燃香计时，未必能精确计量出木片漂流的时间。从强调木片与人共同行进的细节来看，中国古代航海书中记载的测算方式与印度水手使用的方法相同，其关键之处在于预设一个标准船速作为参照，人按此速度从船头走到船尾，如果木片漂流的速度与人一致，就叫作"合更"；如果人已到船尾而木片未到，说明船行速度缓慢，低于标准船速，叫作"不上更"；如果人未到船尾而木片已到，则说明船行速度较快，高于标准船速，叫作"过更"。

三、从古代中外文献看"更"的航距数值

由上文可见，选择一个标准船速，是流木测速法中的首要环节。前文所引《顺风相送》中阐述了中国古代海员用"更"来代表航程和距离的方法，即"每一更二点半约有一站，每站者计六十里"。由此引出了中国航海科技史中一个长期争论的问题，即一"更"究竟代表着多少里。

要了解"更"的具体数值，首先要看到海上的"更"与中国传统的"更"不太相同。中国传统的"更"来自先秦时期使用的一昼夜10时制，即将昼、夜各分为5个时段，但昼与夜的时段长度并不相等。由于一年四季昼夜长短有所变化，而白天和黑夜都要被划分为5个时段，所以在夏季时白天的一个时段要长于夜间的一个时段，冬季则正好相反。这种10时制在秦汉之后被弃用，但将夜间分为5个时段的做法却延续下来，并演变成后代的更点制度，即将一夜分为5更，1更又分为5点。由于不同季节日出和日落的时间不同，所以某更、某点的起止时刻也随之变化。③而明代海船上的"更"却是一种均分制，即一昼夜分为10更，考虑到海船航行的实际

---

① 黄叔璥：《台海使槎录》卷1《赤嵌笔谈·海船》，第17页。

② 这可能是受到了欧洲16世纪后木片系绳测速法的影响。见秦臻：《海洋开发与水声技术》，海洋出版社，1984，第249页。

③ 杜升云、陈久金主编：《天文历数》，山东科学技术出版社，1992，第162-164页。

情况，作为航程和航速计量单位的更也只能是昼夜均分，不可能出现长短不一的情况。如明代谢杰记载："针舱内燃长明灯，不分昼夜，夜五更，昼五更，故船行十二时辰为十更。"[①]

由此可知，"更"实际是一种用较短的时间段表示航距的计量单位，而在郑和下西洋时，十更均分制并非在明朝国内使用，而是出现在中南半岛上的占城国。随同郑和下西洋的马欢在《瀛涯胜览》中记载，占城国的计时方式是：

> 其日月之定无闰月，但十二月为一年，昼夜分为十更，用鼓打记。[②]

占城在秦汉时期受中国文化影响较深，其十更制可能是当时的一种遗存。这种计时方式与海船上的昼夜十更相同，却与中国内地差别较大。从《顺风相送》中的"一更二点半约有一站，每站者计六十里"来看，一更二点半就是1.5更，1.5更为1站60里，可计算出每更为40里。然而在明朝中期黄省曾所著的《西洋朝贡典录》中，却记载着"海行之法，六十里为一更"[③]。从20世纪研究者们注意到这个航海科技史中的重要计量单位之后，关于一更究竟是40里还是60里，就长期存在争议。

在此前的研究中，朱鉴秋《我国古代海上计程单位"更"的长度考证》和郭永芳《时间与空间统一的记程单位——"更"》中已经引用更点制，认为1更是40里。[④]但《顺风相送》中为什么不直接写明1更为40里，却一定要用1.5更约为1站，共计60里来表达？这种迂回的表达方式很可能说明最初的"更"代表的距离和它代表的时长一样，都是从域外引入的，所以要将其转化为明朝人熟悉的另一种中国本土计量单位。此前已有研究者注意到"站"这个计量单位的意义：自宋代到明代，中国设置驿站一般以60里为间隔，它是天下水陆路程的基本单元。[⑤]

中国观察者也会用"站"计量世界其他地方的路程，例如马欢在《瀛涯胜览》中记载位于今孟加拉的榜葛剌国时，就称在港口登岸后要"西南行三十五站到其

① 谢杰：《虔台倭纂》上卷《倭针》，北京图书馆古籍珍本丛刊，书目文献出版社，1990，第10册第240页上。

② 马欢著，冯承钧校注：《瀛涯胜览校注》之《占城国》，第5页。

③ 黄省曾著，谢方校注：《西洋朝贡典录校注》卷上《占城国第一》，第1页。

④ 朱鉴秋：《我国古代海上计程单位"更"的长度考证》，《中华文史论丛》1980年第3辑，第202-203页；郭永芳：《时间与空间统一的记程单位——"更"》，载章巽主编《中国航海科技史》第3章第5节，第222-227页。

⑤ 逄文昱：《试说〈更路簿〉的"更"》，《海南大学学报（人文社会科学版）》，2016年第6期，第7-12页。

国"①。公元4世纪《世界所有民族的状况》中，用此类计量单位来形容各地疆土状况，如埃维尔塔人（Eviltae）生活地区的疆域有32站地，埃默尔（Emer）民族居住在一片约有47站的土地上，内布萨（Nebusa）国土有六十站，迪瓦族（Diva）占据着一片有210站的地盘。②世界各地的驿站间距不同，例如在古代印度，两个驿站之间的距离通常是40里，这个计量单位被称为"由旬"③（yojana， jojan），也译作"由延"或"逾缮那"。

唐代玄奘曾在《大唐西域记》中解释了为何将40里设为一个计量单元，是因为它代表着古代圣王每日行军的距离：

> 夫数量之称，谓逾缮那。逾缮那者，自古圣王一日军行也。旧传一逾缮那四十里矣。④

在古代巴比伦，曾出现过以两小时为单位，同时表示时间和距离的计量方式。⑤观察古代航海文献，会看到当时印度洋的航海者同样用短时段来代表路程。如表示一小时航行距离的法尔萨赫（farsakh）⑥，约为6公里，还有一些航海者使用的计量单位是"扎姆"（zam），每zam为3个小时，也就是将一昼夜均分成八部分，与明朝航海者使用的一昼夜分10更又不相同。这是一种典型的古代印度计时方式，《大唐西域记》中记载"居宿日夜分为八时"⑦，唐代往印度求佛法的僧人义净在其《南海寄归内法传》中记述：

> 夜有四时，与昼相似。总论一日一夜，成八时也。⑧

---

① 马欢著，冯承钧校注：《瀛涯胜览校注》之《榜葛剌国》，第59页。

② 戈岱司编：《希腊拉丁作家远东古文献辑录》，耿昇译，中外关系史名著译丛，中华书局，1987，第79-80页。

③ 关于由旬这一计量单位的研究，可参考清代俞正燮所著《癸巳类稿》卷九《由旬义》（俞正燮撰，于石等校点：《俞正燮全集》，黄山书社，2005，第451-453页）；足立喜六著，何建民、张小柳译：《〈法显传〉考证》（贵州大学出版社，2014，第81-88页）；郑炳林、魏迎春：《俄藏敦煌写本王玄策〈中天竺国行记〉残卷考释》（陕西师范大学中国历史地理研究所，西北历史环境与经济社会发展研究中心编：《历史地理学研究的新探索与新动向》，三秦出版社，2008，第32-33页）。

④ 玄奘、辩机著，季羡林等校注：《大唐西域记校注》卷2《印度总述·数量》，第166页。

⑤ Sidney Smith. *Babylonian Time Reckoning*. Iraq, 1969，Vol.31, No.1, pp.74-81.

⑥ 见本书第四章第一节所引《异境奇观：伊本·白图泰游记（全译本）》的内容，并见岑仲勉：《史外史地考证：外一种》之《唐代大商港Al-Wakin》，中华书局，2004，第382-383页。

⑦ 玄奘、辩机著，季羡林等校注，《大唐西域记校注》卷2《印度总述·岁时》，第168页。

⑧ 义净，王邦维校注：《南海寄归内法传校注》卷3《旋右观时》，中外交通史籍丛刊，中华书局，1995，第169页。

在公元10世纪的阿拉伯游记《印度珍异记》中，也经常会看到"扎姆"这个词，译者在注文中提及"每一扎姆约为三小时的行程"。例如：

> 我已经讲到了室利佛逝。它位于南巫里岛的一端，距箇罗有一百二十扎姆之远。
>
> ……有一名海员对我言道，他曾经乘一艘印度洋帆船（Sanbuk）从室利佛逝前往中国。他说："我们总共航行了五十多扎姆。"
>
> ……在补充了淡水之后，我们就扬帆按照他指出的路线向占婆出发。在经过十五个扎姆的航行之后，平安无恙地抵达了占婆海岸。[1]

在费琅著、冯承钧译的《苏门答剌古国考》中，直接将"扎姆"写作"更"，如上段引用的《印度珍异记》中的第一句，就译作"室利佛逝在蓝无里岛之极端，前已言之。其地距哥罗一百二十更（三百六十小时行程）"[2]。对16世纪阿拉伯航海师马里（Sulayman al-Mahri）所作《航海录》一书，《苏门答剌古国考》中有以下译注文：

> 复有二岛……距苏门答剌西岸海岸八更（zam）（按三小时为一更）。[3]

可见书中认为此计量单位的意义实质与中国航海中的"更"类似。在16世纪阿拉伯航海书《海洋》中，常出现"扎姆"（Zam）一词：

> 向西——四分之一南的方向行驶两扎姆的时间（每扎姆相当于三个小时），水深探测器中就会逐渐指到六、七、八寻之深。[4]

由这些记载和解读可以看出，古代阿拉伯航海书中的zam和中国古代的"更"意义相似，都是一种用短时段表示航程的计量单位，只是zam代表的时间稍长，为3小时，而更代表的时间稍短，为2.4小时。那么它们代表的距离和船速是否有区别？

在上一节关于牵星板的介绍中，曾经提到计量单位zam，它是"指"（isba）之下的一个单位，即半角。从以上的记载中，能看到zam实际具有两种含义：在计时方式下，它代表着三个小时，即将昼夜24小时均分成八个部分后的数值；而在航海

---

① 费琅编：《阿拉伯波斯突厥人东方文献辑注》（下），第667页、第668页、第669页。
② 费琅：《苏门答剌古国考》，中华书局，2002，第117页。
③ 费琅：《苏门答剌古国考》，第114-115页。
④ 费琅编：《阿拉伯波斯突厥人东方文献辑注》（下），第555页。

天文的方式下，它又代表着1指（isba）的八分之一。这两种意义又是互相联系的，在测量天体的工具kamal上，1指（isba）代表着固定的纬度间隔，因此，作为它的八分之一，zam也代表着相应的纬度间距。[1]由于在不同的时代，1指（isba）的数值不同，所以计算出的相应纬度差和距离数据也不相同。

例如在19世纪对《海洋》的解读中[2]，采用较晚的1指（isba）=1° 36′ 时，1 zam的数值是1指（isba）的八分之一，也就是12′，由于1′=1海里，1 zam即12海里。而当1指（isba）采用较早期的1° 56′ 时，1 zam的数值应为14.5′，即14.5海里，这个数据使用的年代与郑和下西洋的时代相近。当时海里与公里的换算关系应是1海里=1.852公里，即1 zam=14.5海里=26.854公里=53.7华里=46.6旧里。这是古代印度洋上的木帆船在3小时内航行的普遍路程，即每小时航行4.83海里=8.95公里=17.9华里=15.5旧里。

按照时速17.9华里计算，古代木帆船在2.4小时，也就是1更的时间里，航行的路程应当是17.9×2.4=42.96华里=37.3旧里，与根据《顺风相送》中"一更二点半约有一站，每站者计六十里"计算出的1更约合40旧里，即46.08华里相对照，差异不大。由此可见，明朝和当时印度洋上的航海者记录的木帆船航速基本是一致的，中国研究者对此也已有观察，如何国卫的《试析〈更路簿〉上的"更"》中引用测试数据认为，人的平均行进速度是7.1—9.9千米/小时，并引述民间航海者的经验，"木帆船速度一般在5海里多一点"。并由此做以下计算：

由于1旧里为1.152华里=0.576公里，1海里=1.852公里，当1更合40旧里时，航速为40×1.152/2.4=19.2华里/小时，即9.6公里/小时，合5.18海里/小时。这与木帆船正常情况下的航速相似，也符合人快速行走的状态。而当1更合60里时，则航速为60×1.152/2.4=28.8华里/小时，即14.4公里/小时，相当于7.77海里/小时，这与木帆船实际可能的航速有较大差距。[3]

四、明代航海文献的演变与"更"数值差异的形成原因

20世纪之后，研究者们开始注意到关于"更"的记载差异。向达在《两种海道针经》序言里提到，1更合60里的计量方式可能不太准确。他以澎湖到台南市的距

---

[1] Sidi Ali Celebi, translated by Joseph Von Hammer. *Extracts from the Mohit*, *that is the Ocean*, *a Turkish work on navigation in the Indian seas*, 1836. pp.442-443.

[2] Sidi Ali Celebi, translated by Joseph Von Hammer. *Extracts from the Mohit*, *that is the Ocean*, *a Turkish work on navigation in the Indian seas*, 1836. p.445.

[3] 何国卫：《试析〈更路簿〉上的"更"》，载《行舟致远 扬帆丝路——何国卫船史研究文选》，南京大学出版社，第336-337页。

离为例加以说明："旧作五更，今为五十二海里。一海里合旧三里，即澎湖台南之间的距离为一五六里，一更不过三十一里左右。厦门至澎湖旧作七更，合二百二十里左右，行程一天。如一更为六十里，则厦门澎湖之间当为四百二十里，澎湖台南之间为三百里，帆船一天航行，就有点问题了。"①

那么之前关于1更为40里还是60里的问题究竟是怎样形成的？需要看到的是，1更为60里的说法也有其渊源。如松江医士陈常从永乐十五年开始，曾三次随同郑和船队下西洋，他记录道：

> 常以医士从，历洪熙、宣德凡三往返……常言：海中行以六十里为一更，往返一千六百更，为九万余里。行皆候风占星，以针取路，以干支取某山某屿，进某澳，转某门，以至开洋，避礁避浅，皆以针定。②

可见郑和下西洋时就已经有1更为60里之说，但没有提及这里的1更是多长时间。黄省曾也在《西洋朝贡典录》中记载"海行之法，六十里为一更"，应是依据了一种名为《针位编》之类的文献，对更的数值记载应该就是由此而来。③ 1更为40里或是60里，有可能显示了计更法发展的不同阶段，还可能与郑和船队的船型和航速有关，它们很可能分别体现了不同时期、不同借鉴对象的计数方式，并在调整前后各自流传并产生了影响。《顺风相送》中没有直接记录1更为40里，而是记载1.5更为1站计60里。包括《顺风相送》在内，还有几种文献里也记载了计更法，从它们的变化中，能看到这种迂回的表达方式不易保留原意，更的定义和数值在几种文献中有所不同。明朝中期《顺风相送》中的《行船更数法》记载：

> 凡行船先看风汛急慢，流水顺逆。可明其法，则将片柴从船头丢下与人齐到船尾，可准更数。每一更二点半约有一站，每站者计六十里。如遇风船走潮水却向潮头涨来，此系是逆流。柴片虽丢顺水流向，后来必紧，不可使作船走议论。古云先看风汛急慢，流水顺逆。不可不明其法。④

清朝初年琉球学者程顺则的《指南广义》之《定更数之法》记载：

---

① 向达校注：《两种海道针经》之《序言》，第6页。

② 陈威、顾清纂修：《松江府志》卷30，四库全书存目丛书，齐鲁书社，1996，史部第181册第813－814页。

③ 黄省曾著，谢方校注：《西洋朝贡典录校注》卷上《占城国第一》，第1页，《自序》第8页。

④ 向达校注：《两种海道针经》之《顺风相送·行船更数法》，第25页。

凡行船先看风汛急慢。将柴片从船头丢下水面，船走，柴片与人同走，至船尾赶齐，谓之上更。探实为验，其更数，一更二点半，约有一站路，计六十里为准。能晓此法，自无差错，须要记心。^①

清代《指南正法》之《定船行更数》记载：

凡行船先看风汛顺逆。将片柴丢下水，人走船尾，此柴片齐到，为之上更，方可为准，每更二点半约有一路，诸路针六十里。心中能明此法，定无差谬。^②

泉州白崎郭氏藏针经抄本《乘舟必览》之《弁言》记载：

但行船须定风讯〔汛〕之缓急，船之迟速，可将柴片一块掷下船头水上，与人同至船尾，可准原数之迟急。以一更是三点，或是式点，每更是何数，如过流走潮水，其流之顺逆，就此推测，看航讯〔汛〕之强弱，亦不可不知其法也。^③

在前两种文献中，都有"一更二点半"这个细节，第三种文献中写作"每更二点半"。这个时间段所合的计量单位，三种文献分别写作"一站""一站路""一路"，从中可见其按时间顺序变化的情况，很可能在传抄过程中，抄写者就已经不明白"一站"究竟是何含义了。前文所引的《江南经略·海程论》在详细记述流木测速法之后，有一句总结很值得注意，即"但是术也，得其传者或寡矣"。此时是明朝中期，流木测速法的传播并不广泛，船工很可能也有不同的理解。至清代康熙末年徐葆光出使琉球时，船工都称1更为60里：

海中船行里数皆以更计，或云百里为一更，或云六十里为一更，或云分昼夜为十更，今问海舶伙长，皆云六十里之说为近。^④

而《闽杂记》中则称1更为42里：

① 程顺则：《指南广义》，琉球大学图书馆藏仲原善忠文库本。
② 向达校注：《两种海道针经》之《指南正法·定船行更数》，第113-114页。
③ 《泉州白崎郭氏藏针经抄本》之《弁言》，收入陈佳荣、朱鉴秋执行主编《中国历代海路针经》下册，广东科技出版社，2016，第1096页。
④ 徐葆光：《中山传信录》，收入黄润华、薛英编《国家图书馆藏琉球资料汇编》（中），北京图书馆出版社，2000，第31页。

每一日夜，共十更。然风潮有顺逆，驾驶有迟速，则以一人取木片由船首投海中，即疾行至船尾，木片与人俱到为准，或人行先到，则为不上更，或木片先到则为过更，计所差之尺寸，酌更数之多寡，便知所行远近，并知船到何处矣。以更数陆路里数，每一更该陆路四十二里有零，统计一日夜，船行十更，可得陆路四百二十余里也。①

从流木测速法的实施方式可以看出，用来作为标准速度的数值其实是人们自行选择的结果，所以更的标准值也可以随时调整。40里在木帆船行进的普遍速度区间内，而在印度洋的航海技术中，由于isba的数值改变，航速也相应降低，但依然属于木帆船行驶的普遍航速。《东西洋考》中甚至不再陈述一更为多少里：

> 如欲度道里远近多少，准一昼夜风利所至为十更。约行几更，可到某处。②

综上所述，流木测速法是一种在古代水手间传播的古老技术，计速的方式很灵活，完全由每个领航员自己判断和调整数据。实际上，他们甚至不需要知道一更究竟等于多少里，只要知道在普通的航速下，从某地到某地需要几更时间，就可以根据这种经验判断航速快慢，估算所需的航行时间。从印度洋周边到中南半岛再到中国，航海者使用多种时间计量单位和航速，在不同时代和区域很可能会有不同的对应关系。

那么这种短时段计程法究竟是何时传入中国的？曾随郑和第七次下西洋的巩珍在《西洋番国志·自序》中提到："要在更数起止，计算无差，必达其所。"③这篇序言作于宣德九年（1434年），是有具体纪年可查的最早提到航海中"更"的文献。作于清代早期的琉球航海书《指南广义》中，载有关于洪武三十六姓移民后人所传的用更计程的航线，但因其最终成书年代较晚，出现了成化年间的内容，无法确定每段文字的具体形成与收录时间，因此不能确认文中关于"更"的记载形成于永乐以前。而《顺风相送》序言中写道：

> 永乐元年奉差前往西洋等国开诏，累次较正针路，牵星图样，海屿水势山形图画一本山为微簿。务要取选能谙针深浅更筹，能观牵星山屿，探

---

① 施鸿保：《闽杂记》卷9《更漏筹》，来新夏点校，福建人民出版社，1985，第146页。
② 张燮：《东西洋考》卷9《舟师考》，第170页。
③ 巩珍：《西洋番国志》之《自序》，第5—6页。

打水色浅深之人在船。[1]

关于文中的"永乐元年"，陈佳荣在《〈顺风相送〉作者及完成年代新考》一文中加以考证，认为属"永乐十九年"竖写之误。[2]再结合医士陈常的叙述，可见最早的几条与"更"相关的史料都出现在郑和下西洋时期。[3]文中提到要选取"能谙针深浅更筹"者，可知此前已有人掌握此类技术。中国早期航海文献中有用里计海程者，但只能在近岸处计程，这应是一种根据目测岸上距离，使其与海程作对比的计量法，这种方法一旦到海洋深处便无法继续使用。如宋代《武经总要》中记载："东南海路四百里至屯门山，二十里皆水浅，日可行五十里，计二百里……其西南至大食、佛、师子、天竺诸国不可计程"。[4]回顾"更"这个计量单位及流木测速法在中国古籍中出现的历史，有南北朝文献介绍中南半岛诸国时，提及用物体投入水中以估算船速和路程，从而计算从日南、林邑到典逊、扶南的距离；有郑和下西洋时期《瀛涯胜览》记载占城国一昼夜分为十更的计时方式；有《西洋番国志》序言中第一次有确切年代出现的"更"，有明代航海指南《顺风相送》开篇记录流木计速法和"更"，却不直接写明"更"的数值，而是将其换算成"站"。将这几条线索结合郑和下西洋之后中国航海书中普遍出现的计量单位"更"来看，中国古代航海者很可能正是在前往中南半岛和印度半岛的航路上学到了流木计速法和短时段计程方法，并将这种方法加以本土化，根据中国人熟悉的计时方式，采用"更"作为计量单位。这种技术和计量单位的最初使用可能略早于郑和下西洋时期，但它在中国民间的普及，则在郑和下西洋之后。

---

[1] 向达校注：《两种海道针经》之《顺风相送·序》，第22页。

[2] 陈佳荣：《〈顺风相送〉作者及完成年代新考》，载陈佳荣，朱鉴秋编著《渡海方程辑注》，中西书局，2013，第307–335页。

[3] 《中国科学技术史》中引用刘仁恕的文章，称12世纪初之后，中国航海记载中就明确提到或者暗示了航海单位"更"，但查证后可见原文只是说"无所说明"或者"亦未及此"，没有提到"更"的存在（李约瑟：《中国科学技术史》第4卷第3分册《物理学及相关技术·土木工程与航海技术》，第619页；刘铭恕：《宋代海上通商史杂考》，载宋史座谈会编辑《宋史研究集》第12辑，台湾编译馆中华丛书编审委员会，1980，第363页）。

[4] 曾公亮、丁度等：《武经总要》前集卷21《广南东路》，明万历二十七年金陵富春堂刻本，第16页a–b。

第三节　从航海指南书写方式的变化看郑和下西洋
对中国航海科技的影响

在明代茅元仪所著的《武备志》中，名为《自宝船厂开船从龙江关出水直抵外国诸番图》的图卷后来被简称为《郑和航海图》，其图序中说：

> 明起于东，故文皇帝航海之使不知其几十万里，天实启之，不可强也。当是时，臣为内竖郑和，亦不辱命焉。其图列道里国土，详而不诬，载以昭来世，志武功也。[①]

关于《郑和航海图》的意义和考证，已有许多相关研究，此处不再多加介绍。只看《郑和航海图》及其中文字，与《海道经》中的《海道指南图》，以及此前和之后中国航海书的形态，就可以看出郑和下西洋之后，中国航海科技发生了怎样重要的变化。关于航海书的重要性，正如向达在《两种海道针经》序言中所说：

> 古代航海家往返于汪洋无际波涛山涌的大海中，对于各地路程远近、方向、海上的风云气候、海流、潮汐涨退、各地方的沙线水道、礁石隐现、停泊处所水的深浅以及海底情况，都要熟悉。航海的人要知道路程远近和方向，是不消说的了；还得知道风云气候，不仅台风飓气，就是平常的风暴、风向不对，也足以使海船大大为难。海流、潮汐也很重要，古代谈到台湾落漈，往往为之色变，即是一例。海船抛舡，怕碰上铁板沙、沉礁，也要知道停泊处所是泥底、石底还是石剑，怕走椗或弄断椗索。所以一定要知道水道、沙线、沉礁、泥底、石底、水深水浅等等。诸如此类，这是一本很复杂而又细致的账，掌握不了，就无从在大海中航行。[②]

---

① 茅元仪：《武备志》卷240，第319—329页。
② 向达校注：《两种海道针经》之《序言》，第2页。

而今天所能看到的包括了以上这些内容的航海指南，如明清时期的海道针经、更路簿，主要都是在郑和下西洋之后形成的。对比郑和下西洋前后的航海书，能看到其计量精度有了大幅度进步。实际上，郑和下西洋带来的新技术和新思路，给中国航海科技带来了划时代的变化。

一、郑和下西洋之后中国航海书中计量单位与书写体例的统一

在上一节中，本书分析了流木测速法的传播经过。在郑和下西洋之后，以"更"为计量单位的短时段计程法作为新型的计程技术，迅速传播开来，取代了之前以日计程的方式，并成为明清时期中国民间航海指南的主要形式。在此之前，如南宋赵汝适在《诸蕃志》中记载：

> （从泉州到占城：）顺风舟行二十余程。
> （从泉州到真腊：）顺风月余日可到。
> （凌牙斯加国：）自单马令风帆六昼夜可到。
> （南毗国和故临国：）故临国自南毗舟行，顺风五日可到，泉舶四十余日到蓝里过冬，至次年再发，一月始达。[①]

元代《岛夷志略》与《诸蕃志》没有太大区别：

> （彭湖：）自泉州顺风二昼夜可至。
> （昆仑：）顺风七昼夜可渡。
> （万里石塘：）至西洋或百日之外。
> （甘埋里：）乘风张帆二月可至小唄喃。[②]

保留了元代至明初北洋航线信息的《海道经》记载：

> 望东北行使，见官绿水，一日便见黑绿水。循黑绿水望正北行使，好风两日一夜到黑水洋。好风一日一夜、或两日夜，便见北洋绿水。好风一日一夜，依针正北望，便是显神山。好风半日，便见成山。[③]

---

① 赵汝适著，杨博文校释：《诸蕃志校释》卷上之《占城国》《真腊国》《凌牙斯加国》《南毗国·故临国》，中外交通史籍丛刊，中华书局，2000，第8页、第18页、第45页、第68页。
② 汪大渊原著，苏继顾校释：《岛夷志略校释》之《彭湖》《昆仑》《万里石塘》《甘埋里》，第13页、第218页、第318页、第364页。
③ 佚名：《海道经》之《海道》，第189页。

随郑和下西洋的马欢所作《瀛涯胜览》中，基本还保留着《岛夷志略》的写法，同样是以日、月计量路程，但也出现了对航行方位的描述。例如在《阿丹国》的记录中写道：

> 自古里国开船投正西兑位，好风行一月可到。①

由此可见，在下西洋之前，甚至是在下西洋的过程中，中国航海文献中关于方位、路程和水深的记载，还处于计量单位各异的局面。巩珍《西洋番国志》中第一次出现了确切的以更作为计量单位的线索，而在《郑和航海图》之后，中国航海书中的计量单位几乎全面统一，形成了以方位、路程、水深和星高四种定量数据为核心内容的编写体例。其中方位使用以一部分天干、地支和八卦称谓命名的罗盘针位，路程使用更数，水深主要使用以"托"为单位记录的铅锤计量，并辅以丈、尺计量的长竿测深；而在印度洋周边使用牵星术测星高时则使用"指"和"角"。如《郑和航海图》记载：

> 用乙辰针，三更，船出洪，打水丈六七，正路见。
>
> 茶山在东北边过，用巽已针，四更，船见大小七山，打水六七托。
>
> 在华盖星五指内去，到北辰星四指，坐斗上山势，坐癸丑针，六十五更，船收葛儿得风，哈甫儿雨。②
>
> （《顺风相送》之古里往阿丹回针：）开船，用艮寅沿山使三十更平乃加泥。甲寅三十更平法塔喇山嘴，看北斗五指半、灯笼星十指，单卯廿五更平莽角双儿，水四十托。乙辰、辰巽十五更平希星屿，巽巳五更取白礁，单巳五更取古里也。③

从统一计量单位和形成编写体例的意义上来说，《郑和航海图》是一部具有转折意义的文献，在这一过程中，大量民间海员参与下西洋事业，对新技术的传播和普及起到了重要作用。巩珍在作于宣德九年（1434年）的《西洋番国志·自序》中写道：

> 始则预行福建、广、浙，选取驾船民梢中有经惯下海者称为火长，用作船师。乃以针经图式付与领执，专一料理。④

---

① 马欢著，冯承钧校注：《瀛涯胜览校注》之《阿丹国》，第55页。
② 茅元仪：《武备志》卷240，第321页、第328页。
③ 向达校注：《两种海道针经》之《顺风相送·古里往阿丹回针》，第80页。
④ 巩珍：《西洋番国志》之《自序》，第6页。

出此可见，郑和下西洋时从福建、广东、浙江抽调了富有经验的民间领航员加入船队，他们执掌航行时依据的针经，应该还承担校正数据的职责。如《顺风相送》序言中也提到下西洋船队需要做的技术工作：

> 累次较正针路，牵星图样，海屿水势山形图画一本山为微簿。务要取选能谙针深浅更筹，能观牵星山屿，探打水色浅深之人在船。[1]

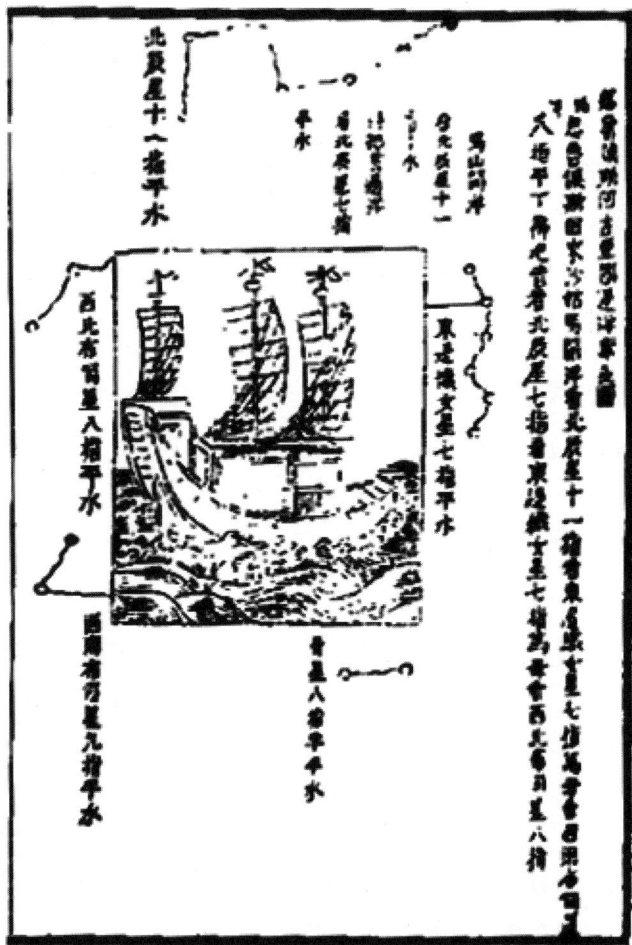

图3-18　《郑和航海图》之《忽鲁谟斯回古里国过洋牵星图》[2]

现有研究一般认为《郑和航海图》是第六次下西洋之后集体创作而成。因为郑和下西洋本身就有校正针路和牵星图、画出航海图的任务，闽、广、浙各地调集来

---

① 向达校注：《两种海道针经》之《顺风相送·序》，第22页。
② 茅元仪：《武备志》卷240，第330页。

的伙长们也应具备熟悉针路、观测星辰、探测水深等技能。从《明太宗实录》中可以看到，在郑和第一、第三次下西洋中发生的旧港擒贼、锡兰山国之战，以及张谦出使西洋归来时发生的金乡御倭寇三次战斗后，战功赏赐条例里都出现了"番火长"这一名词，也就是外国领航员，在论功行赏时，他们获得的奖励比中国本土领航员更高：

> （永乐五年九月，）赏使西洋官军旧港擒贼有功者……医士、番火长钞五十锭、彩币一表里。①

这是郑和首次下西洋归来时的记录，可见从第一次下西洋开始，郑和船队里就已经开始配置有经验的外国领航员。

> （永乐九年八月）礼部、兵部奏议下西洋官军锡兰山战功升赏例……御医并番火长钞八十锭、彩币一表里、绵布一匹。②

> （永乐十五年六月，）谦等奉命使西洋诸番还，至浙江金乡卫海上，猝遇倭寇。时官军在船者才百六十余人，贼可四千，鏖战二十余合，大败贼徒，杀死无算，余众遁去。上闻而嘉之，赐敕奖劳官军升赏有差……御医番火长钞六十锭、彩币一表里。③

明嘉靖二年刘序所作西安《重修清净寺记》里，还有郑和寻找通事，即翻译的记录：

> 永乐十一年四月，太监郑和奉敕差往西域天方国，道出陕西，求所以通译国语可佐信使者，乃得本寺掌教哈三焉。④

由此来看，郑和下西洋是一次对当时中外航海技术的主动全面借鉴、整理与普及行动。《郑和航海图》在保留中国传统航海技术的基础上，融合了西太平洋和印度洋周边的航海技术和计量单位，而参与下西洋的闽、广、浙各地船员们在船队中

---

① 《明太宗实录》卷71，永乐五年九月己卯，第998-999页。
② 《明太宗实录》卷118，永乐九年八月甲寅，第1499-1500页。
③ 《明太宗实录》卷190，永乐十五年六月己亥，第2013页。
④ 刘序：《重修清净寺记》，收入乌志鸿《西安清真寺古碑选注》，宁夏人民出版社，2011，第15页。

相互交流，与外国领航员共同工作，借鉴域外航海技术并加以本土化，形成航海针经的统一书写体例，之后又将这些新技术和针经范本带回民间。下西洋活动代表着来自朝堂的权威影响力，航海数据也经过实地航行校正，如两种民间传抄的海道针经开头关于郑和船队校正航海数据的说明，虽然只是民间流传的故事，却也可以作为参考。

泉州白崎郭氏藏针经抄本《乘舟必览》开头写道：

> （下西洋船队）往东、西式洋等处开输系政，牵星图样，山屿海岛，及水势深浅，日夜研究，以为往来之径，不致有误也。①

《指南广义》卷首《传授航海针法本末考》写道：

> （下西洋船队）前往东西二洋等处，开谕各国，续因纳贡累累，恐往返海上，针路不定，致有差错。乃广询博采，凡关系过洋要诀，一一开载，以作舟师准绳。②

《指南广义》中记载的"纳贡累累"是很值得注意的信息，此前第二章第一节中已经提到，郑和下西洋的主要任务之一是为宫廷采买贵重物品，这就对船队航行的安全和精确程度提出了更高要求，以保证船上的珍贵货物能顺利运回国内。因此领航员们必须对航行数据做更精确的校正，这也使得相关数据受到民间航海者信赖，其书写模式也得以流传、普及。于是在《郑和航海图》之后，"更"成为定量航海的基本单位，中国航海工具书的编写方式也固定下来，形成了明清时期以针位、更、托为计量单位的航海指南，如《顺风相送》等一些航海书中还保留了印度洋海域使用牵星法的计量单位"指"和"角"。每位中国民间航海者都拥有至少一种类似的工具书，这成为明清时期航海事业赖以存在的技术基础。

二、从《山东海疆图记》看航海针经的南北差异

在明清时期的各种航海指南中，记载山东沿海航线的《山东海疆图记》③显得与众不同。从记述特点来看，它应与《海道经》有承袭关系，与《郑和航海图》《顺风相送》《指南正法》等海路针经在计量单位上有明显区别，应是属于北洋航

---

① 《泉州白崎郭氏藏针经抄本》之《弁言》，第1097页。
② 程顺则：《指南广义》，琉球大学图书馆藏仲原善忠文库本。
③ 《中国历代海路针经》中对此有简介，并称其为《黄中海程》。见陈佳荣、朱鉴秋执行主编：《中国历代海路针经》下册，第1091-1092页。

线的另一种写作传统。现将其与年代相近的《指南正法》对比如下：

> （《山东海疆图记》：）自刘家汪口开船，若值正东风，向东方乙辰约行六十里到龙门港，其山峻削，玲珑巨石，底水深数丈。向南巳丙约行三十里，左望之罘岛，右循海岸，进八角海口，水深四丈余，细沙底。复向西北近岸湾泊，计程九十里。[1]

> （《指南正法·暹罗往日本针》：）出浅，用单庚取望高西打水七八托。用单巳三更取乌头浅外过。单巳五更取陈公屿。丙午五更取笔架。巽巳及单巳二十五更取小横门，中有沉礁，南边过。[2]

可以看出，《山东海疆图记》里记载的计量单位与南洋航线上的航海指南有明显差异，《指南正法》只用罗盘干支针位，而《山东海疆图记》里还加上了方向，即"东方乙辰""南巳丙"一类。《指南正法》只用更数记录航行路程，而《山东海疆图记》全部换算成里数。《指南正法》打水用托，偶尔用丈、尺，《山东海疆图记》只用丈和尺。这样看来，它依然保留着《海道经》时的一些书写传统，在方位、路程和水深三个方面都明显区别于南洋航线的各种航海指南。

然而《山东海疆图记》与《海道经》相比，其中的变化明显可见：

> （《海道经》：）刘岛开洋，望东挑北一字转成山嘴，望正南行使，好风一日一夜见绿水，好风一日一夜见黑水，好风一日一夜便见南洋绿水，好风两日一夜见白水。望南挑西一字行驶，好风一日，点竿累戳二丈，渐渐减作一丈五尺。水下有乱泥，约一二尺深，便是长滩。渐渐挑西，收洪。如水竿戳着硬沙，不是长沙地面，即便复回，望大东行使。[3]

> （《山东海疆图记》：）自养马岛开船，若值西南风，向西北乾戌出口转东北艮寅，约行二十里，向正东卯字约行一百十里，过咬牙嘴。此处众流迸集，水势湍急，岸旁有杵岛，水道稍险。又向东南巽巳约行二十里，水深六丈，黑泥底，将进刘公岛，北口有二巨石当流，行舟宜避之。

---

① 《山东海疆图记》卷3《地利部·道里志》，北京图书馆古籍珍本丛刊，书目文献出版社，1996，史部第22册第159页。
② 向达校注：《两种海道针经》之《指南正法·暹罗往日本针》，第174页。
③ 佚名：《海道经》之《海道》，第190-191页。

向正南丙午约行十里，至岛下，往南湾泊，计程一百六十里。[①]

《海道经》中只有方向而没有干支针位，《山东海疆图记》却在方向之外又加上了干支针位信息。《海道经》中计量路程的方式是昼夜，《山东海疆图记》中却是以里计程。《海道经》中测水方式是水竿，也没有记录海底泥沙状况，《山东海疆图记》里虽然没有提使用了何种测水工具，却提到海底情况，看来很可能也已经使用了铅锤。如果对比北宋的两种文献《宣和奉使高丽图经》，可知铅锤测深法早已在北洋航线上使用，现在将其写入航海指南也属正常。北宋《文昌杂录》中关于铅锤的计量单位是"深及三十托已上"，《萍洲可谈》和《梦粱录》就分别是"十丈绳"和"约有七十余丈"，清代《台海使槎录》中也是"绳六、七十丈"。不过这种写法只是习惯不同，不需要多少技术含量，所以较为便宜。

由此可见，虽然记述方式和计量单位不同，但北洋航线上的航海技术同样发生了改变，而在体例上依然与南洋航线诸针经不同。这种差异有可能是《西洋番国志·自序》中提到的从"福建、广、浙，选取驾船民梢中有经惯下海者称为火长，用作船师"[②]造成的。中国有漫长的海岸线，下西洋的船队选取的是走南洋航线的浙江、福建、广东三省伙长，但南直隶以北地区，即位于今江苏、山东等地的民间航海者，却没有被选入下西洋船队。这应当是由于他们以前行船都在北洋航线上，其经验无法对下西洋提供借鉴，所以没有参与其中。而北洋航线自《海道经》以来的航海针经书写习惯继续流传，并因浙江、福建、广东各地海船也要向北方航行，其航海技术和针经书写方式也影响到北方航海者，所以《山东海疆图记》这类北方针经很可能是在保留原有特点的基础上，又叠加了南方针经的称谓，从而形成今天看到的情形。例如在《顺风相送》《指南正法》中均有《定太阳出没歌》，文字出入不大。如《顺风相送·定太阳出没歌》：

正九出乙没庚方；二八出兔没鸡场；三七出甲从辛没；四六生寅没犬藏；五月出艮归乾上；仲冬出巽没方坤；唯有十月十二月，出辰入申仔细详。[③]

---

① 《山东海疆图记》卷3《地利部·道里志》，第159页。
② 巩珍：《西洋番国志》之《自序》，第6页。
③ 向达校注：《两种海道针经》之《顺风相送·定太阳出没歌》，第30页。

在《山东海疆图志》中也有一幅《太阳出入图》，与其文字非常相似，由此可以看到沿海各地船员交流航海经验的成果。

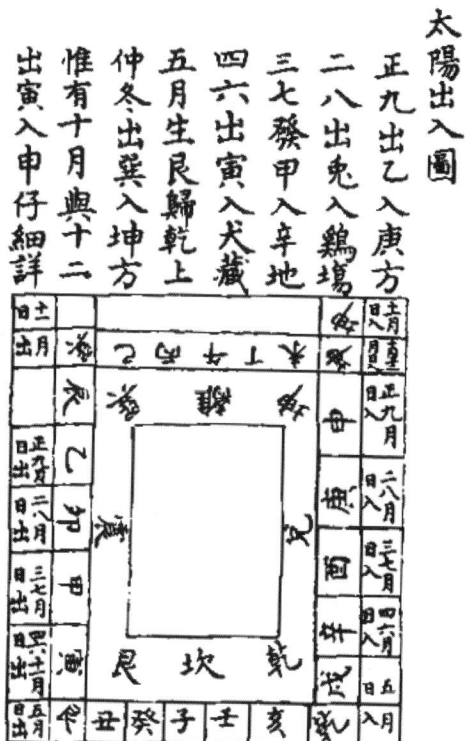

图3-19　《山东海疆图志》之《太阳出入图》[1]

三、郑和下西洋为中国航海科技带来的进步

在后世中国航海者的民间针经和传说中，屡见提及郑和下西洋给中国古代航海技术带来的变化，如闽台一带就有传说称："凡更就顺风而言。若风静、风逆，则因风之迟速折之。其法皆本于郑和云。"[2]又如清代《台海使槎录》中记载木片测速技术时写道：

> 舟子各洋皆有秘本，云系明王三保所遗；余借录，名曰"洋更"。[3]

文献中记录这些传说的时间距离郑和下西洋的时代已经过去了几个世纪，不能

---

① 《山东海疆图记》卷4《天时部·太阳出入图》，第178页。
② 林树梅：《啸云诗文抄》卷10《海道说》，陈国强校注，厦门大学出版社，2013，第138页。
③ 黄叔璥：《台海使槎录》卷1《赤嵌笔谈·海船》，第17页。

排除所谓郑和、王景弘传下计更法的故事只是一种传闻。但如果考虑到在郑和下西洋前后，中国航海技术出现的巨大变化，则会对这些民间传说更多一种理解，因为的确是郑和下西洋的船队为中国民间航海者带来了更多航海技术。

这种新技术普及的速度是罕见的，对比之前铅锤测深和记录罗盘方位的方法，更能看到其远超前代，异常快速推广的情形。如本章第二节中所述，中国最迟在宋代已经引入了测量水深的铅锤，并用"托"作为计量单位，但在保存了元代和明初北洋航线航海技术的《海道经》中，却依然采用长竿测量水深，以丈、尺作为计量单位，还出现了"寻"[①]。南宋赵汝适的《诸蕃志》中提到位于今爪哇岛的阇婆国"于泉州为丙巳方"[②]，这已经是在用指南针方位盘形容其位置。元代周达观所作《真腊风土记》是第一部出现了具体针路信息的著作，其中记载：

> 自温州开洋，行丁未针。历闽、广海外诸州港口……又自真蒲行坤申
> 针，过昆仑洋，入港。[③]

然而在《海道经》中，记载针位的方式却是"望南挑西一字行驶"，并没有出现方位盘上具体的干支卦类方位名称。这与一些国外航海文献记录的方式类似，例如在16世纪中期成书的古代阿拉伯航海文献《海洋》中，对印度东海岸一段航路上方位、路程和水深的记载是：

> 向西——四分之一南的方向行驶两扎姆的时间（每扎姆相当于三个小
> 时），水深探测器中就会逐渐指到六、七、八寻之深。[④]

而在《哥伦布航海日记》中，也有类似的表达方式：

> 一四九二年八月三日……转航西南，再后转向南偏西南一罗经点，朝
> 加纳利群岛驶去。[⑤]

相较而言，在对罗盘足够熟悉的情况下，用部分干、支、卦分别给24个方位命名，确实是一种更简洁的方式。《真腊风土记》和《海道经》的差异说明从元代到明初，中国各地航海者测录方位的方法并不统一，这可能是由地域差异造成的，体

[①] 佚名：《海道经》之《海道》，第196页："黑水洋深，接缴数寻。"
[②] 赵汝适著，杨博文校释：《诸蕃志校释》卷上《阇婆国》，第54页。
[③] 周达观著，夏鼐校注：《真腊风土记校注》之《总叙》，第15页。
[④] 费琅编：《阿拉伯波斯突厥人东方文献辑注》（下），第555页。
[⑤] 孙家堃译：《哥伦布航海日记》，上海外语教育出版社，1987，第9页。

现了中国各地航海技术各异的情形，也从侧面说明了在传统社会的通讯与交通条件下，技术传播与普及相对较慢的情形。

用"更"作为短时段计程单位和以流木测速方式表现的行船更数法，最初很可能是由中国民间航海者在和外界的交流中，逐渐形成相似技术。而其最终形态，则很可能是由郑和船队借鉴先前的中国民间经验和印度洋上的航海技术，并加以本土化之后形成的。在中国沿海的具体地理环境中，这种更精确的技术可以有效规避岛礁区风险。例如《顺风相送·福建往交趾针路》记载：

> 五虎门开船……用单乙针三更船取浯屿，用丁午针一更坤未针取乌坵山，坤申七更船平太武山。[1]

如果没有更，浯屿和乌坵山的位置就不容易表示清楚。又如福建往暹罗针路中，如果没有更，从牛屿到乌坵山之间连续转换航向的航行方法也不容易陈述清楚：

> 五虎门开船……三更船平牛屿，用丁午针，一更坤未，二更坤申，一更平乌坵山，用坤申针七更，船平太武山，远过用单申针四更。[2]

在对郑和下西洋及其之后的历史评价中，对于下西洋的价值和意义，常有不同见解，本书不再多做介绍。但从航海科技史的角度来看，郑和下西洋所带来的新技术是一次巨大的进步，这些新技术并没有被束之高阁，而是随着船队中的各地航海者一起回到民间，在明朝沿海各地广泛流传，大幅度提高了木帆船时代中国航海技术的精确度和安全性能。在此后几个世纪里，无数中国航海者的生命和财产因此得以保全，许多海岛得以进一步开发与命名，这种价值是无法用数字来衡量的。

但同时也要看到，新的航海指南并没有记录新技术背后的科学原理，印度洋上使用的短时段计程法和牵星法依据的纬度计算，实际上与其地球理论相关。如9世纪阿拉伯地理书《道里邦国志》中通篇使用短时段计程单位法尔萨赫（表示每小时约6公里的行程）记录陆路与海路，如"从栓府至中国的第一个港口鲁金（Luqin），陆路、海路皆为100法尔萨赫"[3]，按照书中解释，"赤道是地球的周长，将等分成360经度。每度等于25法尔萨赫（Farsakh）……赤道全长为9000法尔

---

[1] 向达校注：《两种海道针经》之《顺风相送·福建往交趾针路》，第49页。
[2] 向达校注：《两种海道针经》之《顺风相送·福建往暹罗针路》，第51页。
[3] 伊本·胡尔达兹比赫：《道里邦国志》，宋岘译注，中华书局，1991，第71页。

萨赫"①。由于当时中国人对世界的普遍认知与此不同，相应的天文、地理、数学知识与域外理论之间也存在很大差异，所以船队里的中国伙长们即使接触了这些原理，恐怕也不能认同并加以传播。因此明代航海针经中保留下的只是终端实用技术，而不涉及其原理，使得这些方法长期停留在初级阶段，未能像16世纪的欧洲航海者一样，依据相关理论发展出更精确的航海技术。

但无论如何，对《郑和航海图》的整理和相关技术与数据的传播，对中国航海者而言都是一次明显的进步。又因《郑和航海图》的性质在某种意义上属于呈交给朝廷的出使报告，这就促使其内容进一步向细致和规范化方向发展，影响了海道针经的书写体例，并形成了此后五百多年间中国风帆时代航海指南的基本体例。此后中国民间航海者在此基础上进一步开拓发展，细化填充各地针经细节，形成《顺风相送》《渡海方程》《更路簿》等大量民间航海指南，为明清两代中国航海事业的发展与海洋资源的开发做出了重大贡献。

郑和船队在航海技术上取得的明显进步，体现了一种制度上的优势。这是一次由明朝最高决策层主动调集各方面资源，向外学习技术的成功尝试。在下西洋过程中，中外航海者有效合作，将域外技术加以吸收与重塑，从而大幅度提高中国航海技术的精确度，使其达到世界最先进水平。在此过程中，外来技术或被阐释为中国传统词汇，或被转换成中国计量方法，从而使它们成为众多普通中国航海者可以理解并习惯使用的技术。而《郑和航海图》在融入外来技术因素之后，依然沿袭了中国传统地图的绘制方法，体现了当时人们的天下观与地理意识，并呈现出中国传统文化特有的艺术表现力和审美观。作为路程最远、规模最大、持续时间最长的出使活动，郑和下西洋在中国航海科技中起到的作用至关重要。在郑和之前，应当已经有中国航海者接触到短时段计程法和过洋牵星术，但从铅锤测深和罗盘干支方位这两种航海技术的传播情况就可以看出，零散个体的传承很难达到知识全面流传的效果，只有通过郑和下西洋这样规格极高、声势浩大的航行，中外海员集体整理航行资料的活动，才能收到短期内知识广泛普及的成效。郑和下西洋为中国古代航海指南带来了巨大变化，统一的计量单位取代了原本形式各异的记录方式，中国民间航海在方位、航程、水深、星高四个方面同时进入更加精确的定量航海阶段。而郑和、王景弘等人的功绩之所以被后世航海者传颂，也是因为他们率领的船队为中国航海技术带来的巨大贡献。

---

① 伊本·胡尔达兹比赫：《道里邦国志》，第1—2页。

第四章

下西洋航路上的航行风险与应对技术

在郑和下西洋的七次远航中，应当有许多次面对风险，解决险情的经历，然而随行者所著的《瀛涯胜览》《星槎胜览》《西洋番国志》等书，记述视角与中国传统地方志类似，更注重记载异国风土人情，而对航海经历和技术的记录相对较少，给相关具体研究带来了缺憾。实际上，这也是中国古代航海文献中普遍存在的问题。中国海洋活动历史悠久，但早期留下的翔实航海记录却相对较少，究其原因，除保存和流传因素之外，更大的可能是古代出海者多为渔民和商贾，他们对海洋生活司空见惯，不具备保留航海心得的条件和意识，因此他们的经验只能保留在一些同时代的侧面记录和后世传说中。宋代以后各种传世文献增加，但这类记录依然有限，因此留存至今的多为明清时期的海道针经一类的实用工具书，而对于某次航行中的动态细节记载却相对较少。

具有个人体验性质的航海记录常保留在具有一定文化水平、著述意识和文献保存习惯的作者群中，例如早期航海前往印度求经的僧人们，《法显传》和《大唐西域求法高僧传》等文献中保留了一些古代航海经历；又如宋代出使高丽和明清出使琉球的使臣及随行者们所做的各种记录中，常对航海体验详加记载。这大概是由于作者们多为科举制下的文官，有较强的文字著述习惯和写作能力，而且此前一般都没有海上经历，因此对首次出航感受较为深刻。又因他们需要向朝廷汇报、与同僚交流，因此有意记录，保留了翔实的文字记载。世界其他国家的航海者们也留下了一些关于木帆船航海技术的记载，尤其是在西太平洋和印度洋海域对各种环境和风险的应对方式里，都可以看到动态的航海技术。其实古代航海者们遇到的问题也是郑和船队会遇到的问题，有些是航路相同，有些是年代相近，有些是船型类似，他们的应对技术都可以与郑和下西洋相关记载中提到的细节做对比，从而分析郑和船队在相似条件下可能遇到的航行风险，以及可能采用的技术对策。

第一节　顺风、候风与险风：风帆时代的航行动力和应急对策

一、"北风航海南风回"与顺风航行状态

古代木帆船航海时，主要借助风力推动帆船前进，能遇到一路顺风是最理想的状态，也是航海者的心愿，明代航海指南《顺风相送》就因此得名，在一些海船尾部，还会直接写上"顺风相送"四字。郑和在其第七次出航前所立的娄东刘家港天妃宫石刻《通番事迹记》中记载的下西洋时的情形，正是一种顺风航行的状态：

> 和等自永乐初奉使诸番，今经七次。每次统领官兵数万人，海船百余艘，自太仓开洋，由占城国、暹罗国、爪哇国、柯枝国、古里国抵于西域忽鲁谟斯等三十余国，涉沧溟十万余里。观夫鲸波接天，浩浩无涯，或烟雾之溟濛，或风浪之崔嵬。海洋之状，变态无时，而我之云帆高张，昼夜星驰。[①]

正因有顺风，才得以"云帆高张，昼夜星驰"，如果没有顺风，就会大大延长航行时间，如明代出使琉球的胡靖总结说：

> 一开帆则昼夜乘风破浪，利不得泊，凭指南针向为准，风顺数日可到，否则数月不能。[②]

古人早已利用季风航行，如南宋泉州知州王十朋的诗句"北风航海南风回"[③]就是一句著名的概括，《蒲寿庚考》里总结当时中国南海上的航船："不论中船外船，航行必藉顺风。大约自南海来华，多在旧历四月末至五六月西南风起之际。十

---

① 郑鹤声：《娄东刘家港天妃宫石刻"通番事迹记"》，第97-99页。
② 胡靖：《琉球记》，第262页。
③ 王十朋：《梅溪集》之《梅溪后集》卷20《提舶生日》，影印文渊阁四库全书，台湾商务印书馆，1986，集部第1151册第513页。

月末至十二月东北风发时，则自华出海。"①元人方回描写冬天海船出航的景象是"泉州出门七州洋，飞樯舞帆朔风吼"②。郑和船队每次都是冬季出海，正是为了借北来的顺风，助船队在南洋航线航行。

郑和下西洋离开中南半岛的占城等国后，下一个到达的是更南方的爪哇国，这是为了借北风径直南下，待转为东南风时，再转向西行。③而在返回时，各路船只都要齐聚马六甲海峡的满刺加国：

> 去各国船只回到此处取齐，打整番货，装载船内，等候南风正顺，于五月中旬开洋回还。④

如第三章中所说，古人记录航程，是以顺风时的日程为衡量距离的标准，《瀛涯胜览》里记载下西洋船队航行的路线，也是以"好风"为准：

> 占城国：自福建福州府长乐县五虎门开船，往西南行，好风十日可到。
>
> 满刺加国：自占城向正南，好风船行八日到龙牙门。入门往西行，二日可到。
>
> 苏门答刺国：其处乃西洋之总路，宝船自满刺加国向西南，好风五昼夜……系船，往东南十余里可到。
>
> 榜葛刺国：自苏门答刺国开船，取帽山并翠蓝岛，投西北上，好风行二十日，先到浙地港。
>
> 忽鲁谟厮国：自古里国开船投西北，好风行二十五日可到。⑤

在海上遇顺风时，可以多张一些帆，这些帆在宋代叫作野狐帆：

> 大樯高十丈，头樯高八丈，风正则张布帆五十幅，稍偏则用利篷，左右翼张，以便风势。大樯之巅，更加小帆十幅，谓之野狐帆，风息则用之。然风有八面，唯当头不可行。其立竿以鸟羽候风所向，谓之五两，大

---

① 桑原骘藏著，陈裕菁译订：《蒲寿庚考》，日本学者中国史研究丛刊，中华书局，2009，第37页。

② 方回：《桐江续集》卷26《为张都目益题爪哇王后将相图》，影印文渊阁四库全书，台湾商务印书馆，1986，第1193册第561页。

③ 可参考葛云健、张忍顺：《郑和下西洋对季风洋流的认识和利用》，《中国航海》2005年第1期，第14—18页。

④ 马欢著，冯承钧校注：《瀛涯胜览校注》之《满刺加国》，第25页。

⑤ 马欢著，冯承钧校注：《瀛涯胜览校注》之《占城国》《满刺加国》《苏门答腊国》《榜葛刺国》《忽鲁谟斯国》，第1页、第22页、第27页、第59页、第63页。

抵难得正风，故布帆之用，不若利篷翕张之能顺人意也。[①]

桅杆顶处的"五两"是用来测风向的装置，唐代敦煌曲子词里就有"五两竿头风欲平，张帆举棹觉船行"[②]的句子。在敦煌莫高窟盛唐第45窟的大海船壁画中，桅杆顶上就有作为"五两"的羽毛形象出现，而桅杆上的五级挂帆扣也被认为是当时海船上真实的细节。

图4-1　敦煌莫高窟壁画中唐代海船桅杆顶上的"五两"与挂帆扣[③]

---

① 徐兢：《宣和奉使高丽图经》卷34《客舟》，第892页。

② 关于其名究竟为《浪涛沙》还是《浣溪沙》尚有争议，可参考张长彬、伍三土：《敦煌曲子辞调名上的三宗"错"——兼论处理敦煌曲子辞文献中错讹与疑点的态度和方法》，载上海戏剧学院曲学研究中心，叶长海主编《曲学》第3卷，上海古籍出版社，2015，第97-107页。

③ 敦煌研究院主编，马德本卷主编：《敦煌石窟全集·26·交通画卷》，上海人民出版社，2001，第117页。关于敦煌壁画中舟船形象的研究，除参考这部画册的第75-122页之外，还可参考王进玉《敦煌文物与舟船研究》（《敦煌学专题研究丛书·敦煌学和科技史》，甘肃教育出版社，2011，第468-488页）；马德《敦煌壁画交通工具史料述论（下）》（《敦煌研究》1995年第3期，第131-136页）。

到明清时期，这类布帆又叫作"头巾顶"和"插花篷"，实际也就是篷头布帆与篷侧布帆。当顺风时，将篷头和篷侧布帆一同挂起，充分借助风力全速前进。如清代出使琉球的李鼎元对此注解道：

> 挂起头巾挂插花（篷头布帆曰头巾顶，篷侧布帆曰插花篷），辘轳声急布帆斜（帆皆以辘轳举之）。[①]

对于风和航行的关系，李鼎元总结说："海上行舟，风小固不能驶，风过大亦不能驶。风大则浪大，浪大力能壅船，进尺仍退二寸。惟风七分、浪五分，最宜驾驶。"[②]如遇到海上多礁石地带，为保证安全，不能张满帆前

图4-2 《中山传信录》里的封舟图（可看到大篷、头巾顶和插花）[③]

---

① 李鼎元：《师竹斋集》卷12《航海词二十首》，第190页。
② 李鼎元：《使琉球记》卷3，第73—74页。
③ 转引自王冠倬：《中国古船图谱》（修订版），生活·读书·新知三联书店，2011，彩版第17页。

进，只能将篷头布帆和篷侧布帆落下，仅留大篷（主帆），使船在原处飘荡：

> 球人以姑米多礁，黑夜不敢进，待明而行。亦不下碇，但将篷收回，顺风而立，则舟荡漾而不能进退。初使风时各篷皆加插花裤，大篷更加头巾顶，皆以布为之，插花附于篷侧，头巾附于桅梢。至此尽落之，惟大篷不落。①

二、无风状态下的候风与海上拖船

当海上没有风时，人们可以使用小船划桨，拖曳大帆船前进。苏继庼在《岛夷志略校释·叙论》中说："盖我国大海船每有小船相伴，大船遭风失事时，小船可充救生船。无风时，小船乃前行，藉摇橹以拖大船前进。"②《顺风相送·吕宋往文莱》中也有"无风摇橹二日三夜"③的记载。《马可波罗游记》中也曾记载过这种情形：

> （吨位较小的船舶）同样需要用桨或长桨来推动。每一只桨，需要四个人操作。吨位较大的船，航行时有两三艘三桅帆船陪行，约莫能容纳一千筐胡椒。船上配备水手六十、八十或一百人。这些小船常常用桨摇动以便牵引大船。如果风从两旁吹来，即使大船扬起风帆，小船还必须负责牵引；不过当风从后面吹来的时候，大船的风帆挡住了小船的风，才不必靠小船来牵引。大船为了抛锚，捕鱼和其它多样性用途，也附带着十来只小船。这些小船悬挂在船舷两旁，需要使用时才放到水面。那些吨位较小的船，也同样配备有小船。④

从文中可以看出，当时的大型帆船附带的小船有两种，一种是三桅帆船，数量是两三艘，用来划桨拖大帆船前进；另一种是悬挂在船舷两侧的小船，数量是十来只，功能是抛锚、捕鱼和其他事务。这两种船的规格不同，用来拖船的三桅帆船能容纳一千筐胡椒，能配备六十、八十甚至一百名水手，体积明显要大得多。两者随行大船的方式也不同，三桅帆船自行配备水手，陪行大船一起前进，有时需要拖动大船。而另外十余只小船只是挂在船舷上，需要使用的时候才放下水，并不是用来作拖船使用。

---

① 李鼎元：《使琉球记》卷3，第72–73页。
② 汪大渊著，苏继庼校：《岛夷志略校释》之《叙论》，第3页。
③ 向达校注：《两种海道针经》之《顺风相送·吕宋往文莱》，第90页。
④ 马可·波罗口述，鲁思梯谦笔录：《马可波罗游记》，第198页。

《伊本·白图泰游记》中也记述过类似的情形：

> 三十四天后，我们的船驶入了卡希尔海，即平静之洋。水呈红色，据
> 说这是因为周围是红土壤的缘故。海上没有风，海面不起浪，尽管水面是
> 那样的辽阔，可是海上连一个涟漪也不起。
>
> 为此，航行在这里的大船要靠小船拖，一般大型中国艟船，要三艘小
> 船在前面划着拖行。尽管如此，艟船上还要荡桨。每艘艟船上约有二十把
> 大桨，一把把大得像桅杆一般，每把桨得有三十个人左右一齐划。但桨极
> 大，不便把握，所以在桨上挂着两根粗大的鸡腿般的绳子以便拉牵，船夫
> 们面对面站成两排，一排先拉着绳子划一下，然后放开，另一排接过绳子
> 拉着再划一下，然后放开，就这样互相交替划桨。
>
> 他们一边拉一边喊着号子，声音嘹亮，激动人心。在他们的歌声中常
> 常重复的字是"拉呀拉……拉呀拉。"
>
> 我们在这风平浪静的海面上航行了三十七天。水手们对于能在三十七
> 天就划完这段路程很欣慰。一般说，他们要划五十天，起码要划四十天，
> 这已是最快的了。[①]

伊本·白图泰描述的情形与马可·波罗的记载很相似，都是三艘小船拖一艘大
型帆船前进，只是马可·波罗重点记述小船的容量和水手数，而伊本·白图泰记述
的则是大船的情况。这种大船上有20把大桨，每只桨需要30个人划动，可见大船
上单是水手就需要600人。在马可·波罗的记载中，并没有提到大船本身也需要划
桨，但在伊本·白图泰的这段记载中，却可以看到即使有小船拖动，大船本身的桨
力依然是推动大船前进的主要动力。关于这些用来拖行的小船，伊本·白图泰在游
记的其他篇章中有这样的描述：

> 每一艘大船后面都跟随有三艘小船：其中一艘的大小相当于大船的二
> 分之一，另一艘相当于三分之一，还有一艘相当于四分之一。[②]

这种用小船拖曳大船的现象并非中国独有，而是古代航海者通行的做法，如

---

① 伊本·白图泰口述，伊本·朱甾笔录：《异境奇观：伊本·白图泰游记（全译本）》，第533
页。
② 伊本·白图泰口述，伊本·朱甾笔录：《异境奇观：伊本·白图泰游记（全译本）》，第487
页。

《古代和中世纪早期印度洋上的阿拉伯航海》一书中曾记录类似事件，但并不是在无风时使用，而是在海上遇到风浪时，船舶只能丢弃桅杆以减轻重量，后来无法再使用风帆动力，只能用人划桨拖船前进：

> 在大船的甲板上有一些小船，按照Buzurg的记载，它们分为两种类型，即qarib和dunij。大一些的叫做qarib，有一次它承载了15人，而dunij只载了4人；qarib最多可以载33个人。它被用来做救生艇。有一次记载称它被用来划桨拖动大船，因为当时大船的桅杆在遇险时被丢弃了，也没有其他的方法来推进。Dunij被用来做摆渡船或者救生船，在紧急情况下也可以装上桅杆和帆。阿拉伯人一直有带着小船准备出售的惯例。①

这里提到的Buzurg应该是《印度珍异记》的作者。文中提到的阿拉伯船比中国船小，承载人数也更少，小船一般放在甲板上，并非与大船同行的独立船只，只有船舶在海上遇险，桅杆被丢弃，再无其他动力之后，才靠小船划桨拖动。在暴风中丢弃桅杆是印度洋上海船的常见做法，《伊本·白图泰游记》中曾记载了两次在海上遇到暴风时，丢弃桅杆的事件：

> （从马尔代夫出发）行至途中，突然狂风大作，海浪涛天，一片恐怖景象。他们便把随身携带的东西全丢进了大海，甚至连干粮、淡水、船桅或皮水袋也都掷进了大海。十六天中，他们没有帆、没有舵，寸步难行。一路上他们忍饥挨饿，历尽千辛万苦，最后总算摆脱了厄运，漂流到了锡兰岛。②

这段记载中的人们最后靠漂流脱离了险境。而在另一段记载中，航船在丢弃桅杆后，水手们准备用甲板制造四只小船：

> 我们的航船朝着麦阿白尔国方向前进。此时，风急浪高，海水几乎灌进我们的座舱。我们的船长不熟悉这一带海域的情况，任船儿在风浪中颠簸、摇晃，犹似一个醉汉，脚步蹒跚，不能自己。一阵狂风袭来，把航船向一块礁石吹去，船几乎被撞个粉碎。接着，船被刮进浅海区，搁浅在滩

---

① George Fadlo Hourani：*Arab Seafaring in the Indian Ocean in ancient and early medieval times*，p.99。

② 伊本·白图泰口述，伊本·朱绁笔录：《异境奇观：伊本·白图泰游记（全译本）》，第502页。

地上。显然，我们面临着死亡的威胁。人们纷纷抛弃随身携带的财物，互相诀别。我们砍断桅杆，把它掷进海中。水手们都卸下甲板做成渡船。我们和陆地相距两法尔萨赫……留在航船上的水手们又着手制作渡船，一共四只，还没完工，天就黑了，只得罢手。此时，海水已渗入船舱，我们只得攀附着登上船尾，在那里蜷缩了一宿。

天色大明时，一群异教徒乘着一艘小船驶来，把我们接上他们的船，我们这才脱了险，平安地上了麦阿白尔国的海岸。[①]

这种小船可以作为渡船使用，有时可能也会像《印度珍异记》里一样，用来拖大船前行。但实际上划桨很费力气，如宋代《宣和奉使高丽图经》中描述：

每舟十橹，开山入港，随潮过门，皆鸣橹而行，篙师跳踯号叫，用力甚至，而舟行终不若驾风之快也。[②]

在一部记录中国19世纪末风土民情的著作中，可以看到宜昌的长江航船里，人们宁愿拉纤都不愿意费力划桨：

在引水员的指挥下，按比例留一部分人在船上操纵巨大的前桨，我曾见过多达15人在前桨上使劲。

如果拉纤和风帆两种都不可能（使船移动），纤夫就用大桨划船前行，每条桨两人，船的每边20人，他们面向前方，一齐踏步唱着粗犷的号子来保持节拍。

一些人摇着称之为"车"的大橹，每支大橹需要10个人的气力。

在不能挂帆航行的地方（即使有好风，除了峡谷之外，差不多没有河段可能挂帆航行）纤夫宁愿干拉纤这种"非人的工作"，而不愿意通过费力而单调的划船以缓慢前行。[③]

这种一边唱着号子一边划船的景象和伊本·白图泰描述的中国水手唱着"拉呀拉"划海船的情形很相似。从古代到近现代，这种划船号子可能一直存在于中国的

---

① 伊本·白图泰口述，伊本·朱俹笔录：《异境奇观：伊本·白图泰游记（全译本）》，第516页。

② 徐兢：《宣和奉使高丽图经》卷34《客舟》，第892页。

③ 伊莎贝拉·伯德：《1898：一个英国女人眼中的中国》，卓廉士、黄刚译，湖北人民出版社，2007，第111-112页。

外洋海船与内陆河船上，宜宾《李庄镇志》里对此有更详细的描述：

> 民国时期……长江两岸百姓中营船为业者较多，均为人力木船，大者可载数十吨，小者几吨不等。上水用人拉纤，遇有顺风时扬帆，借助风力前行，下水人划，术语"扳桡"。上水日行25—30公里，下水日行百余华里。船工们在划船操作时由一人领唱节奏明快音调高亢悠扬的号子，众船工在节拍眼上附吼一声，凭借号子统一协调动作，形成合力，尤以船上行横渡时（术语谓之"抛河"），节拍更加急促有力，划桨节奏加快，使船尽快渡过湍急主流到达彼岸。①

由于划船过于费力，航海者有时也会选择停下等风吹来，而不是直接划出无风带。1981年，一艘按古代阿拉伯造船技术制作的木帆船苏哈尔号（Sohar）从阿曼抵达中国，它是一艘用椰子纤维捆扎而成的线缝船，为了尽量用古代技术航行，甚至还制作了用一根打结的绳子穿过木片而成的kamal，用它测量北极星在地平线上的高度，即本书第三章中提到的一种牵星板。据称用这副kamal测定纬度后与六分仪核对数据，其结果相差不到五十公里。②这艘木帆船在从斯里兰卡到苏门答腊的航路上遇到了三周的无风时间，于是他们一边停航候风一边在海上寻找天然饮食：

> 我们离开斯里兰卡时，本来希望很快就可藉风力直驶苏门答腊。可是一连三个星期都因无风而被迫停航，于是我下令人人定量配给食水。最后在三月中旬下了一场骤雨，我们就张开油布收集淡水。
>
> 三月十八日是"鲨鱼日"……最后清点，共有十七条鲨鱼。我们把鱼肉用盐腌了，在太阳下晒乾。
>
> 到四月五日，赤道无风带状态逐渐缓和，"苏哈尔"号的帆已被风张满。十日后我们看见了马六甲海峡……数日后我们终于进入苏门答腊岛北端一个岛上的沙班港。③

---

① 宜宾市翠屏区李庄镇人民政府编：《李庄镇志》，方志出版社，2006，第142-143页。
② 《新辛巴德航海记》，载《读者文摘集粹》（英汉对照），外文书店，1985，第92页。具体航行过程可参考蒂姆·赛弗林：《现代辛伯达航海记》，史春永、古明译，世界知识出版社，1988。
③ 《新辛巴德航海记》，第93-94页。

三、作为拖曳大船用的港口小船

在世界各地的航海活动中，因港口地形及气象、水文条件限制，经常会看到用多条小船拖曳大船出入港的记载。如《利相斯基太平洋地理发现记》中记载作者乘船在中国虎门港遭遇逆风，雇了30条小船将所乘船只拖出港口，但当驶入虎门最窄处时，引水员在无风状态下将所有小船解雇，使得大船遭遇搁浅：

> 1806年2月。"涅瓦"号和"希望"号两艘海船获得中国政府护照后，起锚开航。因为在马口停泊船只多艘，并且刮着凉爽的逆风，所以我用30只船拖曳。
>
> 2月10日。深夜我们在虎门旁下锚。我打算利用晚间退潮行进更远些，但引水员的行径阻挠了这一计划。驶入虎门最窄处时，他们解雇了所有为我拖曳海船的小船，而事先并未通知我。因为这时风丝皆无，海船触到了浅滩，这样我不得不在水深5俄丈（9米左右）之处下锚。[①]

在明代中国使臣出使琉球的记录中，经常可见小船拖曳大船的行动。如胡靖《琉球记》中记载使团从五虎门出发时，数百条小船从江中就开始拖曳封舟：

> 从广石解缆，沿山带河，观者填道，江小舟巨，弗敢扬帆，率梅花所军桨数百小艇于江中，以巨缆牵之，由五虎门出大海，始掀五帆，乘浪如飞，真有一泻千里之势。[②]

封舟在这里遇到的情况，是距离出海口尚有一段距离，必须先在江中行驶，由于船宽江窄，不能扬帆，否则一旦帆借风势，无法控制速度，将会造成危险。所以梅花所官军派出数百小艇，用缆绳将封舟牵入海面，才扬帆高速行驶。而琉球人使用小船的情况则更为常见，例如封舟到姑米山时，当地人曾采取用小船系缆绳牵引的方法，即"过姑米山，夷人贡螺献新，乘数小艇，灭没巨浪中，比至，系缆船旁，左右护驾"[③]。这种系缆护航的方式与《天工开物》中记载的中国福建船过险滩时，因水流急湍，同行的其他船只采取曳缆方式类似，即"每帮五只方行，经一

---

① 尤·利相斯基：《利相斯基太平洋地理发现记》，徐景学译，黑龙江人民出版社，2000，第273-274页。

② 胡靖：《琉球记》，第262-263页。

③ 胡靖：《琉球记》，第263-264页。

险滩，则四舟之人皆从尾后曳缆，以缓其趋势"[1]，目的是稳定船身，力图使其平稳驶过急流地带。

在琉球一带洋面，当封舟偏离航线，又遭遇逆风，无法回到正常航道上时，也会看到用多艘小船拖曳封舟的做法。明代陈侃出使时，因封舟偏离航线，当地人调动40艘小船，试图用缆绳将封舟牵回正确路径：

> 时予之舟已过王之东，欲得东风，惟顺夏日，诚不易得也。子复遣夷众四千人，驾小船四十艘，欲以大缆引予之舟……船分左右，各维一缆，迤逦而行，若常山蛇势，亦一奇观也，一昼一夜亦行百余里。[2]

从这些记载中可见，以小船拖曳大船的做法，除了进出港口之外，还可以在偏离航线又遭遇逆风时使用。但从后续来看，这些应急措施也是勉强而为，与风力相比，人力划桨毕竟极其费力且作用有限，如陈侃所说：

> 人至四千，力亦众矣，不能挽一舟以行，虎贲三千，犹足以成武功，孰谓浮海为易耶？[3]

虽然与自然风力相比，拖船速度较为缓慢，却也是应急状态下的技术手段。遇到同样情况的还有张学礼，他在《使琉球纪》中记载，"风逆不能起碇，地方官拨小船百余，牵挽出口"[4]。

当封舟到达那霸港时，官府更是动用数百条小船将其牵引入港，一方面是为了保证封舟安全，另一方面也是作为接待中国使臣的盛大礼仪。徐葆光在《六月朔封舟达那霸港，午后奉册至使馆，倾国士女罗拜，迎恩亭下口号四首》中，记载了入那霸港时的情形：

> 迎恩亭下潮初长，百缍争牵万斛船（那霸港口，两炮台夹峙铁板沙四周，封舟到港候潮上，小船数百挽入）。[5]

---

① 宋应星：《天工开物》，第252页。
② 陈侃：《使琉球录》，收入黄润华、薛英编《国家图书馆藏琉球资料汇编》（上），第31页。
③ 陈侃：《使琉球录》，第31-32页。
④ 张学礼：《使琉球纪》，丛书集成初编本，中华书局，1985，第4页。
⑤ 徐葆光：《海舶三集·舶中集》之《六月朔封舟达那霸港，午后奉册至使馆，倾国士女罗拜，迎恩亭下口号四首》，第195-196页。

这种情景给其他使臣也留下过深刻印象，齐鲲曾记载进那霸港时的情形：

> 独木刳作舟，舟子集千百。其形如喘牛，其声如鸣蜩。自晡迄夜深，牵曳隔咫尺。傍山斜入港，愈进路愈窄。[1]

从中可见小船拖行的艰辛场景。不但接待礼仪如此，当封舟离开那霸港开洋时，也是"小船百余引出港口，琉球官民夹岸送者数千人"[2]，体现了对使团的隆重礼节。

四、海上险风与应急对策

海上遇到的不只是顺风和无风，有时还会遇到逆风和险风。不太严重的逆风较为容易解决，如宋代的《萍洲可谈》中所说，放下矴石即可：

> 海中不唯使顺风，开岸就岸风皆可使，惟风逆则倒退尔，谓之使三面风，逆风尚可用矴石不行。[3]

遇到逆风的航船也可能被推出一段距离，待遇到顺风后再行进，如陈侃出使琉球时记录：

> 解缆开洋，洋中偶值逆风，船不可往，放回数百里，后遇顺风，复往。[4]

《海道经》中记录了船在遇到顺风和暴风的不同情况下，应做的措施：

《海道经·准备缓急》：

如遇顺风使帆之时，势颠猛，便减帆幔，投奔港汊稍泊，不得贪程，恐风势不止。

天色昏暮，迤逦前行，不知宿泊，多有疎失，不可不知。

遇顺风，正使帆，其间忽转打头风，便当使回风寻港汊为稳，

如缓急猝暴风，奔港滩不及之时，急抢上风，多抛铁猫，牢系绳缆。

……

如春夏间于港汊内泊船，须要多用壮绳，深打橛橛，不以早晚，恐有

---

[1] 齐鲲：《闰五月十七夜进那霸港和西埔韵》，《东瀛百咏》，收入王菡选编《国家图书馆藏琉球资料三编》（下），第329页。
[2] 徐葆光：《中山传信录》，第46页。
[3] 朱彧：《萍洲可谈》卷2，第133页。
[4] 郭汝霖、李际春编：《（重编）使琉球录》，第204页。

山水废洪冲突之患。[①]

以上这些还属于可控的技术范围。一旦遇到极度恶劣的险风，给船带来的很可能就是严重威胁甚至灭顶之灾，如北宋《宣和奉使高丽图经》中就描述了海上三种重要的险风：

> 方其在洋也，以风帆为适从，若或暴横，转至他国，生死瞬息。又恶三种险，曰痴风，曰黑风，曰海动。痴风之作，连日怒号不已，四方莫辨。黑风则飘怒不时，天色晦冥，不分昼夜。海动则彻底沸腾，如烈火煮汤，洋中遇此，鲜有免者。且一浪送舟辄数十余里，而以数丈之舟浮波涛间，不啻毫末之在马体，故涉海者不以舟之大小为急，而以操心履行为先。[②]

当船在海上遇到风暴时，通常会有各种技术问题同时出现，其中最严重的危险之一，就是舵有可能出现问题，并导致船体损毁。嘉靖年间出使琉球的陈侃，记载其封舟上放了三副备用舵[③]，而万历三十四年出使琉球的夏子阳、王世桢所乘封舟上只有两副备用舵，从琉球回国时遭遇风暴，两副备用舵先后损坏，最终只能在船上当场冶铁修舵，情形非常艰险。从夏子阳所著《使琉球录》的详细记载中，可以看到遭遇风暴、处理险情的动态过程。首先是海上气候和生物出现异常现象：

> 二十三日，四面无山，忽见一麻雀飞入船，翎羽稍异。众方疑之，复有断虹见于西北，旋即北风大发，舟荡甚，水激入后舱。

在风浪中，用来系舵的绳索断裂，舵工恐慌哭泣，夏子阳询问原因，才知道船舵在不受绳索控制后，会撞击船身，导致船体碎裂：

> 系舵大索忽断去，一舟皆惊……而舵工辈咸乌乌泣，询之，乃曰船主于舵，而制舵惟索，索断则舵无制，舵无制则击撞冲突，稍撼金口，而船尾分裂，不可救矣。

随后船上伙长李美等人续上系舵索，危机暂时解除。然而当天夜间风暴更加猛烈，众人被颠簸得不能安卧。第二天上午，船舵在巨响中折断，危机再度降临：

---

① 佚名：《海道经》之《海道》，第188页。
② 徐兢：《宣和奉使高丽图经》卷39《礼成港》，第903页。
③ 陈侃：《使琉球录》，第22-23页。

伙长李美辈以铁钩垂捞，应手而得，因即续焉。……是夜风狂转厉，船敧欲倾，坐卧东西，颠越如蹶如枪，余辈彻晓不能贴席。至次日巳刻，忽霹然一声，舵折去矣，举舟惊怖。

于是负责运舵的长年迅速命人降下船帆，准备待风势缓和时换上备用舵，众人祈求天妃护佑。但换舵后风势再次转强，不但桅杆受损，被换上的备用舵也毁于风暴：

长年辈急使下蓬，告曰："舵虽折，副者尚有二，风定即可易。无忧，但冀神明之祐耳。"各呼天妃求救，少顷风稍定，众遂扶舵易之。然易未移时，风复厉，舵牙连折者二，两木所合成大桅，亦为震撼损裂。至入夜初更，霹然一声，新易之舵又折去矣。

这一夜，船上的人们在恐惧与祈祷中度过。第二天，掌舵者告诉夏子阳，船上只剩下一副备用舵，不知是否应该冒着风险更换，建议夏子阳向天妃问卜，希望神灵能给予答案。于是根据占卜的结果，船员中午时开始换舵，但直到傍晚才更换成功：

时当昏黑，策无所施，巨浪翻天，风涛交激，声若奔雷，船东侧西敧，轧刺刺然，若栋宇将倾之状，人心眩瞀，号哭震天。余辈乃为致祷于神，丙夜稍定，次早，长年辈复告曰："今止一舵矣，欲易之，则虞风暴，不易，则虞船裂。船摆裂，则舵亦无济矣。乞请筊于天妃。"予等从之，而神许以午时。顾缉整为艰，至酉时，始得易。风亦微转东北，舟稍顺行而荡犹未定也。

然而第三天飓风再次降临，舵叶被海浪击断。由于船上再无备用舵，船员们将仅存的舵杆拔起保护，封舟成了一艘无舵之船，只能随着风涛漂荡：

二十六日，复有麻雀一群飞集船上，倾即飞去，众异之，疑为飓徵。次日，风果暴剧，倏而舵叶又为巨涛击去，众思船中止此一舵，若此干复折，则必无归，亟下偏舵，将舵干拔起，船从兹无主，簸扬倾荡，倍甚于前，怒涛山立，涌过船顶，势如万骑齐奔。

由于海水随巨浪灌入船中，人们只能尽力用辘轳抽水。为减轻船重，掌舵长年让船员们将锅灶等杂物抛入大海，船上陷入一片恐慌：

> 水建瓴而下，作滩濑声，辘轳运之不能止。此时颠危将覆之状，真若一发之引千钧也。长年亦惧甚，令将锅灶什物之类尽弃海中。举舟哭声腾沸，有剪发代禳者，有束发待毙者，有傍徨求死者，有气息奄奄者，僵仆狼藉，不可为状。

在此情况下，夏子阳鼓励众人修舵以转移悲观情绪，于是船员们在封舟里现场造钉修舵，但风涛影响了工作进度，第二天船体再次破裂进水：

> 乃勉慰众人，无为汹汹，趣令治舵，以安人心，遂于舟中冶铁为钉，削木为板，但风涛翻侧，人难立足，一日之功，仅成其半。二十八日，尚未就绪，忽有报船裂入水者。众决必死，放哭益哀。

伙长李美等人分析险情，决定用船上的数百匹棉布加固船体。与此同时，夏子阳等官员写文以告龙王，期冀风涛平定：

> 李美至前曰："舱虽入水，船尚未裂。小人已令人塞其处，幸毋惊。但船所以障水者，恃两舨耳，今舨上灰钉颇脱，势必分裂，宜速绞之。"乃集取各役所带棉布数百匹，于两舨节节绞之，而浪大风横，人益恐惧，余等乃为檄告龙王，词用严切，顷乃波涛稍定，舟亦御风荡行。

经过一天努力，到二十九日下午海风转弱，船舵也终于修好，成功更换。[①]虽然这次风暴全程惊险，但最后终于平安度过，两支备用舵起到了重要作用。从事件经过可以看出，封舟之所以最终幸存，是因为第二支备用舵未被完全损毁，虽然舵叶漂失，但舵杆仍在，海员们才有加以维修的基础。由此也可以看出当年陈侃出使琉球时，船上放置三副备用舵确实很有必要，毕竟海上风涛多险，出发前应未雨绸缪，尽量多做防灾准备。

但夏子阳、王世桢一行人遇到的麻烦并未到此结束。当封舟历经艰险，终于抵达福建五虎门时，却因地方官军忽视，未派小船引舟入港，以致封舟触礁进水，即将沉没，众人只能弃船而逃：

> 三十日抵福建定海所，十一月初一日入五虎门港口，臣等与闽舟四百

---

① 夏子阳：《使琉球录》，第429-433页。

余人方私相庆幸，喜遂生还，乃沿海地方官秦越相视，竟违臣等所行之牌，无一舟来引港，遂至封舟迷礁阁破，一番惊恐，又几没溺，所幸此属内地，臣等亟觅小舟避去，从行各员役皆扶救登岸，仅以身免。[1]

从夏子阳出使的遭遇可以看到，要顺利完成一次册封往返，需要多部门的协同合作。海上风云气象万变，航船可能遇到各种危险，无论出使前的准备、海上灾害的应对，还是海陆官军的调度，每个环节都必须安排到位，否则都可能造成严重后果。

除了折舵之外，风暴中可能出现的其他险情，还有桅杆折断、船中进水。陈侃就遇到了这种情况，首先是因桅杆并非用一整根大木头制成，而是用五根小木头加以铁环束成一根，结果风暴中一只铁环断裂，众人急忙用钉加固，以防止桅杆折断：

> 舟荡不宁，长年执舵甚坚，与风为敌，不能进亦不能退，上下于此山之侧，然风甚厉，浪亦未及于舟中，尚未惧。相持至十四日夕，舟刺刺有声，若有分崩之势。大桅原非一木，以五小木攒之，束以铁环，孤高冲风，摇撼不可当，环断其一，众恐其遂折也，惊骇叫嚣，亟以钉钳之，声少息。

随后海船又显现出制造过程中的问题，由于当初使用的铁钉数量不足，船板加固措施也不到位，致使海水不停灌入，人们无奈之下只能求天妃护佑：

> 原舟用钉不足，稔麻不密，板联不固，鏬缝皆开，以数十人辘轳引水，水不能止，众白："不可支矣！"齐呼天妃而号，剪发以设誓，予等不能彻夜不寐，坐以待旦。忽一家人匍匐入舱，抱予足，口噤不能言，良久，方云："速求神佑，船已坏矣！"予等闻此，心战神怖，无可奈何，叹曰："各抱诏敕，以终吾事，余非所计也。于此将焉求之？而又将焉逃之？"

正当众人绝望之时，海船上的长年根据经验，认为只要迅速堵塞入水处，就可脱险：

> 是时，惟长年数人色不少动，但云："风不足惧，速求鏬缝而塞之，可保无虞。"……执烛寻鏬，皆塞之固，水不能入，众心遂定。[2]

---

[1] 夏子阳：《使琉球录》，第435页。
[2] 陈侃：《使琉球录》，第27-29页。

除了风暴会造成海船进水之外，在普通情况下，船中也有可能进水。清代郑光祖曾记录了用木竿缚棉絮，以吸出海船底部积水的方法：

> 海舟不能无损漏，底有积水，去之匪易。通用大竹一长段，去节，使其机略同水龙，牢系舱旁柱上。另以木竿一根，头缚棉絮，入大竹中，提之，水尽上溢而出。日三四次，而舟底无积水。①

第二节　"针迷舵失"与线缝船：古代航海者应对岛礁区风险的方式

中国南海中分布着一系列岛礁区，那是郑和下西洋船队出海远航时，要面对的一道重要屏障。这些岛礁在古代被称为"千里长沙""万里石塘"，过往船只常受其害，如明代《海语》中记载：

> 万里石塘在乌潴二洋之东，阴风晦景，不类人世。其产多砗磲，其鸟多鬼车，九首者、四三首者，漫散海际，悲号之音，聒聒闻数里，虽愚夫悍卒，靡不惨颜沾襟者。舵师脱小失势，误落石汊，数百躯皆鬼录矣。②

古代阿拉伯作者也提到了当时外国航海者们对中国南海巨浪和暗礁的认识：

> 第7海是中国海，也被称为涨海。此海非常恶劣，那里的浪峰很多，汹涌澎湃的波浪占突出地位，我们称这种现象为"希卜"（khibb），这是各海的海员们互相之间使用的术语。我们在该海中会发现许多暗礁，船只不可避免地要在它们之间航行。③

---

① 郑光祖：《醒世一斑录》杂述三《海舶》，续修四库全书，上海古籍出版社，1996，子部第1140册第139页。

② 黄衷：《海语》卷下《万里石塘》，影印文渊阁四库全书，台湾商务印书馆，1986，史部第594册第131页。

③ 马苏第：《黄金草原》，耿昇译，人民出版社，2013，第186页。

关于"涨海"一词，《广东新语》中有这样的解释：

> 万州城东外洋，有千里长沙，万里石塘。盖天地所设，以堤防炎海之溢者。炎海善溢，故曰涨海。①

南海的岛礁和巨浪还影响了"西洋"和"东洋"的定义。②刘迎胜《"东洋"与"西洋"的由来》一文阐述了相关词语的历史演变情况，认为"东洋"与"西洋"区分的基本依据在于航线的不同。自宋代开始，中国海船出洋前往今东南亚和北印度海区时，大体可分为两条航线。一条是从福建、广东沿东亚大陆海岸线南下，以大陆沿海的地形为标志物导航，经过中南半岛进入暹罗湾，继续向西，这条航线被称为"大陆航线"，沿途经过的海外各地称为"西洋"。另一条是从广东、福建出发后先向东航行，福建海船是经过海峡到台湾岛，广东海船是先横渡南海北部到吕宋诸岛，然后再沿菲律宾列岛南下，以西太平洋岛弧的南部诸岛为导航标志物。这条航线被称为"岛屿航线"，所经各地称为"东洋"。③

陈佳荣《郑和航行时期的东西洋》中，结合南海自然地理特点论述了东、西洋的概念，认为南海的珊瑚礁"千里长沙"和"万里石塘"是古代航海的高风险区，航海者均有意加以回避，使南海成为东西洋的天然分界。④

一、古代航海文献中的"针迷舵失"及相关记载

在明代以前的文献中，今海南文昌东北的七洲列岛附近海域被称为"七洲洋"，南宋吴自牧所著《梦粱录》中有舟人"去怕七洲，回怕昆仑"⑤的记载。在元代汪大渊的《岛夷志略》中，这句话被记录得更加详细，为"上有七州，下有昆仑，针迷舵失，人船孰存"⑥。随郑和出使西洋的费信在《星槎胜览》中留下了几乎同样的记载，即"上怕七洲，下怕昆仑，针迷舵失，人船莫存"⑦。这里所说的"昆仑"是今越南南端以东的昆仑岛及其附近海域，来往于七洲和昆仑的航海者之

① 屈大均：《广东新语》卷4《水语·涨海》，第129页。

② 关于"西洋"一词的来源，还可参考万明的《从"西域"到"西洋"——郑和远航与人类文明史的重大转折》（万明：《明代中外关系史论稿》，中国社会科学出版社，2011，第330-348页）。

③ 刘迎胜：《海路与陆路——中古时代东西交流研究》，北京大学出版社，2011，第1-19页。

④ 陈佳荣：《郑和航行时期的东西洋》，载姚明德、何芳川主编，郑和下西洋600周年纪念活动筹备领导小组编《郑和下西洋研究文选1905—2005》，海洋出版社，2005，第501-505页。

⑤ 吴自牧：《梦粱录》卷12《江海船舰》，第112页。

⑥ 汪大渊著，苏继顾校释：《岛夷志略校释》之《昆仑》，第218页。

⑦ 费信著，冯承钧校注：《星槎胜览校注》前集《昆仑山》，第8-9页。

所以心存恐惧，有研究认为是因为在这一地区一旦航行方向有误，船就有可能陷入西沙群岛的多礁区域，发生海难事故[①]；又因水文状况复杂，异常潮汐和潮流增加了这种风险发生的可能[②]；也有意见认为这是因地磁作用，致使指南针迷失了南北方向，无法导航而引发船只失事[③]，例如《中国科学技术史》中对《星槎胜览》相关内容的翻译与阐释：

> 船上的磁铁受到船体本身之中的铁的干扰，这一认识应归功于威廉·巴洛（William Barlowe，1597）。然而，中国的水手似乎从15世纪以后已知晓地磁的区域性变化。费信在1436年的著作《星槎胜览》中记述道：
>
> 水手们这样说："我们往北怕七岛，往南怕昆仑〔普洛·康多尔岛（Pulo Condor Island）〕。"在这些地方，磁针可能指错（"针迷"），如果发生那样的情况，亦即掌舵不准确，人和船都会失事。
>
> 〈俗云：上怕七州，下怕昆仑，针迷舵失，人船莫存。〉[④]

在提及地磁的区域性变化之后，书中又详述了一个确实会使罗盘失效的"反经石"的事例：

> 之后，在晚清（约1871年）的著作《（台湾）淡水厅志》中，有使罗盘失效的岩石"反经石"的记载。

---

① 谭其骧：《七洲洋考》："由此可见七洲之可怕不在于七洲洋本身，而在于掌握针向偏东时便有撞到万里石塘即西沙群岛上去的危险。"谭其骧：《长水集续编》，人民出版社，1994，第160页。

② 刘义杰《"去怕七洲，回怕昆仑"解》，《南海学刊》2016年第1期，第28-37页。

③ 除《中国科学技术史》以外，《"针迷舵失"试探——中国14至15世纪初航海的地磁影响》一文也持这种观点，但从现存的各种文献记载来看，除了对"针迷"两字的不同解释之外，尚无证据表明在元末明初时，海船上的指南针曾在七洲洋和昆仑洋一带出现过指针方向的错误。同样，在这一时期产生了"针迷舵折""失针损舵"现象的苏门答腊北部急水湾和马尔代夫群岛海域，也都没有文献显示指南针会受到地磁干扰以致指向错误。此外，关于七洲洋的具体位置，存在着两种不同的意见，一种如《"针迷舵失"试探》沿用向达在整理《郑和航海图》时的注释，将七洲洋定位在今海南岛东南方海洋中的西沙群岛；另一种如谭其骧《七洲洋考》认为，明代以前的七洲洋在今海南岛以东偏北的七洲列岛一带海面，因海面上有被称为七州山的七座山而得名，至清代以后才有一些文献将西沙群岛称为七洲洋，但在宋代至明代的文献中，并没有这种现象。《"去怕七洲，回怕昆仑"解》通过对航海针路簿和舆地图的研究，也确认航海谚语中的七洲洋是今海南岛东北方的七洲列岛。据此，本文所述的七洲洋均指七洲列岛一带海域。（戴念祖：《"针迷舵失"试探——中国14至15世纪初航海的地磁影响》，《海交史研究》2003第1期，第51-56页。向达整理：《郑和航海图》之《郑和航海图地名索引》，第7页。谭其骧：《七洲洋考》，第156-162页。）

④ 李约瑟：《中国科学技术史》第4卷第1分册《物理学及相关技术·物理学》，科学出版社，2003，第299页。

反经石在观音山上的西云岩附近，有两块大石头，其中的一块为马鞍形。如果将罗盘放在它们上面，磁针不是指向北和南，而是转向东和西。这些石头因此而得名。另外的一块在石阁山上的芝兰堡附近，但在这里磁针转过来指向西和东。

〈反经石 在观音山西云岩上，凡二石，其一形如马鞍，每捧罗经，针本子午，置于石，则反为卯酉，故名。一在芝兰堡石阁山上，惟所反之方位互异。〉[1]

这里关于反经石对磁针影响的记载很详细，即南北向的磁针直接变成了东西向。然而在有关七洲与昆仑的记载中，却没有提到这种现象，只是用"针迷舵失"四个字概括了航船在这片海域遇到的风险。但仅凭"针迷"两字，还很难认定是指南针因受地磁影响而导致指向出错，要探究其真正含义，还需要收集更多的例证，加以综合分析。

实际上，在汪大渊的《岛夷志略》中除了七洲和昆仑之外，还有一处海域曾经出现过与"针迷舵失"相似的情况，那就是今苏门答腊北部洛克肖马韦附近，被称作"急水湾"的地方。曾有船在这里遇险，"流寓在其中二十余日，失风，针迷舵折，舶遂阁浅"[2]。这里的"针迷舵折"和"针迷舵失"之间只有细微的表述差异，要分析此类现象的真正成因，除了关注"针迷"之外，还应关注舵的问题。因为从海船航行的实际情况考虑，无论"针迷"究竟是怎样的含义，海船在这个环节中都不会受害，只有在发生碰撞或舵折毁后，海船才会失事。

与此相似的还有马欢所作《瀛涯胜览》中关于溜山国的一条记载，即今马尔代夫附近海域，这里"设遇风水不便，舟师失针舵损，船过其溜，落于泻水（原注：黄录作堕于溜水，泻水应是溜水之误），渐无力而沉"[3]。溜山国的"失针舵损"与急水湾的"针迷舵折"应是相似的现象，都是因舵的损毁而导致船舶搁浅或沉没。可见在这类风险中，"舵折"是比"针迷"更严重的情况，它才是航船失事的主因。那么在以上三处险境中，针与舵的问题为什么会伴生出现？

二、古代航海者对岛礁地带海流特征的描述

分别考察前述几种现象所在的海域环境可知，它们附近都有岛礁区，航行在这

---

① 李约瑟：《中国科学技术史》第4卷第1分册《物理学及相关技术·物理学》，第299页。
② 汪大渊著，苏继顾校释：《岛夷志略校释》之《急水湾》，第231页。
③ 马欢著，冯承钧校注：《瀛涯胜览校注》之《溜山国》条，第50-51页。

里的海船一旦主动或被动偏离航线，便有可能陷入礁石浅滩中。如《调查西沙群岛报告书》中称：

> 西沙群岛位于赤道北纬15度46分至17度5分，东经110度14分至112度45分，距海南榆林港东南约145里。北起北砂岛，南至南极岛，东界林康岛，西接七洲洋。统计大小岛屿礁滩20余座，星罗海面约200余方里，乃一群珊瑚礁结成之低岛。①

这种岛礁地貌给海船带来的最大风险，就是易发触礁沉船事故。由于舵深入海水中，常位于全船最低处，因此海船触礁之时，经常是舵先被碰撞折损，古籍中的"舵折""舵损"一类记载，正是因此而来。而且岛礁地带海流情况复杂，如《调查西沙群岛报告书》中记述附近海域情况：

> 南海沿岸各处之海流，每因洋海之深浅、气压之变化、风向之差异，不能一律。即其发生之时率亦颇不同。西沙群岛之海流尤无规则，常因风向而变。……西侧甘泉岛及金银岛附近，亦常有西或西北之水流，而东北水流亦间有之。其复杂如此者，盖因位置关系，风向无定，遂生此不规则之现象焉。②

这种描述与明代顾岕《海槎余录》中记载的情形相似：

> 千里石塘在崖州海面之七百里外，相传此石比海水特下八九尺，海舶必远避而行，一堕即不能出矣。万里长堤出其南，波流甚急，舟入迴溜中，未有能脱者。番舶久惯，自能避，虽风汛亦无虞。③

与此相似，出现"针迷舵折"现象的苏门答腊急水湾，也是一片地形复杂、海流湍急的区域。如《岛夷志略》中所述：

> 湾居巴绿屿之下，其流奔骛。舶之时月迟延，兼以潮汐南北人莫能测，舶洄漩於其中，则一月莫能出。昔有度元之舶，流寓在其中二十余日，失风，针迷舵折，舶遂阁浅。人船货物，俱各漂荡。偶遗三人于礁上

---

① 陈铭枢总纂，曾蹇主编，郑行顺校订：《海南岛志》附录四《调查西沙群岛报告书》，海南出版社，2004，第570页。
② 陈铭枢总纂，曾蹇主编，郑行顺校订：《海南岛志》附录四《调查西沙群岛报告书》，第573页。
③ 顾岕：《海槎余录》，四库全书存目丛书，齐鲁书社，1996，史部第255册第264页。

者，枵腹五日，又且断舶往来，辄采礁上螺蚌食之。当此之时，命悬于天。忽一日大木二根，浮海而至礁傍。人抱其木，随风飘至须门答剌之国，幸而免溺焉。[1]

从"其流奔骛""兼以潮汐""人莫能测""洄漩於其中"一类描述中，可见不规则海流危及海船航行的情形。其他文献中也对这种地形有所记载，例如《郑和航海图》中称："平急水湾巴碌头，有浅"[2]。《顺风相送》中记载"取急水湾头，水八九托，有礁浅仔细远过妙"[3]，以及"西边有湾，有沉礁打浪开，有二十托水"[4]。"沉礁打浪"也是明清航海指南中相对固定的用法，例如同书记载今斯里兰卡的牙里屿时，称"有沉礁打浪，近老古石"[5]。礁石潜藏在海水之下，因阻挡海流而使海面激起浪花，行船者远远看到便知水下有暗礁，可以提前避开。《西洋朝贡典录》记载："又五更至急水之湾，有泥礁而鼓浪焉。"[6]又如清代泉州《山海明鉴针路》："分流屿外有沉水礁，名曰乌墩礁，初三、十八犯船打舵。"[7]

可见"泥礁鼓浪"与"沉礁打浪"是同一类固定用语，用以总结此类地貌的海流特征，它们与"针迷舵失""针迷舵折""失针损舵"这类描述一样，各自拥有相似的语法结构和细微的字词区别，都是古代航海书中的常用术语。

对比急水湾的"舶洄漩於其中，则一月莫能出"与万里长堤的"舟入迴溜中，未有能脱者"，会看到其描述的情形非常相似，都是因海流情况复杂而使船舶深陷其中。这种现象不仅出现在海洋中，也出现在内地江河里，例如清代贝青乔在《荆江舟行杂诗》中提到，"（峡船）被迴溜水转入漩者，谓之抛荡"[8]。在中国古代水利术语中，对"溜"和"迴溜"有这样的阐释："流水曰溜……大溜之下曰拖溜，越过拖溜之下，回旋逆流，曰廻溜。"[9]由此可见航行在南海和急水湾的古代海船主

① 汪大渊著，苏继庼校释：《岛夷志略校释》之《急水湾》，第231页。
② 向达整理：《郑和航海图》，第52—53页。
③ 向达校注：《两种海道针经》之《顺风相送·磨六甲往阿齐》，第75—76页。
④ 向达校注：《两种海道针经》之《顺风相送·各处州府山形水势深浅泥沙地礁石之图》，第39页。
⑤ 向达校注：《两种海道针经》之《顺风相送·各处州府山形水势深浅泥沙地礁石之图》，第40页。
⑥ 黄省曾著，谢方校注：《西洋朝贡典录校注》卷中《苏门答腊国第十二》，第64页。
⑦ 佚名：《山海明鉴针路》之《臭涂鳖出大港》，收入陈佳荣，朱鉴秋执行主编《中国历代海路针经》下册，广州：广东科技出版社，2016，第769页。
⑧ 贝青乔：《半行庵诗存稿》卷五《荆江舟行杂诗》，收入贝青乔著，王卫平主编《贝青乔集：外一种》，上海古籍出版社，2013，第107页。
⑨ 蒋楷著，陈汝珍、刘秉镳补图：《河上语图解》之《语水第三》，黄河水利委员会发行，1934，第15页。

要是因局部海流的异常，被卷入漩涡中，因而失事。与此相似的还有《瀛涯胜览》中的溜山国，这也是一片会因为"船过其溜，落于泻（溜）水，渐无力而沉"，从而导致"失针舵损"现象的区域，它位于今印度半岛南端以西，由众多珊瑚礁岛组成，即今天的马尔代夫群岛一带。在伊本·白图泰的游记中，曾记述了这里复杂的地形状况：

> 这个群岛是世上奇迹之一。它大约由两千个海岛组成，大约有百十来个环礁群，如花环一般点缀在碧波之上。群岛入口处好似一道大门，不经这里，任何船只也无法驶入。船只到达环礁时，必须由当地人作引水才能驶到其他岛屿。由于这些岛上都长着茂密的椰树，遮蔽天日，岛与岛十分相似，因而很难辨识路径，而一旦弄错标志就休想进去，大风还会将船吹到麦阿白尔国或锡兰去。①

中国古代的航海者们也注意到了这里的地形特点，汪大渊在《岛夷志略》中介绍了当时名为"北溜"的马尔代夫一带地形：

> 地势居下，千屿万岛，舶往西洋，过僧伽剌傍，潮流迅急，更值风逆，辄漂此国。候次年夏东南风，舶仍上溜之北。水中有石槎中牙，利如锋刃，盖已不完舟矣。②

可见正因这片海域岛礁众多，局部海流异常急促，导致过往海船易被卷入其中，又因礁石锋利，一旦发生摩擦撞击，船舵和船壳很容易受到损害。巩珍在《西洋番国志》中记载此处"水皆缓散无力，舟至彼处而沉，故行船谨避，不敢近此经过。古传弱水三千，即此处也……行船者或遇风水不顺，舟师针舵有失，一落其溜，遂不能出"③。对比《瀛涯胜览》中记载此处的"设遇风水不便，舟师失针舵损，船过其溜，落于泻水（原注：黄录作堕于溜水，泻水应是溜水之误），渐无力而沉"④，可见描述的都是一种现象。两部著作的作者马欢、巩珍都曾随郑和下西洋，他们分别用"失针舵损"和"针舵有失"记载这种航行风险，也可以相互参照。"弱水"一词在中国古代典籍中经常出现，被解释为因水浅而不

---

① 伊本·白图泰口述，伊本·朱甾笔录：《异境奇观：伊本·白图泰游记（全译本）》，第492页。
② 汪大渊著，苏继庼校释：《岛夷志略校释》之《北溜》，第264页。
③ 巩珍：《西洋番国志》之《溜山国》，第32页。
④ 马欢著，冯承钧校注：《瀛涯胜览校注》之《溜山国》条，第50—51页。

通舟楫之处[1]。有研究者认为溜山国的"弱水"真实反映了印度洋珊瑚礁地区的海洋地貌，19组珊瑚环礁和2000多个珊瑚小岛给航行造成了许多风险，因为有礁处水浅，再加上岛礁地形造成的复杂水流情况，使这里成为威胁海船安全的事故频发区域。[2]

三、"针迷"与"舵失"现象伴生出现的原因

通过分析这些事例的共性，可知海船在这些海域遇险的主要原因是岛礁区的地貌和海流状况。那么在这些事故中，"针迷""失针"又是怎样的含义？这种现象究竟是地磁引发的指向偏差，还是因主动或被动的失误造成的？从古代航海文献中的记载来看，并没有提到指南针曾经在这些海域出现过错误指向，只是强调在这些海域正确使用指南针，掌控航向的重要性。例如最早记述"去怕七洲，回怕昆仑"的《梦粱录》中《江海船舰》一节，从其叙述顺序来看，首先阐明在海船上使用指南针的严谨情形，即"风雨晦暝时，惟凭针盘而行，乃火长掌之，毫厘不敢差误，盖一舟人命所系也"，随后是"愚屡见大商贾人，言此甚详悉"的举例说明，后文中对七洲洋和昆仑洋的细致描述正是例证之一。按照文中的记载，在七洲与昆仑遇到风险的原因是"海洋近山礁则水浅，撞礁必坏船。全凭南针，或有少差，即葬鱼腹"[3]，上下文相对照，可见其强调的实际是海船中火长的识针与判断能力。又如明代《顺风相送》和《东西洋考》中，记载船过七洲洋时的注意事项称：

> 每月三十并初一、初二、初三、初四、初五、初六、初七日水平。交十五日水又醒。至十六、十七、十八、十九、二十日水俱醒。廿一日水又平似前日。水醒流紧，其势但凡船到七州洋及外罗等处，遇此数日水醒，看风斟酌。船身不可偏东，东则无水扯过西。自初八、初九、初十、十一、十二、十三、十四日止，水退流东。廿二、廿三、廿四、廿五、廿六、廿七、廿八、廿九日止水俱退东。船到七州洋及外罗等处，可算此数日流水紧慢、水涨水退，亦要审看风汛，东西南北，可以仔细斟酌，可算无悞。船身不可偏，西则无水扯过东……其船若在灵山大佛前，四、五、

---

① 辞海编辑委员会编：《辞海·地理分册·历史地理》之《弱水》，上海辞书出版社，1982，第230页。

② 朱鉴秋：《郑和下西洋与中国古代对海洋的认识》，载苏纪兰主编《郑和下西洋的回顾与思考》，科学出版社，2006年，第122-129页，关于"弱水"的论述在第127页。

③ 吴自牧：《梦粱录》卷12《江海船舰》条，第112页。

六、七、八月，流水往西南，水甚紧甚紧。①

七州山七州洋……舟过此极险，稍贪东便是万里石塘，即《琼志》所谓万州东之石塘海也。舟犯石塘，希脱者。②

这里没有提到指南针受干扰，只是详细描述了七洲洋一带复杂的海流情况，告诫海船不可以偏离航线，因为向东就是被称为万里石塘的岛礁区，一旦陷入其中，海船就很难逃离险境。正如谭其骧在《七洲洋考》中所说，"七洲洋之所以可怕，则端在舟过此处时若掌握南针'少差'，便会碰上万里石塘，'针迷舵失，人船莫存'。昆仑洋之可怕，亦当在航线若偏东，即有触及南沙群岛的危险"③。《顺风相送》一书序言中，也有此类提醒领航者注意水流特征的内容：

海岛山看风汛东西南北起风落一位平位，水流缓急顺逆如何。全用水掉探知水色深浅，山势远近。但凡水势上下，仔细详察，不可贪睡。倘差之毫厘，失之千里，悔何及焉。④

中国古代使用指南针航海的方法，是设定若干针位点，在针位点上准确转向，逐次进入新一阶段航行，直至抵达下一个针位点。这样一系列针位点与航行区段连接起来，就是一条完整的航线。但在常有异常海流、风向与天气，靠近岛礁区的海域，如果掌针者有所失误，海船不能及时有效转向，或是被海风与洋流带到偏离针位点的地方，就可能陷入险境。如果再不能根据经验判断自己的位置，形成新的转向和航行方案，便有触礁折舵的风险。因此行驶在危险海域的领航者应具备丰富的航海经验，能根据既有记载和实际航行情况随时调整航向，如《海槎余录》中提到行驶在南海上的外国船熟悉航路，因此能避开南海诸岛风险，"番舶久惯，自能避，虽风汛亦无虞"⑤。

流传至今的诸多针经作为古代航海指南，记录了当时的航海者们对每段航线上正确航向的认识，但在实际操作中，这些记载还要经过实践的检验。前往琉球的明清两代使船在东海航行时，也会因执行错误航向而驶入歧途。如清代徐葆光出使时，由于琉球派遣来的领航者主张用卯针，结果导致使臣乘坐的册封舟偏离航向，

---

① 向达校注：《两种海道针经》之《顺风相送·定潮水消长时候》，第27-28页。
② 张燮：《东西洋考》卷9《舟师考·西洋针路》，第172页。
③ 谭其骧：《七洲洋考》，第158-159页。
④ 向达校注：《两种海道针经》之《顺风相送·序》，第21页。
⑤ 顾岕：《海槎余录》，第264页。

沿途本应看到的钓鱼台、黄尾、赤尾等屿都没有出现。中方领航员发现这一异常现象后，主张改用乙辰针，最后终于回到正确航线。①事后徐葆光总结经验，认为琉球陪臣用针的指导思路有误，导致前往琉球的封舟经常向北偏离航线：

> 琉球针路，其大夫所主者，皆本于《指南广义》，其失在用卯针太多，每有落北之患。前使汪楫记云，封舟多有飘过山北，已复引回，稽诸使录，十人而九。②

在记述了这些现象之后，徐葆光又分析了用针失误的原因，"其病皆由于用卯针太多，又不能相风用针"③，认为不能根据实际情况，及时调整方向，是出现问题的最大原因。明清两代常向琉球派出册封舟，其中一些因遇到恶劣天气，或是用针思路有误，以致过于偏北，又因风向不顺，最后只能依靠琉球派出众多小船，用人力划行的方法，将使臣乘坐的封舟拖回琉球，这在上一节中已有详述。明代使臣陈侃就有飘到北方又被引回的遭遇，《殊域周咨录》记述陈侃乘坐的封舟"因失针路，漂过琉球国交界地方名曰热壁山，遂泊于此。尚清闻之，差大臣一员带夫四千余名驾小船四十余只至热壁，将船挽回"④。在陈侃自己的记录中，详细描述了封舟这次"失针路"的过程：

> 夜行彻晓，风转而东，进寻退尺，失其故处，又竟一日，始至其山……有一人执舵而云："海以山为路，一失此山，将无所归，漂于他国，未可知也，漂于落漈，未可知也"……计十六日旦，当见古米山，至期，四望惟水，杳无所见。执舵者曰："今将何归？"众始服其先见，彷徨踯躅，无如之何。⑤

陈侃的"失针路"，实际是偏离了既有航线，失去了参照物，在一片空茫的海面上不知该向何处去。明代使臣谢杰也曾提到过一次相似的险情：他乘坐的封舟出海之后，"次日东风剧作，舟折而之南，因是遂迷针路，连行数日，茫无一

---

① 徐葆光：《中山传信录》，第41页。
② 徐葆光：《中山传信录》，第46页。
③ 徐葆光：《中山传信录》，第45页。
④ 严从简：《殊域周咨录》卷4《琉球》，余思黎点校，中外交通史丛刊，中华书局，1993，第134页。
⑤ 陈侃：《使琉球录》，第27页、第29-30页。

山"①。陈侃的"失针路"和谢杰的"迷针路"，与西洋和南海上的"失针""针迷"应是相似的情形，都是迷失了方向，偏离了航路。前往琉球的使臣们之所以遇到了"失针路""迷针路"而没有遇到"舵折""舵损"，原因是他们的封舟并没有撞到岛礁，谢杰乘坐的船更是到了茫茫海洋中，接连几天不见一个参照物。对于主要依靠目测海中山石、岛屿定位的中琉航线使船而言，这是与陷入岛礁群中的南海、西洋航船不同的另一种迷失风险。明代阮大铖曾在诗文中用此类现象做比喻："所履如深渊。如飘海失针，天水空茫然。"②这种遭遇与其说是"失针""迷针"，更不如说是"迷路""失路"，迷失的主体也不是指南针，而是领航者与海船。在海上迷路远远比在陆上迷路危险，如《顺风相送》序言中说：

> 行路难者有径可寻，有人可问。若行船难者则海水连接于天，虽有山屿，莫能识认。③

由此可见，中国古代航海记录中曾有许多"针迷""失针""迷针路""失针路"一类的现象，它们指的是因掌针者主观辨识失误，或受风向、海流、地形等因素干扰迷惑，不能正确判断海船境况，给出错误针位指示以致海船迷失航向，无法沿既定针路航行，从而陷入困扰或险境的现象。在没有更多证据表明磁针在这些区域受到地磁干扰之前，尚不能认定是指南针自身指向出了问题。就几处具体记载而言，"针迷舵失"的含义有可能与"针迷舵折""失针舵损"相同，即迷失方向撞上岛礁之后导致舵折损丢失；但从具体语境和同类用法来看，"针迷舵失"更有可能与"针舵有失"相似，前者很可能是一种互文的表述方式，实质是将针和舵同时作为领航的主体。因为中国古代海船上非常重视针与舵的协同使用，用指南针定向，用舵操纵航向，只有两者精确配合，才能使海船保持正确的航向。如明代谢杰所述：

> 针者，水罗经子午针也。针舵相仍，针之所向，则舵随之。司针者名伙长，司舵者名舵工。余使琉球，用伙长八人，舵工十六人，伙长二人一班，舵工四人一班，昼夜番休无少间，上班者管事，下班者歇息。司针之处甚幽密，外物一无所睹，惟开小牖与舵门相向，欲其专也。针舱内燃长

---

① 萧崇业、谢杰：《使琉球录》卷下，续修四库全书，上海古籍出版社，1996，史部第742册第594页。
② 阮大铖：《咏怀堂诗集》外集乙部《莫园柬余驾部集生》，黄山书社，2006，第226页。
③ 向达校注：《两种海道针经》之《顺风相送·序》，第21页。

明灯，不分昼夜。[①]

从司针、掌舵人员的工作环境与时间安排上，可以看出其协同工作的场景以及受重视的程度。这里的"针舵相仍"可以与"针舵有失"参照分析，其关键在于"针之所向，则舵随之"，在掌控航向的环节中，它们的操作流程与作用已联为一体，因此在相关记载中，针与舵共同作为叙述的主体出现。而"针迷舵折"和"失针舵损"则在描述了海船迷失方向、偏离航线之外，又强调了陷入险境的船与岛礁相撞后，舵摧折损毁以致失事的情形。"更"也是航行时的重要参数，在古代航海实践中，保持航向的重要方法就是视针、掌舵、计时的协作，即精确控制航行方向与距离、时间，掌针人员向司舵者提供正确的指向，力图在每个针位点准确切换航向，以便顺利到达预定地点。如明代郑若曾在《江南经略》中记载：

> 海舟紧要之人有三，火掌视针，长年运舵，香公计时，三者缺其一不可也。必须三人专心致志，协力而行，其舵牙常与针相对，随针而转，如风不顺，则以舵向上风推使，方不飘逐。故针经有南风猛而针向寅卯方行者，乃是调戗之法，非令人横行也。[②]

从文中可以看出，领航者需要具备丰富的经验和判断力，要考虑不断变化的地形、风向和海流情况，判断自己所处的位置，使船体朝向正确方向，才能顺利航行。虽然传统航海针经上说明了针的参考方向，但还要因地制宜，估算船体受力状况，因当时状况随机调整。这就提高了对领航者的技术要求，因为海上形势瞬息万变，倘若无法及时形成有效对策，很可能就会使得"针迷舵失"，导致海船失事。正如《岛夷志略》中记载万里石塘的风险时所说：

> 观夫海洋泛无涯涘，中匿石塘，孰得而明之？避之则吉，遇之则凶，故子午针人之命脉所系。苟非舟子之精明，能不覆且溺乎？[③]

由此可见，中国古代的航海者们在长期实践中，总结了岛礁区域的海流特征和地貌状况，并提示了海船可能遇到的风险，将其记录在各种航海指南中。在这些记述中，"针"与"舵"之所以总是一同出现，一方面因为它们是控制海船航向的两个重要环节，另一方面，一旦领航者掌控失误，海船很可能就会偏离航线，被卷入岛礁地带的海流中，与礁石碰撞而损舵沉没。在这一系列环节中，火长辨识罗针度

---

① 谢杰：《虔台倭纂》上卷《倭针》，第240页上。
② 郑若曾：《江南经略》卷8上《海程论》，第444页。
③ 汪大渊著，苏继庼校释：《岛夷志略校释》之《万里石塘》，第318页。

数、规划船行针位的职能尤为重要，倘若不能正确认识海船境况，在本应给出正确针位时有所迷惯失误，便无法引导掌舵的长年进入正确的航向，最终会给海船带来覆没之险。领航者经验和判断力不足，以及海船面临的海流、风向、岛礁等风险，应当就是造成"针迷舵失"等现象的主要原因。

四、从线缝船与木钉船看古代航海中对岛礁风险的应对技术

从上文来看，岛礁区出现的"弱水"，实际是因为漩涡所致。在《西洋记》第十四回结尾，也提到了这种"软水洋"的现象，另外还提到了一种被称为"吸铁岭"的危险地带：

> 过了交趾，前面就是个软水洋；过了软水洋，前面就是个吸铁岭。
> ……这个岭生于南海之中，约五百余里远，周围都是些顽石坯。那顽石坯见了铁器，就吸将去了，故此名为吸铁岭。
> ……这五百里远近，无分崖上水下，都是这个吸铁石子儿。
> ……这软水洋约有八百里之远，大凡天下的水都是硬的，水上可以行舟，可以载筏，无论九江八河、五湖四海，皆是一般。惟有这个水，其性软弱，就是一匹毛，一根草，都要着底而沉。[1]

在古代中西方传说中，都曾出现大海中有磁石，会将过往船只上铁钉吸走的记载。葛洪《太清金液神丹经》卷下载：

> 大崎头出涨海中，水浅而多慈石。外徼人乘舶船皆铁叶，至此，崎头阂慈石不得过，皆止句稚，货易而还也。[2]

东汉杨孚所作《异物志》中记载与此相似，并且解释了有铁叶的船舶不能通过的原因，称铁叶会被涨海中的磁石吸走：

> 涨海崎头，水浅而多磁石，徼外大舟锢以铁叶，值之多拔。[3]

在西方，同样有关于大海中磁石的传说。公元2世纪古希腊的托勒密在《地理志》中称：

---

① 罗懋登：《三宝太监西洋记通俗演义》，第183—184页。
② 《太清金液神丹经》卷下，第759页。
③ 唐胄纂：《（正德）琼台志》卷9《土产下·药之属·磁石》，天一阁藏明代方志选刊，古籍书店，1964，上册第9卷第14页b面。

一共存在有十个相互毗连的岛屿，统称为马尼奥莱群岛（Maniolai），装有铁钉的船只都要被吸住难行，也许是由于岛屿中出产大磁石（Pierre d'Herakles）的缘故。所以那里的人们要在滑道中造船。[①]

这个被称为马尼奥莱群岛的地方在锡兰附近，365—430年的巴拉迪尤斯（Palladius）记载：

> 如果带有铁钉的船只航行至这些岛屿时，就会被磁石的这种磁性所吸住再也无法重新离开了。所以，到达这个大岛的船只都是特制的，完全不使用铁，而只用木楔。[②]

阿拉伯民间故事集《天方夜谭》中就讲述了一艘海船靠近磁铁山后，船上铁钉被磁山吸走，船体分崩离析的过程：

> 行了二十天之后，发现海水变了，到了什么地方，船长也莫名其妙，只是感觉诧异。我们对探海的说："你去观察一番吧。"他爬上桅杆看了一会，然后对船长说："报告船长：在右边的水面上，浮着一尾大鱼；前面的海中，却是一片黑暗，最远的地方时而闪出光芒，时而又暗淡下去。"船长听了报告，摔掉缠头，拔着自己的胡须，说道："告诉你们吧：我们全都完了，谁都逃不了这个灾难。"他说罢，悲伤哭泣；我们也都为自己的生命而伤心流泪。我对船长说："船长，探海的看见了什么，你把情况给我们解释一番吧。"
>
> "我的主人哟！你要知道：当飓风突起，波涛汹涌的那天，我们过了一夜，次日风平浪静，在岛上休息两天才继续航行。但是我们迷失了方向，至今行了十一天的航程，现在不顺风，我们无法向目的地航行。明天下午我们就可以到黑石山，又叫磁石山。船被风浪推到山下，那时候船上的每颗钉子都飞上山去，紧紧地贴在山上，船便解体；因为磁石有一种吸铁的特性，因此那座磁石山上的铁是数不清的，从古至今不知在那里损坏了多少过往的船只。"
>
> ……
>
> 次日清晨，船在风浪的吹打下，逐渐靠近磁石山。最后到达山麓，受了磁石的吸引，船上的钉子和金属，全都飞上山去，船身渐渐支离破碎。

---

① 戈岱司编：《希腊拉丁作家远东古文献辑录》，第43-44页。
② 戈岱司编：《希腊拉丁作家远东古文献辑录》，第74页。

我们落在海中，有的淹死，有的围着破船挣扎。傍晚我们中大多数人都淹死了，少数人虽然脱险，可是随着飓风逆浪，东漂西流，四处漂散，谁也不知谁的去向。①

正是这种传说，使古人相信海洋中确有磁铁山存在，威胁着过往航船的安全，但这些传说通常不可信。虽然古代文献中有很多关于磁石山的记载，但今天的南海中尚未有关于磁石岛的信息。有现代研究者认为，南海中并没有磁石，而是礁滩地貌形成的漩涡产生巨大吸力，将海船吸入其中。如《中国古代海洋学史》中说：

东汉（25—220年）时南海上的航行得到进一步的发展，促进了人们对南海地貌的认识，尤其对珊瑚岛的环境表现出分外的敏感，因此，对它的文字记载骤然多了起来。珊瑚虫生长的环境，要求有一定温度和水深的条件，只能在一定深度的海底高地和海山顶的礁盘上。而南海的大陆架上正有适合珊瑚虫生长与繁衍的地理环境。由珊瑚残骸构成的珊瑚礁，是航行时的畏途……文献记载证明，起码至三国时（220—265年），人们即已认识到，珊瑚赖以生长的海下地貌"大礁盘"的存在。并认识到珊瑚虫形成的礁、滩、屿对航行的威胁，虽然目之为磁石是错误的，但由水下礁滩的阻碍而形成的湍流或漩涡的螺旋形海水有吸船触礁作用，用"磁石"来形容还是恰当形象的。②

又如明代黄衷在《海语》中记载：

万里长沙在万里石塘东南，即西南夷之流沙河也。弱水出其南，风沙猎猎，晴日望之，如盛雪。舶误冲其际，即胶不可脱。必幸东南风劲，乃免陷溺。③

海船触碰到万里长沙之后"胶不可脱"的情形，实际上正如被磁石吸住。这种传说常与古代印度洋周边的造船传统联系在一起，古代航海文献中有这样一种解释：为了免除船上的铁钉被海中磁山吸走，导致船舶解体的风险，人们只能选择用线缝船技术应对。线缝船是古代印度洋周边普遍采用的造船方式，即船板不用铁钉固定，而是用绳子缝合捆扎，与中国和欧洲的铁钉船形成明显对比。本书第一章第

---

① 纳训译：《一千零一夜》第1卷《第三个僧人的故事》，人民文学出版社，1982，第114-115页。
② 宋正海、郭永芳、陈瑞平：《中国古代海洋学史》，海洋出版社，1989，第114页。
③ 黄衷：《海语》卷下《万里长沙》，第131页。

一节中曾提到过马可·波罗对这种造船技术的记载。

既然没有磁石山，为什么要用线缝船技术？《黄金草原》中说是因为印度洋中的海水会腐蚀铁钉：

> 我们在地中海的克里特岛一侧发现一些柚木板，上面钻有许多洞并以椰子皮制成的绳索扎在一起。它们来自翻沉的船只，曾被风浪所驱。然而，由于这类木结构仅仅在印度洋才通用，在地中海航行的船只或阿拉伯人的船只都有钉子，而印度洋航船上的铁钉则不牢固，因为海水使之腐蚀、溶化因而变得很不结实。这样一来，为了把木板连接在一起，就迫使建造工人使用涂有一层脂肪和柏油的纤维来取代铁钉。①

但中国海船也能在印度洋上航行，没看到有被腐蚀的记录。实际上，中国人已经注意到这种船的特征，《南方草木状》中有用桄榔树的纤维用来缝船的知识，"桄榔树似枡桐实，其皮可作绠，得水则柔韧，胡人以此联木为舟"②。这里提到的是胡人用这种方法造船，而在南宋周去非《岭外代答》中《藤舟》一条的记载里，中国岭南人也在用这种方法造船，只是用藤代替了桄榔树皮：

> 深广沿海州军，难得铁钉桐油，造船皆空板穿藤约束而成。于藤缝中，以海上所生茜草，干而窒之，遇水则涨，舟为之不漏矣。其舟甚大，越大海商贩皆用之。而或谓要过磁石山而然，未之详尔。③

所谓"深广"，《岭外代答》中另有解释：

> 岭外毒瘴，不必深广之地。如海南之琼管，海北之廉、雷、化，虽曰深广，而瘴乃稍轻。昭州与湖南、静江接境，士夫指以为大法场，言杀人之多也。若深广之地，如横、邕、钦、贵，其瘴殆与昭等，独不知小法场之名在何州。④

在《藤舟》一条的记载中，作者显然也听到了关于磁石山的传说。而在接下来的内容中，他又记载了中国内地的相似案例，即蜀地造船时用柘木制钉，代替铁钉

① 马苏第：《黄金草原》，第196页。

② 嵇含：《南方草木状》卷中，影印文渊阁四库全书，台北：台湾商务印书馆，1986，史部第589册第7页。也有研究认为这并非晋代著作，而是宋代写成。可参考天野元之助《〈南方草木状〉三卷》（天野元之助：《中国古农书考》，彭世奖、林广信译，农业出版社，1992，第20-25页）。

③ 周去非著，杨武泉校注：《岭外代答校注》卷6《器用门·藤舟》，第218页。

④ 周去非著，杨武泉校注：《岭外代答校注》卷4《风土门·瘴地》，第151页。

固定船底，因为蜀江中多石，所以不能用铁钉：

> 今蜀舟底以柘木为钉，盖其江多石，不可用铁钉，而亦谓蜀江有磁石山，得非传闻之误？[1]

为什么在"多石"的水域中不能使用铁钉固定船底？在伊本·白图泰的游记中，提到马尔代夫群岛的人们用椰子树皮制造棕绳，用它们固定和连接船板，并解释了线缝船在多岩石海域的优势——棕绳吸湿性良好，韧性足，所以在撞上岩石时也不会断裂散架：

> 他们在海岸上挖好坑，然后把椰子皮放入坑中，加上颜料使其染上颜色，然后用铁棒槌砸打纤维，再由妇女们把它纺成线，搓成绳，用来固定和连结船板。这种棕绳销往中国、印度和也门，它比麻绳更结实。印度和也门人也用它固定船板，那是因为海边多岩石，如果船板是用铁钉钉的话，一撞到石头就会散架。如果是用这种棕绳固定的船板，因为它们吸湿性好，韧性足，所以不易断裂，撞上岩石也不会散架。[2]

同理，蜀江中的柘钉船也具有这种特点。但从《岭外代答》中的记载来看，很多人并不了解其优势原理，所以也出现了"蜀江有磁石山"的传闻。由此可见，印度洋周边不少关于磁石山的传说，很可能也是基于同样的原因出现的。在伊本·白图泰的游记中透露出一个讯息，马尔代夫群岛上生产的棕绳销往中国、印度和也门，但只有印度和也门用这些棕绳固定船板，中国并不在其中。可见在当时其他国家的人们印象中，中国人是不采用线缝船技术的。

古人对线缝船最直观的印象之一，是需要不停地从船中向外舀水。如元代汪大渊在《岛夷志略》中记载忽鲁谟斯："（甘埋里）其地船名为马船，大于商舶，不使钉灰，用椰索板成片。每舶二三层，用板横栈，渗漏不胜，梢人日夜轮戽水不使竭。"[3]在马拉巴尔海岸，"这些船从来不铺甲板，而是敞开着，它们灌进了很多水，以至于人们几乎永远是必须站在水池边，把水舀出来"[4]。

这样的情形确实会让人对其安全性能产生疑问，但古代记载中也描述了这种船

---

① 周去非著，杨武泉校注：《岭外代答校注》卷6《器用门·藤舟》，第218页。

② 伊本·白图泰口述，伊本·朱甾笔录：《异境奇观：伊本·白图泰游记（全译本）》，第495页。胡拉尼在《古代和中世纪早期的阿拉伯航海业》中也介绍了这种方法（George F. Hourani：*Arab Seafaring：In the Indian Ocean in Ancient and Early Medieval Times*. pp. 91-92）。

③ 汪大渊著，苏继庼校释：《岛夷志略校释》之《甘埋里》，第364页。

④ George F. Hourani：*Arab Seafaring：In the Indian Ocean in Ancient and Early Medieval Times*. p. 98.

只的防水方式。在《岭外代答》中，人们用"海上所生茜草干而窒之"，在其他地方，人们采用沥青填充等方法。那么既然这种造船方法存在诸多隐患，大海中也没有磁石随时威胁船上的铁钉，印度洋周边的造船者们为什么不采用钉船技术？这有可能是因为地形的限制，铁矿和桐油的缺乏，以及历史传统的影响。对于习惯造线缝船的人们来说，就地取材造船总是比现场铸铁钉容易，而本书第一章第一节中提到中国元代水军在爪哇造船时，依然有赖随船携带的铁钉和油灰，体现了铁钉造船这一根深蒂固的传统。在《广东新语》中，提到海南也有这样的线缝船：

> 琼船之小者，不油灰，不钉锯，概以藤扎板缝，周身如之。海水自罅漏而入，渍渍有声，以大斗日夜戽之，斯无沉溺之患。其船头尖尾大，形如鸭母，遇飓风随浪浮沉，以船有巨木为脊，底圆而坚，故能出没波涛也。苏轼云：番人舟不用铁钉，止以桄榔须缚之，以橄榄糖泥之，泥干甚坚，入水如漆，盖自古而然矣。[1]

《欧洲扩张之际印度洋地区的亚洲造船传统》一文中提到："缝合板技术，在中国和欧洲是一项很早就被遗忘的技术，被认为是种外国技术，并且以其脆弱的特性留名史籍。"[2]从地形来看，其实中国海域也是多岛礁地区，但是中国造船和航海者很早就开始使用铁钉船，而不是继续沿用线缝船。铁钉船更结实牢固，能造出更大的船，更适合远航，这体现了中国古代造船技术的先进特征。而中国航海书中对各地礁石、浅滩等地形的记载，也体现了航海者对岛礁区风险的认识。如《顺风相送》中《各处州府山形水势深浅泥沙地礁石之图》记载：

> 《羊屿》：是新州港口。南有礁，生开不可近。中有沉礁在港口，不可近。
> 《龙牙门》：石礁多，流水紧，夜间切记不可行船。
> 《急水湾所》：西边有湾，有沉礁打浪。
> 《苏文哒喇》：椰树对开，有老古石岸。
> 《大佛堂》：四十托水，对开有老古石，浅不可近，流急。[3]

清代泉州《源永兴宝号航海针簿》中记录了许多海中暗藏的风险，也解释了船应该怎样行驶才能避开风险。例如《南风放洋往澎湖》：

① 屈大均：《广东新语》卷18《舟语·藤埠船》，第483页。
② 皮埃尔-伊芙·芒甘：《欧洲扩张之际印度洋地区的亚洲造船传统》，谭玉华译，载上海中国航海博物馆主办：《国家航海》第17辑，上海古籍出版社，2016，第95—121页。
③ 向达校注：《两种海道针经》之《顺风相送·各处州府山形水势深浅泥沙地礁石之图》，第31—41页。

观音奥用乙辛兼卯酉，更香条七、八寸至凤鼻山。看番山凤鼻下，有竹堑港口，候水返七、八分可入港。港口北面有沙汕，汕顶有礁一个，对北礁倚倚入可也。南有石汕，名曰金龟汕，港口南有礁，入港口，礁内有石垒汕，石汕头亦有礁一个。东北风垒汕甚然利害，船若进入港，可对北礁北汕倚倚入可也。[①]

从这些细致的记载中，可以看到中国古代航海者对地形的观察，以及长期经验积累的成果。

第三节　古代航海文献中的海洋环境与生物导航

明朝人陆采在《冶城客论》中，记载了一个名为《蛇珠》的传奇故事。一名下西洋的士兵因生病被遗弃在荒岛上，却因淋雨而病愈，后来意外杀死一条满腹珍珠的大蛇，最终被返航的下西洋船队救起，回国成为富翁：

永乐中下洋，一兵病疟殆死，舟人欲弃海中。舟师与有旧，乃丐于众，予锅釜衣粮之属，留之岛上。甫登岛，为大雨淋漓而愈，遂觅嵌岩居焉。岛多柔草佳木，百鸟巢其中，卵鷇布地，兵取以为食，旬日体充。闻风雨声自海出，暮升旦下，疑而往觇焉，得一径，滑润如蛇所出入者。乃削竹为刃，俟蛇升，讫夜往插其地。及晨，声自岛入海，宵则无复音响。往见腥血连涎，满沟中皆珍珠，有径寸者。盖其蛇剖腹死海中矣，其珠则平日所食蚌胎云。兵日往拾，积岩下数斛。岁余海艅还，兵望见，大呼求济，内使哀而收之。具白其事，悉担其珠入舟，内使分予其人十之一。其人归，成富翁。[②]

---

① 佚名：《源永兴宝号航海针簿》之《南风放洋往澎湖》，收入陈佳荣、朱鉴秋执行主编《中国历代海路针经》下册，广东科技出版社，2016，第691页。

② 陆采：《冶城客论》之《蛇珠》，四库全书存目丛书，齐鲁书社，1995，子部第246册第669页。此书第673页还有《张参政》一条是与下西洋有关的传说，其内容为："张文征云，乃祖参政公勖为御史时，巡按广东，至韶州，左右曰：'公廨有怪，宿者非死则病。'公不听而入，张灯阅案牍。至夜分，见美姝冉冉而前，举砚掷之，忽失去。次夕，则一朝士，紫衣金冠，拱立于阶下。掷之，又……（原书缺字）……何怪？或云，永乐中下洋，内使戕无辜，数……（原书缺字）……而为怪云。"

在海洋中航行，人类会与诸多自然界生物密切接触。航海故事中经常出现与这位下西洋士兵类似的情节：人们流落荒岛，只能凭借最基本的天然资源获取食物，等待来往船只的救援。三个世纪后广泛流传的《鲁滨孙漂流记》也是如此。在荒岛求生的过程中，常会激发人们最原始的生存技能，包括对自然环境的观察、总结和利用，直至像人类远祖那样，尽可能与自然融为一体。与此相似，在定量航海技术出现之前，早期接触海洋的人们也需要从最初的观察和感受出发，经过一代代航海者总结经验，留下用以导航的各种信息。为正确判断船行方向和所在位置，他们需要充分观察周边环境，利用包括海水颜色、陆地标识、特征生物在内的各种因素来导航。这些信息未必都可靠，在定量航海技术出现之后，一些早期航海经验中的环境和生物导航法会退居辅助地位，但它们仍是实际航海技术中直观而不可缺少的内容。

在古代各国航海文献中，虽然对海洋中的生态环境有较多记载，但依然能看到其中侧重点的差异。中国航海指南中记录岛礁情况更为详细，而阿拉伯航海指南中则有更多的水色、生物和风浪状况。这种差异与两地自然环境紧密相关，中国附近海域中岛礁等陆地标识较多，海船航行时主要面临的威胁是触礁风险；而印度洋周边的海船常需要做长途越洋航行，大洋中缺乏陆地标识，所以更多凭借风浪、方位星高度、海水颜色与生物导航。各国海船与海员在太平洋和印度洋的航线上往来交流，对航海知识的记录和航海指南的写法也互相借鉴，本节将对其中一些现象加以分析，从中可看到古代航海者在长期实践中，对生态环境的观察和利用情况。[1]

一、《海洋》与《海道经》中的水色导航

1553年，一支由索马里皇帝派遣，以驱逐葡萄牙人为目标的奥斯曼海军遭遇风暴袭击，被大风吹到印度海岸。其中一位名为西迪·阿里·赛赖比的海军司令登陆后在当地走访了许多城市和学识渊博者，搜集了所有关于论述航海术的阿拉伯文、波斯文和突厥文典籍。后来他用突厥文写了一部有关航海的著作，书名为《海洋》（Muhit）。其中使用了欧洲人之前未曾见过的3部古代、7部近代的阿拉伯文著作。《海洋》的一部分英译内容由德·哈默（de Hammer）发表在19世纪30年代的《孟

---

[1] 章巽《中国航海科技史》中曾单有专节提及水色与生物导航现象（郭永芳：《水色与生物导航》，载章巽主编《中国航海科技史》第3章第4节，第216–221页），刘义杰《试说我国古代北方海区的水文导航术》（上海中国航海博物馆编：《航海·文明之迹》，上海古籍出版社，2011，第139–153页）中也介绍了水文导航现象。

加拉亚洲皇家学会杂志》上，原英译文名是《〈海洋〉——一本关于印度洋航海的突厥文著作》①，这成为研究者了解古代阿拉伯航海术的重要文献。

从写作体例来看，《海洋》所依据的阿拉伯原始文献应是采用了分航段记述的特点，即在每一段航线下具体描述在此区段航行时将会遇到的各种环境特征，如通过方位星的高度（即中国古代航海文献中所说的"牵星"方法）、该海域的天象和地理特点、风浪、岛礁、浅滩、海水深度、颜色和特征生物等信息做定位，并根据航行方向和时间确定航程。其中各种环境特征作为辅助手段，方向和时间则需要工具做较精确的测定。例如在从萨蒂加姆港（Satigam，即孟加拉的吉大港）到红海沿岸的阿拉伯海岸这段航线上，采用的就是这种较为成熟的航行技术：

> 向西——四分之一南的方向行驶两扎姆的时间（每扎姆相当于三个小时），水深探测器中就会逐渐指到六、七、八寻之深。当海浪变化不大的时候就立即启锚，无论风大风小，都必须顺风而行，一直到再次退潮为止，先向西——西南方向行驶一扎姆的时间，然后再向西北方向行驶两扎姆的时间。海水颜色开始变黑，船只一直向南——西南方向行驶，直到小熊座的 β 和 γ 星辰成八度差四分之一为止。然后再向正西航行，在右侧就会见到锡兰了。接着再径直向西，一直到达马尔代夫。②

这种做法和中国古代航海指南中记载的在印度洋上的航行技术非常相似，就是在确定某个航行方向后，以某航速直接航行若干时间即可，而方位星的高度和海水深度都是重要的辅助特征。这种航行方法是古代航海技术发展的结果，测量方位星高度、航向、水深和航行时间是需要一定工具和技术才能做到的，其应用时间也相对较晚。而海上景象则是航海者们对海洋最早的直观认识，人们通过对海洋环境和生态特点的观察，如《海洋》中这段记载里提到的"海水颜色开始变黑"一类信息，正是早期航海者赖以导航的重要依据。在《海洋》中从今印度第乌港（Diu）到今孟加拉国吉大港（Shatijam）的航线指南中，描述了在不同的海底地形之上，海水颜色呈现出的各种差异：

> 当靠近这一岛屿时，则必须留在大海一侧，因为其南岬是一片暗礁地（rikk），水完全变成了白色。在靠近大海一侧等待时，水又呈绿色。必

---

① 费琅编：《阿拉伯波斯突厥人东方文献辑注》（下），第542-544页。
② 费琅编：《阿拉伯波斯突厥人东方文献辑注》（下），第555-556页。

须继续沿这一方向前进，那就会逐渐发现最适宜的海水深度，直到可以深达十七至十八寻之多为止。到达此地之后，还会发现水为浅白色，浅滩位于古利杨（Guriyan）珊瑚岛的南海岸，那里是一片荒凉和偏僻的地方，海水呈浅棕色。①

这实际上是提示了各种水色所对应的海洋地形。由于对《海洋》原作中引用的各种阿拉伯原始文献及其作者的情况缺乏了解，研究者无法对文本中具体的信息及其对应年代做出区分，也无法确定这段关于海水颜色的描述最初形成的时间。但这些对海洋景象最直观的认识，很可能在人们刚接触到这片海域时就已经形成。例如在中国古代航海记录中，关于海水色彩的描述就出现在时间较早的文献中。南宋吴自牧所作《梦粱录》中记载：

> 相水之清浑，便知山之近远。大洋之水，碧黑如淀；有山之水，碧而绿；傍山之水，浑而白矣。有鱼所聚，必多礁石，盖石中多藻苔，则鱼所依耳。②

这段文献与《海洋》一样，都描述了水下地形与海水色彩之间的对应关系，是一种航海经验的总结。虽然南宋时期没有专门的航海指南流传下来，但从这段文字中，依然可以看到这正是被称为"舟师"的古代导航员日常应用的技术。比《梦粱录》时间稍晚的《海道经》中对黄海各海域海水颜色的变化情况介绍相当细致，本书第一章第一节中已有叙述。编撰于当代的《辞海》，从科学视角对此加以解释，即"宋元以来我国航海者对于今黄海分别称之为黄水洋、青水洋、黑水洋。大致长江口附近一带海面含沙较多，水呈黄色，称为黄水洋；北纬34°、东经122°附近一带海水较浅，水呈绿色，称为青水洋；北纬32°—36°、东经123°以东一带海水较深，水呈蓝色，称为黑水洋"③。这种海水颜色迅速变化的情形不单只有中国航海者记载，生活在明朝中期的朝鲜人崔溥在《漂海录》中记录来到中国的历程时，也描述了这种海洋景观：

> 虽若一海，水性水色，随处有异。济州之海，色深青，性暴急，虽少风，涛上驾涛，激溅灛泗，无甚于此。至黑山岛之西犹然。行过四昼夜，

---

① 费琅编：《阿拉伯波斯突厥人东方文献辑注》（下），第552页。原文见Sidi Ali Celebi, translated by Joseph Von Hammer. *Extracts from the Mohit, that is the Ocean, a Turkish work on navigation in the Indian seas*, Journal of the Asiatic Society of Bengal. 1836：pp.441-468，这段文字在467页。

② 吴自牧：《梦粱录》，第112页。

③ 辞海编辑委员会编：《辞海·地理分册·历史地理》之《黑水洋》，第259页。

海色白，越二昼夜愈白。又一昼夜还青，又二昼夜还白，又三昼夜赤而
浊，又一昼夜赤黑中全浊。臣之行舟，视风从却，东西南北，萍漂无定，
其间所见海色，大概如此。自白而还青以后，风力虽劲，涛不甚高。至还
白以后，始有岛砦。①

需要用海水颜色来判断航行区间的海域，通常是因海水较深且缺乏岛礁等标
识，在这种情况下，只能借助水色变化来判断航船的位置。与此相似的是海洋生
物，这是另一种用来判断航行区域的标识，在特定的海域会出现特定的生物，可以
根据它们判断自己所处的位置。《顺风相送》中记载了在海南岛附近的七洲洋等海
域，当海水颜色变化时，伴生出现的海洋生物：

船身若贪东，则海水黑青，并鸭头鸟多。船身若贪西，则海水澄清，
有朽木漂流，多见拜风鱼。船行正路，见鸟尾带箭是正路。②

在这些记载中，鸟类和鱼类明显已经成了为航海者们指引航路的标识。文中提
到的拜风鱼是海猪，也称江豚，清人有诗云"拜风鱼敢逆风行"③，可能是因此种
习惯而得名④。尾部带箭的海鸟也是文献中经常出现的生物，研究者认为它们是尾
巴特别长的鹲科鸟类⑤。如清代《海国闻见录》中记载：

七州洋中有种神鸟，状似海雁而小，喙尖而红，脚短而绿，尾带一
箭，长二尺许，名曰箭鸟，船到洋中飞而来示，与人为准，呼是则飞而
去，间在疑似再呼细看决疑，仍飞而来，献纸谢神，则翱翔不知其所之。
相传王三宝下西洋，呼鸟插箭，命在洋中为记。⑥

这里所说的王三宝就是王景弘，他与郑和一起出使过西洋，民间也有许多关于
他的传说，在很多时候，同样的故事会同时出现在他和郑和的名下。南海的七洲洋
海域向来是航行风险高发区，关于箭鸟的传说正反映了古代航海者对这一海域的警

---

① 朴元熇校注：《崔溥漂海录校注》，上海书店出版社，2013，第18-19页。
② 向达校注：《两种海道针经》之《顺风相送·定潮水消长时候》，第27-28页。
③ 何绍基著，曹旭校点：《东洲草堂诗集》卷26《舟中杂诗》，上海古籍出版社，2006，第741
页。
④ 也有研究中提到拜风鱼是中华白海豚。如陈清茂：《宋元海洋文学研究》（上），载曾永义主
编《古典文学研究辑刊》二编 第11册，花木兰文化出版社，2011，第54页。
⑤ 韩振华在《七州洋考》中对这些生物种类做了考证。载韩振华编：《南海诸岛史地考证论
集》，中华书局，1981，第37-38页。
⑥ 陈伦炯：《海国闻见录》卷上，台湾学生书局，1984，第121页。

惕性，以及对箭鸟作为航行标识的肯定与倡导。

二、作为导航参照物的标识生物

在定量航海技术日渐成熟后，航海者对海洋环境的观察日益规范化，例如16世纪初《马来海商法》中对马六甲王国航海者所做的职业规定：

> 舵手必须在海上和陆上根据风向、海浪、海流、海水深浅、月亮和星星、时节和季风、港湾、岬角和海岸线、暗礁……珊瑚和沙洲、沙丘、山脉，进行导航。[1]

文中没有提到海洋鱼类、鸟类和植物，在同时期的阿拉伯和中国航海手册中，海洋生物也没有作为重要的导航标志出现，只是在一些海域起到辅助作用。但在人类航海的早期阶段，生物导航却是必不可少的因素。虽然今天的人们对远古时期航海者的生活状态已较为陌生，但从口述历史、人类学、民族学等角度做探索与研究后，仍会看到一些古老的航海习惯在今天的遗存痕迹。西太平洋上的航海民族依然保留着许多早期人类的生活状态，如《太平洋史》中所说：

> 在几千年的时间里，太平洋人民成功而且一再航行漫长的距离而没有甚至是最简单的仪器的帮助，全凭对星星的相对位置和动态、风向和洋流方向、浮游植物、远方岛屿上云彩形状的映像、各种鸟类和海洋生物的多寡、运动方式和行为的敏锐观察和解释。[2]

浮游植物、鸟类、海洋生物甚至云彩形状，很可能是亚欧国家航海技术规范化进程中，逐渐被淘汰或退居次要地位的内容。从这些古老的习惯和经验里，可以想象世界各地的早期先民们利用一切环境信息导航的情景。古代航海记中经常描述各种海洋生物情况，其中一些是出于初见海洋景象的好奇，例如明朝夏子阳出使琉球时的见闻：

> 时风顺帆轻，水天一色。余辈登船楼最高处观之，四顾辽廓，茫无涯际。波翻白浪，风送涛声；镗鞳嘈呔，乍远乍近。或时浪拍船舷，人皆欲仆；或时涛涌船立，人似高登。波纹旋转如织，突兀如沸、跌宕如犇、惊怪如怒。大鱼扬鬐鼓鬣，隐隐隆隆；白鱼横飞水面数丈，云为大鱼所逐。

---

[1] 安东尼·瑞德：《东南亚的贸易时代：1450—1680·第二卷·扩张与危机》，孙来臣、李塔娜、吴小安译，商务印书馆，2013，第65页。

[2] 唐纳德·B.弗里曼：《太平洋史》，王成至译，东方出版中心，2015，第137页。

或见波底鱼目如镜，晶光奕奕，映日射人，则殊可骇。①

初见海洋的人难免感到新鲜和震撼，对水下大鱼巨目如镜的细节描述，更使人有惊心动魄之感。横飞水面的鱼群是人们熟悉的海洋景象，它在早期航海记录中就已出现，例如《隋书》中记载大业三年（607年）常骏出使赤土国归来时，在今马来西亚南部海域看到"绿鱼群飞水上"②。但这类记载还没有脱离见闻性质，在早期古代旅行者所作的各种行记中，经常会记录世界各地不同的风土民情，其中也包括当地特有的生物。这些行记一般不会特意区分有助于指引路程的生物和旅行目的地的奇禽异兽，例如日本作家真人元开记录唐代僧人鉴真东渡事迹的《鉴真和尚东征传》中，有这样的记载：

> 三日过蛇海，其蛇长者一丈余，小者五尺余，色皆斑斑，满泛海上。
> 三日过飞鱼海，白色飞鱼，翳满空中，长一尺许。五日经飞鸟海，鸟大如
> 人，飞集舟上，舟重欲没，人以手推，鸟即衔手。其后二日无物，唯有急
> 风高浪，众僧恼卧。③

在这些具体描述中，能看出旅行者发现或者知道在某些区域会出现相应特定生物，尽管早期观察者没有特意强调这些生物的导航作用，但这仍是一种知识的积累。航海者会逐渐选择用这些特定生物确定位置。例如在明代文献中，人们已经知道在前往日本的航线上，可以用飞鱼确定航行的位置："此飞鱼，形类鲈，长尺许，双翼越尾，凡寸余，见风帆影飞翔无算，飒飒有声。凡出使船，若见飞鱼，须定屋久，然后放彼山城国都"④。日本学者安藤更生在《航行在鉴真遇险过的海路》一文中根据自己的海上经验，分析了鉴真在海路上遇到的飞鱼和飞鸟类型：

> 到了接近香港一带的海上，看见了像飞燕似的成群的鸟，朝着同一方
> 向一齐飞跃的情况，完全像在北京附近所看到的燕群，以为是一种鸟，但
> 仔细一看，却是一种飞鱼。鉴真他们所见飞鱼的海，就是这一带地方。
> ……
> 鉴真和尚他们曾遇到像人那么大的鸟，飞集船上啄人的手而感到惊
> 异。并且记载着因为鸟身太重使舟欲沉的情况，虽然有点夸张，但他们本

---

① 夏子阳：《使琉球录》，第424页。
② 魏征：《隋书》卷82《南蛮·赤土》，中华书局，1973，第1835页。
③ 真人元开：《鉴真和尚东征传》，梁明院校注，中国旅游出版社，商务印书馆，2016，第48页。
④ 郑舜功：《日本一鉴》第1册《桴海图经·万里长歌》，1939年据旧抄本影印本，第4页b面。

人也许是那样感觉的。这种鸟大概就是信天翁吧。[1]

INDIAN ADVENTURERS SAILING OUT TO COLONIZE JAVA.
No. 6. (Reproduced from the Sculptures of Borobudur.)

图4-3　印尼婆罗浮屠6号浮雕（有研究者认为其中的飞鸟是信天翁）[2]

信天翁成鸟体长近1米，展翼可达2米以上，飞行能力极强，可紧贴海面长时间飞行不息，除繁殖期外主要在海上生活，有时停在海面上随波逐流。中国的信天翁主要分布于东南沿海及其岛屿附近，其中黑脚信天翁喜欢接近和跟随船只。[3]古代东南亚人也注意到了这种鸟类。印度尼西亚爪哇岛上的婆罗浮屠是一座建造于公元8至9世纪的佛教建筑，其中有6件浮雕，体现了早期印度人从海上移民印度尼西亚的事迹。《印度的船》中特别提到了这些海洋元素，例如2号浮雕中露出牙齿的鳄鱼，4号浮雕和6号浮雕中的鱼，莲花，水生植物的叶子，海鸥和信天翁，以及用弯

---

[1]　安藤更生：《航行在鉴真遇险过的海路》，载鉴真和尚逝世一千二百年纪念委员会编《鉴真纪念集》，1963，第118-119页。

[2]　Radhakumud Mookerji：*Indian shipping：a history of the sea-borne trade and maritime activity of the Indians from the earliest times*，Longmans，1912，p.50.

[3]　赵正阶编著：《中国鸟类志·上卷·非雀形目》，吉林科学技术出版社，2001，第60页。

曲线来表现的水波纹，都展现了海洋的情形。作者还认为，由于画面上有海鸥和信天翁在船舶附近飞翔，因此表明船在海洋中航行，距离海岸很远。[①]

鉴真遇到的海蛇也称"青环海蛇""斑海蛇"，长1.5—2米，躯干略呈圆筒形，体细长，后端及尾侧扁，背部深灰色，腹部黄色或橄榄色，全身具黑色环带55—80个。[②]这种海蛇在我国近海各省均有分布，过去尤以南海最为常见。[③]大规模出现的海蛇在中国古代文献中记载不多，另一处比较典型的是清代郁永河在《采硫日记》中提到台湾海域"又有红黑间道蛇及两头蛇绕船游泳，舟师以楮锭投之，屏息惴惴惧，或顺流而南，不知所以耳"[④]。所谓的两头蛇可能是因为头尾部分的形状和花纹都很相似，所以粗看时难以区分。

印度洋上海蛇较多，《顺风相送》中记载"丁得把音：对开，打水四十托，是泥地，花蛇多，十六托水"[⑤]。丁得把音在其他文献中有时也被写为丁得把昔。在今天的印度西岸出现的海蛇是中国古代航海手册中专门用来指导航行的区段标识，这可能出于古代中国水手自己的观察，也可能是与当地水手交流经验的结果。在记载古代阿拉伯航海经验的《海洋》中，可以看到更多关于海蛇的记载，例如在某些海域看到蛇群出现或者消失时，会按航海书上记录的经验，转换航行的方向。在从哈剌图（Kalhat，在今阿曼）到古吉拉特（Gujerat，在今印度西部）的航程中，就记载着"从哈剌图启航，一直向东，直到看见海蛇。一见海蛇，即转向海岸行驶"[⑥]。

《海洋》中经常出现的生物还有海马和各种海鸟，它们都可以用来参考判断所在的海域位置。但书中也提醒了不能完全凭鸟群判断自己所处的方位，因为随着年份的不同，鸟群的情况很可能会发生变化：有些年份中它们出现，在另一些年份中则不出现；有时它们数量很多，但有时数量又很少。[⑦]与《海洋》中相比，中国古

[①] Radhakumud Mookerji: *Indian shipping: a history of the sea-borne trade and maritime activity of the Indians from the earliest times*, pp.47, 50.

[②] 真人元开：《鉴真和尚东征传》，第49页。

[③] 赵盛龙等著：《东海区珍稀水生动物图鉴》，同济大学出版社，2009，第61页。

[④] 郁永河：《采硫日记》卷上，中华书局，1985，第5页。

[⑤] 向达校注：《两种海道针经》之《顺风相送·各处州府山形水势深浅泥沙地礁石之图》，第41页。

[⑥] Sidi Ali Celebi, translated by Joseph Von Hammer. *Extracts from the Mohit, that is the Ocean, a Turkish work on navigation in the Indian seas*, p.457, p.458.

[⑦] Sidi Ali Celebi, translated by Joseph Von Hammer. *Extracts from the Mohit, that is the Ocean, a Turkish work on navigation in the Indian seas*, p.464, p.457.

代航海文献中记载的鸟类略少，但同样作用明显。如《指南正法》中记载："有大鸟仔红脚囊大叶多见，或系多见海圭母白头囊是虎尾，此行正路。"[1]当出使琉球时，人们看不到鸟，也会联想到是否附近没有山岛：

> 《志略》云："洋鸟止则浮窠水面，飞则衔窠而起。"来时见白鸟飞，未见衔窠，至是，舟行竟日，无一鸟，岂归路无山，遂无鸟耶？视海面深黑，天水遥接，岂即所谓黑沟耶？[2]

三、异常状态下出现的生物与人们的认识

在哥伦布的著名航行中，经常会根据海上生物状况判断是否已经接近陆地。从这些关于鸟类、鱼类和植物的信息中，可以看出当时的欧洲航海者积累了许多关于海洋生物的知识：

> （九月十四日）妮娜号水手称，他们发现了燕鸥和鹲鸟，这些海鸟从不飞离陆地二十五里格以远。

> （九月十六日）水手们发现海面上有不少海洋中稀有的碧绿青草，他们认为这些草是从陆上飘来的，据此估计附近定有岛屿，但离大陆尚有距离……（九月十七日）不时见到众多野草自西飘来，这种草本生于石间。据此，众人猜测陆地即在附近。

> （九月十七日）是日清晨，远征军司令看见一种很少在海上过夜的白鸟，名叫鹲鸟……（九月十九日）当天十时，一只鲣鸟飞到船上，下午又飞来一只。此鸟很少飞离陆地二十里格以远。

> 众人还发现一条鲸鱼，这又是陆地在即的迹象，因为鲸鱼总在陆地附近游弋。

> 水手们看见一种名为军舰鸟的飞禽，该禽能迫使鲣鸟吐出所吞之物，然后掠而食之，它是以鱼为生的海鸟，但从不在海上栖息，也从不远离陆地二十里格以外。[3]

虽然这些关于接近陆地的猜测最后一般都被证明并不属实，但毕竟也是人们世

---

① 向达校注：《两种海道针经》之《指南正法·乌坵往彭湖》，第177页。
② 李鼎元：《使琉球记》卷6，第180页。
③ 孙家堃译：《哥伦布航海日记》，第14页、第15页、第17页、第18-19页、第22页。

代经验的积累。古代的航海经验与传说经常互相交织，很难分辨其中有多少可信。例如西太平洋上的航海民族中传说"有一种巨大无匹的章鱼，潜伏等待着在外海航行的独木舟……其身子巨大到能够将整个村庄覆盖，它的胳膊像椰子树一样粗壮，会从海里面伸出来"[①]。古代阿拉伯流传着关于中国海中大鹏（Rokh）岛的故事："大鹏是一种特别大的鸟，大得出奇，十分令人可怕，以至于有人传说大鹏鸟的一只翅膀就将近达一万英寻之长。"在另一部阿拉伯文献《动物志》中，记载了一个曾在中国及其附近岛屿旅行的人，他"从大鹏岛带回了一大笔财产和一根大鹏翎毛管，这根翎毛管是从一只尚未孵出蛋壳的雏鹏身上拔下来的，其内可以容纳得九只羊皮袋的水"[②]。

中国古代文献中记载西方也有这样的大鹏，其羽毛管同样可以用来做水桶，但它出现在"昆仑层期国"，也就是今日非洲的马达加斯加。据称其国"常有大鹏飞，蔽日移晷。有野骆驼，大鹏遇则吞之。或拾鹏翅，截其管，堪作水桶"[③]。

当来自内陆的人们最初见到陌生的海洋生物时，常会产生新奇感，并将其外形与陆地生物做比较并加以理解。例如崇祯年间胡靖跟随杜三策出使琉球，从五虎门出海时，这样描述在海面上看到巨鱼腾跃的情形：

> 由五虎门出大海，始掀五帆，乘浪如飞，真有一泻千里之势。次早风顺如故，舟镇不前。歘见吞舟之鱼，翅类旌旗，金光闪烁，左右旋绕，余则大小隐跃，或鳞或介，或礐或圆，或赤或黑，如狗、如豕、如驳、如麂、如豸狙犀象者，莫可名状。[④]

此前从未见过的生物，忽然以斑斓的色彩和形象出现在大海中，增加了航海者对海洋的敬畏和神秘感。世界各海域生物不同，人们在陌生海域遇到不可思议的景象时，甚至会用神异思维加以理解。例如古代阿拉伯人马苏第所作《黄金草原》中记载了中国南海中危险的风暴和波浪，以及成群结队攀船却全无威胁的所谓小型黑人：

> 每当海中出现巨大的"希卜"和浪峰倍增的时候，就会发现钻出一些

---

① 布罗尼斯拉夫·马林诺夫斯基：《西太平洋上的航海者》，中国社会科学出版社，2009，第175页。

② 费琅编：《阿拉伯波斯突厥人东方文献辑注》（下），第457页。

③ 周去非著，杨武泉校注：《岭外代答校注》卷3《外国门下·昆仑层期国》，第113页。

④ 胡靖：《琉球记》，第262-263页。

身材为4—5拃长的黑人，酷似小阿比西尼亚人，所有的人都有同样的形状和同样的身材。它们攀援上船，但无论其数目有多大，都完全不会有进攻力。船组人员知道这些人的出现将预示着一场风暴（希卜），于是便竭尽全力地操作船只。[①]

这里描述的场景过于奇特，使人疑为脱离现实的传说，但在中国明代的《海槎余录》中记载了非常相似的故事，即中国南海常有众鬼攀船，需要用米饭投喂才能停止：

> 千里石塘在崖州海面之七百里外。相传此石比海水特下八九尺，海舶必远避而行，一堕即不能出矣。万里长堤出其南，波流甚急，舟入廻溜中，未有能脱者。番舶久惯，自能避，虽风汛亦无虞。又有鬼哭滩，极怪异。舟至，则没头、只手、独足、短秃鬼百十，争互为群来赶舟，人以米饭频频投之即止，未闻有害人者。[②]

在古代阿拉伯和中国航海者不同角度的描述中可以猜测，他们确实在南海看到了成群不明生物前来袭船的情形。这种生物数量有几十上百只，露出水面的部分不太高，所谓的只手独足可能是鳍和尾巴，攻击性较弱，当人类向其投喂食物后，便会自行离去。现代研究者分析认为涨海群鬼实际上是南海中的海豚群，如《南沙群岛自然地理》中论述：

> 滩礁间水域出现的"短秃鬼"即为哺乳类动物海豚科，长2—2.4 m，背黑色，毛退化，喜成群生活，因用肺呼吸，需常出露水面，被明代船民称为"短秃鬼"。由于珊瑚礁区水浅，生物多，鱼、乌贼、虾、蟹等繁生，海豚常成群游行礁区浅水地带觅食小动物，每群百十数，追食，呈戏水翻腾景象。当海舶饲以米饭时，更是相互争食，头部和翅鳍出露，呈独足独手形态，即反映其四肢鳍化，手足变形为鳍的描述。海豚性驯，不为人害，喜群居和在水面附近觅食，为浅水珊瑚礁常见海生动物群。[③]

---

① 马苏第：《黄金草原》，第186页。
② 顾岕：《海槎余录》，第264-265页。
③ 赵焕庭主编，中国科学院南沙综合科学考察队编：《南沙群岛自然地理》，科学出版社，1996，第23页。

这种背部蓝黑灰色，腹部白色的小型海豚在我国沿海均有分布，它们行动敏捷，游泳速度很快，常以数十只或几百只为群巡游海面，随船只前进或与渔轮艄部并驾齐驱，或者尾随渔船，发出似鼠叫的吱吱声。[①]清代李鼎元在《使琉球记》中，提到了黑绿色的大鱼与船同行，可能也是这种海豚：

> 东方黑云蔽日，水面白鸟无数……有大鱼二，夹舟行，不见首尾，脊黑而微绿，如十围枯木，附于舟侧……余闻大鱼夹舟，若有神助，行海最吉。[②]

"大鱼引舟"常见于古代航海文献，一般被认为预示着航程平安。《鉴真和尚东征传》中记载的大鱼颜色又有所不同："明旦近岸，有四白鱼来引舟，直至泊舟浦。"[③]《航行在鉴真遇险过的海路》中分析，鉴真一行飘流到海南岛时遇到的这四条如向导般带领着船的白鱼，可能是一种露着白肚、常在船的前方跳出来的海豚。[④]综合各种情况来看，这里提到的很可能是中华白海豚，它们体长在2.2—2.5米，全身乳白色，背部杂有明显的灰斑，多系热带、亚热带近岸品种，南海中终年可见。[⑤]

除海豚之外，还有不少生物被认为代表着海洋中神灵的启示，由于在海洋气象变化之前，一些生物会出现反常反应，所以在海船即将或正在陷入险境时，如果有蝴蝶、黄雀、蜻蜓等生物飞到海船上，乘船者就会认为这是预言即将到来的灾难，让人们提前做好准备；或是预示着险情即将结束，神灵将带领海船脱险。在此前出使琉球使臣的记载中，已经能看到人们遇险时祈求天妃与龙王的情形，又如明代萧崇业、谢杰所作《使琉球录》中记载"孤雁飞绕于前后，一细蜻蜓入神舍不去，众咸异焉"[⑥]，以及陈侃在《使琉球录》中的描述：

> 二十六日，忽有一蝶飞绕于舟，众曰："山将近矣。"疑者曰："蝶者甚微，在樊圃中飞不过百步，安能远涉沧溟？此殆非蝶也，神也。或将有变，速令舟人备之。"复有一黄雀立于桅上，雀亦蝶之类也。令以米饲雀，雀啄

---

① 王鹏、陈积明、刘维编著：《海南主要水生生物》，海洋出版社，2014，第199页。
② 李鼎元：《使琉球记》卷3，第71—72页。
③ 真人元开：《鉴真和尚东征传》，第48页。
④ 安藤更生：《航行在鉴真遇险过的海路》，第119页。
⑤ 王鹏、陈积明、刘维编著：《海南主要水生生物》，第199—200页。
⑥ 萧崇业、谢杰：《使琉球录》卷上，第556页。

尽立去。是夕，果疾风迅发，白浪拍天，巨舰如山，飘荡仅如一苇。①

清代郁永河在《采硫日记》中记载了在台湾岛附近海域遭遇风浪时，见到蝴蝶与鸟雀，海员们越发惊恐，以至于要焚烧楮镪（即纸钱）用以祈祷平安的情形：

> 风中蝴蝶千百，绕船飞舞，舟人以为不祥。申刻风稍缓，有黑色小鸟集船上，驱之不去，舟人咸谓大凶，焚楮镪祝之，又不去，至以手抚之，终不去，反呷呷向人若相告语者。②

航海者与海洋生物共同生存，总结出了许多心得经验。在今天人们看到的彩色中国古代海船图画中，船底一般是白色的，这通常是为了防止海洋生物大量附生在船底上，给航行带来困难。人们在船底刷漆，使生物难以在上面生长，或是生长后易于去除：

> 来往外洋之船，其底必尖深，方堪风浪。又咸海易生蚵虫，亦螺蛎之属，毂圆如戒指，上稍小，下稍大，牢生石上，有刺棘人手足。凿下煮食，味颇鲜。若生船腹，垒垒不可脱，则行海不灵活，故洋艘饰白其腹，使不易生，即生而去之亦易，不至重伤船腹也。③

而在元代的海运船上，防止海洋生物对船体造成破坏的方法，则是"必别用大木板护其外，不然，则船身必为海蛆所蚀"④。

在古代中国，关于海洋生物和气象变化的知识，经过长期积累之后，形成各种歌诀出现在航海手册中，提醒其预示的海洋状况变化。例如明代何汝宾所作《兵录》中有《定各色恶风》记载称：

> 云横日赤，烟雾四塞，日月昏晕，海面浮赤。
>
> 云行如箭，禽鸟高飞，天色昏暗，人身首热。
>
> 天色衡高，大鱼高跳。海水浑浊，海糠多浮。
>
> 西南星动，海蛇戏水，无风作浪，无雷海响。

---

① 陈侃：《使琉球录》，第49—50页。
② 郁永河：《采硫日记》卷上，第19—20页。
③ 郑光祖：《醒世一斑录》杂述三《洋船尖底白腹》，第128页。
④ 周密：《癸辛杂识》续集上《海蛆》，第88页。

蜻蜓多飞，礁头乱响。凡此各色，风飓异常。①

这些特征描述出现在明清时期的许多航海指南中，用以描述的语句也非常相似。如《顺风相送·逐月恶风法》记载：

禽鸟翻飞，鸢飞冲天，俱主大风。②

《源永兴宝号航海针簿·恶风先兆》记载：

禽鸟高飞有恶风，蜻蜓多飞有恶风。③

《外海纪要·海气变备风雨》记载：

海水变臭气，海水变红，海水变黑，海上有鱼大浮，海上有飞鸟鱼成群，海上鱼有浮水相赶逐：备之，天必变，有大风雨。④

这些文字是航海经验世代交流与传承的结果。当人们在海洋中前行时，必须与海洋生物共存，并试图了解、掌握海洋生态环境的常态与变化特点。从古代航海者对海洋生物的不同认识和理解中，能看到他们为此付出的努力，以及不断增长的海洋知识与前行的意志。而从世界各地不同航海者留下的文献记录中，可以看到他们面临的生态环境的特征，观察与认识海洋世界的相似视角，以及在古代海上交流网络中互通的航海知识与技术。

---

① 何汝宾：《兵录》卷14，第757—758页。
② 向达校注：《两种海道针经》之《顺风相送·逐月恶风法》，第26页。
③ 佚名：《源永兴宝号航海针簿》之《恶风先兆》，收入陈佳荣、朱鉴秋执行主编《中国历代海路针经》下册，广东科技出版社，2016，第743页。
④ 李增阶：《外海纪要》之《海气变备风雨》，续修四库全书，上海古籍出版社，1996，史部第860册第409页。

第四节　从天妃与针、舵、水柜等诸神信仰
看航行中的常见问题

　　郑振铎在1957年完成的《中国古代木刻画史略》[①]一书中，介绍了明永乐十八年的《天妃经》引首长卷图。据书中介绍："《天妃经》为随三宝太监到南海去的一个名叫胜慧的和尚，临终时，命将他所遗的资财，发愿刻印的。据《天妃经》跋语云：'差往西洋公干，要保人船无事，发心告许天妃灵验妙经藏，用作匡扶，祈求乎善。不期胜慧年命已终，虑心尤在，仅将遗下资财，命工印造原许经方，散施四八。'"[②]2000年，金秋鹏在《迄今发现最早的郑和下西洋船队图像资料——〈天妃经〉卷首插图》一文中解读了《天妃经》引首木刻画的意义：

　　一、图的前部为天妃宫的景象。天妃端坐宫中，部属和侍从分立两旁，庭前站着千里眼、顺风耳。图的中部上方是天妃站在船队上空的云际，象征着天妃一直伴随着远航中的郑和船队，无时不在，无处不在，佑护着远航的平安……

　　二、图的后部上方当为观音菩萨的画像……此画象征天妃是观音菩萨的弟子。

　　三、图的中部和后部下方为郑和船队图像，计五列，每列五艘。这是迄今发现最早的郑和下西洋船队的图像资料，因此弥足珍贵。

　　……

　　现《天妃经》卷首插图则为我们展示了宝船形象的历史图像。其所画的船，艏艉高翘，船舷高，吃水深，正符合福船的特征，可说是福船的写实和写意，而与艏艉起翘不大，船舷低矮，几乎接近水面的沙船完全两样。因

　　[①] 陈福康：《郑振铎先生的最后一部奇书——唯大时代乃产生大著作》，载郑振铎《中国古代木刻画史略》，上海书店出版社，2011，第11—12页。

　　[②] 郑振铎：《中国古代木刻画史略》，第44页。

此，此图可作为宝船系福船型这一结论的有力证据。画中，那开阔海面上成列、成行的船队，也为我们描绘了郑和下西洋气势磅礴的景象。①

图4-4　永乐十八年《天妃经》引首木刻画中的天妃、观音和郑和船队②

一、天妃等诸神信仰与航海风险对策

天妃又称天后、妈祖，原型本是五代或宋初福建一位林姓女子。此信仰自从宋代兴起以来，就在中国古代航海者中流传甚广。历代常有修建天妃庙的记载。如明《山海关志》中记载，明初海运时在渤海边修建天妃祠，天顺八年（1464年），兵部主事祁顺记称：

> 天地间海为最巨，海之神天妃为最灵。凡薄海之邦，无不祠天妃者，由其能驱变怪、息风涛，有大功于人也。直隶山海卫，去城南十里许为渤海，汪洋万顷，不见涯涘。海旁旧有天妃祠，相传谓国初时，海运之人有遭急变而赖神以济者，因建祠以答神贶。③

《明太宗实录》中记载永乐三年，负责海运事务的平江伯陈瑄建议在直沽修建天妃庙，并获批准。④郑和下西洋时在福建广石也建造了天妃庙，后来历次出使的

---

① 金秋鹏：《迄今发展最早的郑和下西洋船队图像资料——〈天妃经〉卷首插图》，《中国科技史料》2000年第1期，第61-63页。
② 中国美术全集编辑委员会编，王伯敏主编：《中国美术全集·绘画编20·版画》，上海美术出版社，1988，第32-33页。
③ 詹荣纂修：《山海关志》卷7《祠祀七·天妃庙》，续修四库全书，上海古籍出版社，1996，史部第718册第63页。
④《明太宗实录》卷38，永乐三年正月甲寅，第645页。

使臣们在海上遇险时向天妃祷告，脱险回国后需要还愿，于是下西洋时建立的天妃庙，又被此后出使琉球的使臣们屡次修葺。如郭汝霖在海上遭遇风浪，船舵折毁，险遭不测，一船人只能一再祈求天妃息风。后来郭汝霖作《洋中折舵歌》[①]，并向朝廷奏报神功：

> 飓风大作，阴云四塞，白浪滔天，舵干折去，舟颠危甚，举舟痛哭，□愿祈保，风未能止，至第三日，臣等仅存残喘，乃为文以檄天妃，再以归乞圣皇赐祭申请，风遂稍止，因得换舵，整缆完舟而廻。[②]

后来郭汝霖在《广石庙碑文》中记载：

> 广石庙，庙海神天妃者也。天妃生自五代，含真蕴化，殁为明神。历宋、历元、迄我明，显灵巨海，御灾捍患、拯溺扶危。每风涛紧急间，现光明身、着斡旋力，《礼》所谓"有功于民，报崇祀典"，而广石属长乐滨海地，登舟开洋必此始，庙之宜，旧传自永乐内监下西洋时创焉。[③]

文中还追溯了在成化七年和嘉靖十三年，出使琉球的使臣们重修天妃庙的往事。由此可见，历代政府之所以祭祀天妃，是因为相信神灵能够"御灾捍患"。郑和下西洋时留下了许多海上遭遇风浪，向天妃祈祷并获得护佑的故事。[④]如冯承钧《〈瀛涯胜览〉校注》序文中记载，向达藏有清初人钞本残卷一册，其中提到：

> 书题序跋并阙，殆是"针位编"之一种。中有一条云："永乐十九年奉圣旨，三宝信官杨敏字佛鼎，泊郑和、李恺等三人，往榜葛剌（原误傍葛据）等番邦，周游三十六国公干。至永乐二十三年，经乌龟洋中，忽暴风浪。"（下言祷告天后娘娘得平安。）此条虽合五六两次奉使为一事……[⑤]

至于在海上如何祈福，明初文献中没有记载太多细节，但明朝中后期出使琉球的使臣们经常遭遇类似事件，他们的记录可以作为参考。如徐葆光在封舟向北偏离

---

① 郭汝霖：《石泉山房文集》卷7《洋中折舵歌》，收入王菡选编《国家图书馆藏琉球资料三编》（上），第7页。

② 郭汝霖：《石泉山房文集》卷7《吏科左给事中（臣）郭汝霖谨奏为乞查例赐祭以报神功事》，第17页。

③ 郭汝霖：《广石庙碑文》，收入郭汝霖、李际春编《（重编）使琉球录》，第127页。

④ 下西洋时的各种天妃故事，可参考徐晓望《妈祖信仰史研究》，海风出版社，2007。

⑤ 马欢著，冯承钧校注：《瀛涯胜览校注》序，第9页。

航线，又苦于时节所限，没有北风能将其吹回正确方位时，只能祈祷天妃送来北风，将其送往琉球。祈祷后海上确实起了北风。其诗中记载：

> 既见国北山，乡道色皆沮。（接封陪臣三人，在舶为乡导。）安得广莫风，六月来助汝？（六月无北风）……舟师舞婆娑，喃喃告妈祖。（海舶呼天妃为妈祖）……忽见雀翩翩，何来蝶栩栩（天妃示应，每见雀蝶……）回飙若振组（祷毕倏转北风）。[①]

又如崇祯年间胡靖随杜三策出使琉球，回国途中遇到风暴，一名舵工当场罹难，舵叶也不停折断。万般无奈之下，使臣先后向海上诸神祈祷，从危机出现到解除的过程中，可以看到当时人们的祈福情形：

> 八日登舟，九日扬帆，虽北风迅厉，而舟行无恙，至十一日，忽屃风大作，遂毙一柁公，日折柁牙凡几十数，崇朝不息，督造以龙王护送禀，天使则着一品服登座，大书"免送"。

使臣原本准备借用皇帝诏令的方式要求龙王离去，但忽然意识到此时手中并无敕书，在这种情况下，必须用更和缓的方式向海上诸神祈愿：

> 适欲张挂，忽念曰："前有御勅在舟，书'免朝'，乃代天子诏也。今无勅书而示免送，深恐海上诸神职尊于我者多，因此反触神怒，亟令涤去，当洁诚祷许醮愿可耳。

然而这次祈祷未能收效，船中勒腹索反复断裂，以致不能维修，众人只能让封舟在没有舵的情况下随海浪飘荡。如果这种情况延续下去，封舟可能面临解体的危险：

> 于是告许诸愿，屃风仍作，舟中勒腹索为一船之总要，其大如斗，断而复续者至再至三，竟乏此物矣。柁无此而不敢持，任其荡漾，众且骇，问督造张宇："舟险至此，毕竟若何？"答云："船无柁，如车无辏轫，任风浩荡，吉则飘至粤东，凶则飘泊外番，尤恐船非铁铸，飘久自坏。"

在这种危急情况下，人们用贵重的楠木刻出天妃像，正使登上战台，向天妃祈求平安。随后有绿色群鸟飞集桅顶，似乎预示着形势即将好转。当天夜间，封舟忽

---

① 徐葆光：《海舶三集·舶中集》之《舶行七日至琉球，从客瓯宁翁长祚作帆海千字诗，因用其韵，载述成篇》，第193-194页。

然在剧烈颠簸中飞速航行：

> 闲言怖甚，人人自危，内有中军官三人，共得一奇楠，大可满尺，高
> 三尺余，可值千金，公举捐出，刻天妃圣像，鸠值偿之，问诸天使，天使
> 即登战台，告许是愿。俄而有奇鸟，集于樯杪，翠羽笼云，宛若翔鸾，时
> 乃十九日也。是夜将半，殊觉舟行如飞，簸扬异常。

第二天清晨，人们发现封舟居然已经抵达当初出海时的港口，几乎不敢相信一夜之间已回到中国。他们认为这一定是神灵的护佑所致，在一片欢庆中收起船帆，驶进了五虎门：

> 比至黎明，满船喊声如雷震，余惊为舟破人呼，督造官曰："望见中国
> 之山，是众人踊跃欢声耳。"少顷雾开，见数渔艇隐显目前，为镇海口，
> 即前由出海之所是也。于是卸五帆，仍从五虎而入。倘非神护，能致数
> 千里于顷刻耶？天使呼巨觞，互相庆曰："得及第不若望见此山。"喜悦之
> 心，洵匪言喻。①

谢肇淛曾在《五杂俎》中记载了其叔祖谢杰出使琉球时，在海上遭遇飓风时的一段危险经历：

> 封琉球之役，无不受风涛之险者。万历己卯，予从祖大司农公杰以大
> 行往，至中流，飓风大作，雷电雨雹，一时总至，有龙三，倒挂于船之前
> 后，须卷海水入云，头角皆现，腰以下不可见也。舟中仓皇无计。一长年
> 曰："此来朝玺书耳。"令扶使者起，亲书"免朝"示之，应时而退。天子
> 威灵，百神效顺，理固有不可诬者。若非亲见，鲜不以为妄矣。②

这种惊险的状况最后以展示天子威仪的方式解决，可与杜三策出使琉球时的情况对照。使臣能否用书写"免朝"的方式要求龙王退去，区别只在于当时手中是否持有敕书。在明朝使臣历次出使的过程中，虽然屡次遭遇折舵、偏离航线等危险，但大多还是平安抵达了目的地，这在很大程度上体现了明朝海船的坚固和安全性能。但海上风云莫测，许多灾难非人力所能抗拒，当事件突发时，航海者只能努力修补应对，而在各种措施用尽，效果却依然有限时，人们在海上孤立无援，除了祈

---

① 胡靖：《琉球记》，第287–290页。
② 谢肇淛：《五杂俎》卷4，中华书局，1959，第125页。

祷神灵之外，确实也没有别的办法。最终平安脱险的人们回国后一定会向神灵还愿，而未能幸免的人们已没有机会讲述自己未获护佑的情形。历次出使文献中几乎都有关于神迹的记载，从中可以看到人对自然力量的神化与敬畏，更可以理解海神崇拜现象的起源与发展原因。

郑和在为下西洋作准备时，要到各处祈愿，希望获得神灵护佑。1981年春，福建发现一口与郑和下西洋相关的铜钟，它铸造于明宣德六年（1431年），原置于福建南平市郊雪山寺三宝殿内。铜钟通高83厘米（其中钮高14厘米，钟身高69厘米），口径49厘米，厚2厘米，总重77公斤。上面铸有楷书"风调雨顺""国泰民安"字样，铭文为：

> 大明宣德六年岁次辛亥仲夏吉日，太监郑和、王景弘等同官军人等，
> 发心铸造铜钟一口，永远长生供养，祈保西洋往迴平安吉祥如意者。[①]

在此之前一年的宣德五年，郑和还在南京修造了三山街礼拜寺。据《宣宗赐南京礼拜寺敕》记载：

> 得尔所奏南京城内三山街礼拜寺被焚，尔因祈保下番钱粮人船，欲要重
> 新盖造，此尔尊敬之心，何可怠哉？尔为朝廷远使，既已发心，岂废尔愿，
> 恐尔所用人匠及材料等项不敷，临期误尔工程，可于南京内官监或工部支取
> 应用，乃可完备，以候风信开船。故敕。时宣德五年，七月二十六日。[②]

而在下西洋的航路上，郑和的船队也在途经的国家以各种方式祈福。[③]随郑和出使的翻译费信在《星槎胜览·锡兰山国》中记载："永乐七年，皇上命正使太监郑和尊赍捧诏敕，金银供器，彩妆，织金宝幡，布施于寺。及建石碑，以崇皇图之治。"[④]

在诸多神灵中，由于天妃与航海业密切相关，因此受到的关注也最多。明清时期流传了很多天妃救使臣图，画面构图都很相似，一般是天妃在上方云端，使船在下方海中，船上的人们向天妃祈福。

---

① 刘东瑞，卢保康：《郑和铜钟小考》，《文物》1985年第1期，第74-76页。

② 《宣宗赐南京礼拜寺敕》，收入李士厚《郑和家谱考释》，云南正中书局，1937，第6页。

③ 刘迎胜：《明初中国与亚洲中西部地区交往的外交语言问题》，载刘东主编《中国学术》总第23辑，商务印书馆，2005，第1-29页。

④ 费信著，冯承钧校注：《星槎胜览校注》前集《锡兰山国》，第29-30页。

二、中国古代海船上的针、舵、水柜等神灵

海上气象复杂，有时会出现罕见的自然现象，这就更刺激了传说的生成与流传。如《黄金草原》中说中国南海里常有一种奇异的光：

> 那些平安地从该海中出去的人都曾经常看见在"代盖勒"（dagal，主桅杆，船主们对中国海和印度洋其他地方的这种"杜利"桅杆的称呼，也就是地中海中的"萨里"桅杆）的顶部有一种物品，形似发亮的鸟，它发出如此强烈的光芒，以至于使眼睛既不能看它又不能区别其形状。这种现象多是在大海平静、波涛减弱和风暴缓和下来的时候才出现。当发光的物品消失的时候，既无法知道这是怎样来的，更不知道它是怎样消失的，但这说明危险已完全停止的一种可靠标志。在这些水域中航行的巴士拉、锡拉夫、阿曼和其他城市的任何水手和商人都从来没有对这种事实提出过异议。[①]

北宋《宣和奉使高丽图经》中也提到舵折后向神灵祈祷，有祥光出现：

> 第二舟至黄水洋中，三桅并折，而臣适在其中，与同舟之人断发哀恳，祥光示现。[②]

明代出使琉球的夏子阳记录了一次被海上异光误导，险些触礁的惊险经历：

> 二更余，忽见对面火光如炬，光处彷佛见山。舟师虞风迅夜昏，迷疑莫辨，恐遂冲礁，复请筶于神。神示以宜南向，乃折而南，一转舵而火光遂灭矣。人人惊异，始知为神护也。不则，连日无山，惟风是御，黑夜触礁，必破没矣。[③]

正因如此，古代航海者要将祈求神灵护佑的内容写入航海指南，如《顺风相送》中的《歌》《玉皇宝号》《谨请》三节都是如此，针路里也有"船取灵山大佛往回放彩船"的记载[④]。《宣和奉使高丽图经》中记有用木刻小船载佛经等祭祀

① 马苏第：《黄金草原》，第186—187页。
② 徐兢：《宣和奉使高丽图经》卷39《礼成港》，第903页。
③ 夏子阳：《使琉球录》，第434页。
④ 向达校注：《两种海道针经》之《歌》《玉皇宝号》《谨请》《福建往暹罗针路》，第47—48页、第51页。

方式：

> 《沈家门》：是夜就山张幕，扫地而祭，舟人谓之祠沙，实岳渎主治
> 之神，而配食之位甚多，每舟各刻木为小舟，载佛经粮糗，书所载人名氏
> 纳于其中而投诸海。盖禳厌之术一端耳。①
>
> 《黄水洋》：黄水洋即沙尾也。其水浑浊且浅，舟人云："其沙自西南
> 而来，横于洋中千余里，即黄河入海之处。舟行至此，则以鸡黍祀沙。盖
> 前后行舟过沙多有被害者，故祭其溺水之魂云。②

除祈求海中神灵之外，人们认为海船上也有诸多神灵，其中最重要的就是针神。在海中航行，定向极为重要，这在本章第二节中已有叙述，在《顺风相送》开头的《地罗经下针神文》中，就体现了航海者对使用罗盘的慎重心态。人们请来各路神灵护佑航行平安，在向针神祈愿的内容里，实际涵盖了海中航行的每一种风险。他们首先请来的是周公、李淳风、陈抟等历代圣人仙师，李约瑟在其《中国科学技术史》中认为，这正体现了航海罗盘是从内陆的堪舆罗盘发展而来的③。

随后是"历代过洋知山知沙知浅知深知屿知礁精通海道寻山认澳望斗牵星古往今来前传后教流派祖师"，这概括了历代航海先驱，正是他们传下的技术确保了航行平安。知山、沙、屿、礁，测水浅深、寻山认澳，这些属于舵师的工作内容，望斗牵星则属于伙长的职责。再接下来是指南针方位盘上二十四个方向各有一位"尊神大将军"。由于在水罗盘中，磁针是靠灯芯草的浮力漂浮在水面上，所以与针有关的定针、转针、下针、走针各种程序都有神灵负责，与水有关的也有盛水的水盏神者和换水的神君。最终向所有神灵祈福，希望他们保佑海船克服一切困难，平安归来：

《地罗经下针神文》

> 伏以神烟缭绕，谨启诚心拜请，某年某月今日今时四直功曹使者，有
> 功传此炉内心香，奉请历代御制指南祖师，轩辕皇帝，周公圣人，前代神
> 通阴阳仙师，青鸦白鹤仙师，杨救贫仙师，王子乔圣仙师，李淳风仙师，
> 陈抟仙师，郭朴仙师，历代过洋知山知沙知浅知深知屿知礁精通海道寻山

① 徐兢：《宣和奉使高丽图经》卷34《沈家门》，第893页。
② 徐兢：《宣和奉使高丽图经》卷34《黄水洋》，第895页。
③ 李约瑟：《中国科学技术史》第4卷第1分册《物理学及相关技术·物理学》，第266页。

认澳望斗牵星古往今来前传后教流派祖师，祖本罗经二十四向位尊神大将军，向子午酉卯寅申巳亥辰戌丑未乾坤艮巽甲庚壬丙乙辛丁癸二十四位尊神大将军，定针童子，转针童郎，水盏神者，换水神君，下针力士，走针神兵，罗经坐向守护尊神，建橹班师父，部下仙师神兵将使，一炉灵神，本船奉七记香火有感明神敕封护国庇民妙灵昭应明著天妃，暨二位侯王茅竹笨仙师，五位尊王杨奋将军，最旧舍人，白水都公，林使总管，千里眼顺风耳部下神兵，擎波喝浪一炉神兵，海洋屿澳山神土地里社正神，今日下降天神纠察使者，虚空过往神仙，当年太岁尊神，某地方守土之神，普降香筵，祈求圣杯。或游天边戏驾祥云，降临香座以蒙列坐，谨具清樽。伏以奉献仙师酒一樽，乞求保护船只财物，今日良辰下针，青龙下海永无灾，谦恭虔奉酒味初伏献再献酹香醪。第二处下针酒礼奉先真，伏望圣恩常拥护，东西南北自然通。弟子诚心虔奉酒陈亚献，伏以三杯美酒满金钟，扯起风帆遇顺风。海道平安往回大吉，金珠财宝满船盈荣，虔心美酒陈献。献酒礼毕，敬奉圣恩，恭奉洪慈，俯垂同鉴纳伏望愿指南下盏，指东西南北永无差，朝暮使船长应护往复过洋行正路，人船安乐，过洋平善，暗礁而不遇，双篷高挂永无忧。火化钱财以退残筵。奉请来则奉香供请，去则辞神拜送。稽首皈依，伏惟珍重！[1]

海船上处处有神灵和信仰，如本章第一节中所说，舵在风暴中非常容易出问题，而船上的舵掌控一船航向，因此被认为有舵神，称"镇静大将军"[2]。徐葆光写"千年铁木作盐柁，排比年庚合龙脊，龙脊合成船有神，跃出木龙如蜥蜴"[3]，在描述中也有一定的神化趋向。陈侃描述了一次风涛中换舵的经历，众人在祈求天妃的保佑后，危急关头激发出强大的能力，成功换舵：

> 舟人无所庸力，但大呼天妃求救。予等为君民请命，亦叩首无已。果有红光烛舟，人相报曰："天妃至矣，吾辈可以生矣。"舟果少宁。翼日，风如故，尚不敢易舵，众皆废寝食以待毙……二十三日，黑云蔽天，风又将作。有欲易舵者，曰："舵无尾，不能运舟；风弱犹可以持，烈则不可

---

① 向达校注：《两种海道针经》之《顺风相送·地罗经下针神文》，第23-24页。
② 费锡章：《姑米洋候风》，《一品集》卷下，收入王菡选编《国家图书馆藏琉球资料三编》（下），第442页。
③ 徐葆光：《海舶三集·舶中集》之《封舟行》，第183页。

救!"有不欲易者,曰:"当此风涛,去其旧而不得安其新,将奈何?"众不能决,请命于予等,曰:"风涛中易舵,静则可以生,动则可以死。"中心冲冲,亦不能决。令其请玫於天妃,乃得吉兆,众遂跃然起舵。舵柄甚重,约有二千余斤,平时百人举之而不足,是时数十人举之而有余。兼之风恬浪止,倏忽而定,定后风浪复厉,神明之助,不可诬也。舵既易,众始有喜色。[①]

中国海船中还有"保寿孔"习俗,1974年泉州湾后渚港出土的南宋海船中,保寿孔排列呈"七星伴月"状,具有祈福意义。后来整理出版的海船发掘报告中详细记述了船上保寿孔的形态和寓意:

> 主龙骨两端横断面均挖有象征吉祥的"保寿孔"(这是闽南的俗称),它的断面上下两部分,上部有七个小圆孔,径2.5,深2.8厘米,内各放置一枚铜钱或铁钱,诸小圆孔之间,夹有一个10×20厘米的长方形孔,内有灰黑土状物,似是放置物已经腐朽的遗迹。下部有一个大圆孔,径11,深2厘米,内各放铜镜一面。
>
> 前"保寿孔"的小圆孔各放铁钱一枚,表面有树叶纹残状,没有钱文。后"保寿孔"小圆孔放北宋铜钱共十三枚,其中"祥符元宝"二枚,"天圣元宝"一枚;"明道元宝"一枚;"皇宋通宝"一枚;"元丰通宝"一枚;"元祐通宝"二枚;"政和通宝"三枚;"宣和通宝"二枚。前保寿孔铜镜直径1.02[②],厚0.17厘米,重79克;后保寿孔铜镜直径10,厚0.15厘米,重31.5克。均无柄无钮,正面光滑,背面似饰以花纹,边缘有环状隆起线条。
>
> "保寿孔"排列形状,上部七个小圆孔状若北斗星;下部大圆孔为满月形。造船工人说这是象征"七星伴月",或说前者象征七星洋,后者象征大明镜,寓有明镜照明七星洋的暗礁险滩,使船安全航行之意。这种做法是福建古代造船的传统,至今闽南一带民间造船仍有沿用。[③]

由于海中都是咸水,无法直接饮用,船上的淡水储备直接关系到一船人的生死存亡,所以航海者对此格外慎重。海船中有专门储藏淡水的空间,称为水柜或水

① 陈侃:《使琉球录》,第48—49页。

② 此处关于前保寿孔中铜镜的直径数字有误,实际应为10.2厘米,详见泉州湾宋代海船发掘报告编写组:《泉州湾宋代海船发掘简报》,《文物》1975年第10期,第2页。

③ 福建省泉州海外交通史博物馆编:《泉州湾宋代海船发掘与研究》,第16—19页。

井。《宣和奉使高丽图经》中记载：

> 海水味剧咸，苦不可口。凡舟船将过洋，必设水柜，广蓄甘泉，以备
> 食饮。盖洋中不甚忧风，而以水之有无为生死耳。[①]

为表达对储水的慎重态度，取水环节中也出现了祈神仪式。福州罗星塔下的太平港曾是郑和下西洋船队取淡水之地，清代徐葆光《海舶谣》中有诗及注称：

> 太平港口驻封舟，樯影罗星塔共浮，持绠船头望江拜，先抛银锭入
> 中流。（罗星塔下名太平港，前明郑和通西洋，海舶皆驻此取水。十五
> 日祭江，抛一银锭水中，名曰买水，使臣亲持绠，汲一器，船中水井受
> 水七百石。）[②]

明清时期几位出使琉球的使臣都提到了船上的淡水储存环节，这种祭江买水的仪式也出现在李鼎元的记载中。他所在封舟上的淡水以井计算，共有四个淡水井，取水经过是"亥刻起碇，乘潮至罗星塔，投银龙潭，祭，取淡水满四井止。井各受二百石。封锢之，以钥交陈都司司启闭"。要将淡水封锁起来，并将钥匙交给军官，专门负责水井启用，可见船上对淡水管理的严格与谨慎程度。后来李鼎元所乘封舟在海上遭遇风雨，还出现了"水井漏，淡水将竭"的情形，琉球来的接封官员因此建议返航福建五虎门。[③]徐葆光的封舟上也遇到过"望洋人尽渴（水舱将竭，人日止勺饮）"[④]的情况。夏子阳提到为节省起见，海船上除了正、副使之外，其他人只有在饮水时才能使用淡水：

> 水具大柜二，载五六百石，如大瓮者十数，以海水咸不可食，故舟中
> 仅二使盥漱，余止限给与饮食，惧水尽也。[⑤]

还有一些海上的禁忌虽不能确定最初出现时的意义，但也体现了海船上的秩序和卫生意识。如《醒世一斑录》中记载：

> 海舟多禁忌。一谓后舱槛上是神佛所坐，众人或在槛凭依，或来往跨

[①] 徐兢：《宣和奉使高丽图经》卷33《供水》，第889页。
[②] 徐葆光：《海舶三集·舶中集》之《海舶谣》，第185页。
[③] 李鼎元：《使琉球记》卷3，第67页、第68页、第71页。
[④] 徐葆光：《海舶三集·舶中集》之《赠接封大夫陈其湘（字楚水，能华语）二十韵》，第198页。
[⑤] 夏子阳：《使琉球录》，第454—455页。

过，皆不忌，而不得坐其上。一大小便与倾涤溺器，后艄有一定处所，不得随便。一桅樯下眼不得窥视。一众人坐舱板上，不得抱膝，谓要遭风水。一凡坐不得令两足空悬，谓要延宕时日。一饭毕不得架箸椀上，谓要空搁时日。犯之，均遭舟子恚怒。[1]

虽然海船上有诸多信仰，但之所以能够脱离险境，很大程度上也取决于海船质量、应急对策，以及出航前的各种准备措施。例如明代陈侃的封舟上有备用舵、橹、棕索、救生船和足够多的淡水：

> 舟之器具，舵用四副，其一置，其三防不虞也。橹用三十六支，风微逆，或求以人力胜，备急用也。大铁锚四，约重五十斤，大棕索八，每条围尺许，长百丈，惟舟大，故运舟者不可得而小也，舺船二，不用则载以行，用则则藉以登岸也。水四十柜，海中惟甘泉为难得，勺水不以惠人，多备以防久泊也。[2]

从这些物品来看，封舟上的人们已经做好了逆风时划船、无风时久泊、风浪中折舵和船板松裂的准备。他们在历经艰险后能平安回国，这些备用工具起到了重要作用。但在陈侃看来，这些也都属于"尽人事"的范畴，海上气象过于复杂，最终还是要"听天命"：

> 大抵航海之行亦危矣，凡亲爱者之虑，靡不周，有教之以舟傍设桴如羽翼者，有教之以造水带者，有教之多备小船者。殊不知沧溟万里，风波莫测，凡此举不足恃也，所恃者唯朝廷之威福与鬼神之阴骘焉耳。[3]

中国传统以农立国，伊本·白图泰曾看到中国船员在海船上用木盆、木罐种植蔬菜、瓜果、鲜姜等。[4]这也体现在对航海的风险预测中，如清代出使琉球的张学礼记载："前朝旧例，封舟过海，恐漂流别岛，不能复回，随带耕种之具"[5]。自带农具的益处是一旦流落荒岛还可以就地开垦农田，自给自足，与本书第一章第一节中提到的元朝将士海船损毁后，利用自带的铁钉和油灰，在海岛上现场伐木造船有相似之处。

---

① 郑光祖：《醒世一斑录》杂述三《海舶》，第139页。
② 陈侃：《使琉球录》，第22—23页。
③ 陈侃：《使琉球录》，第75页。
④ 伊本·白图泰口述，伊本·朱俰笔录：《异境奇观：伊本·白图泰游记（全译本）》，第488页。
⑤ 张学礼：《使琉球纪》，第6页。

第五章

郑和下西洋之后的明代官方航海事业衰退现象

遮洋总是明朝中期的漕运十二把总之一，参与经由大运河的南北运粮工作。与漕运队伍中其他各总的内河航运职能不同，遮洋总是唯一一支具有海洋运输功能的部队，它与明初的洪武海运和永乐、宣德年间的下西洋事业之间有着传承关系，也是明朝中后期国家航海业中一支具有标志意义的队伍。遮洋总建立后，所辖官军的驻地多在南京至淮安一带，但其工作职责，却是长途北上，并在渤海湾北部进行数十里的短途海运。这种设置明显不符合正常的人地关系，对遮洋总的工作和官兵生活造成了很大困扰，也由此引发了许多问题。又有成化年间明朝使团前往满刺加时，承载千人的使船在占城海域沉没，这一重大海难事件，给后来明朝的海外经营带来了深远的负面影响。

遮洋海运与成化海难是此前较少受到关注的事件，但从明代海运的衰落过程中，可以看到许多曾经参与下西洋的官兵最终的去向，而从成化海难及其后续事件中也可以看到，郑和下西洋带来的一些海外影响如何随着时间消退。航海业与航海技术密切相关，但其成就并不完全由技术决定，在明朝这样一个高度中央集权的国家里，朝廷的规划、其发展战略以及对相关行业的管理，都会影响到航海业和航海技术的发展成效，甚至在其中起着决定作用。一些在明朝中后期出现的弊病与隐患，实际早在明初航海事业的巅峰期就已经形成，本章将以遮洋海运、成化海难这两个事件为线索，分析其成因、背景和若干后续问题。

第一节　遮洋海运与郑和下西洋军队的最终去向

"遮洋"是一种海运船的名称，遮洋总之所以得名，也应是因遮洋海运和遮洋船而来。[①]关于遮洋总的历史与职能，明嘉靖初年曾有官员俞谏做过简单总结：

> 漕运粮船先年海运至京，俱经文武大臣建议，开濬会通河，分十二总，遂罢海运。其岁运粮四百万石，内蓟州边储，独遮洋一总尚留南京水军左等八卫，江北淮、扬等五卫军船，俱于小滩镇等水次，兑运山东、河南粮米三十万石，仍由海道以抵蓟州、天津二仓上纳。[②]

这段文字大体说明了遮洋总的状况，即由13个卫组成，每年赶赴今河北大名附近的小滩镇，接收来自山东和河南的粮米，然后通过运河北上，将一部分漕粮运送到天津仓，再从直沽出海，将余下的漕粮运送到蓟州仓。遮洋总下属的13个卫位于南京和江北的淮安、高邮、扬州及凤阳，距离大名小滩镇甚远，到渤海湾北部的天津和蓟州两仓更需长途转运。俞谏认为遮洋总官军北上路程太远，工作艰难，所以应该对遮洋总的组成进行调整：

> 查得南京淮、扬等一十三卫官军，昔年正因习知海道存于遮洋，今日既由新河儧运，却乃空身自南趋北，不惟途路艰辛，人情事体甚为不便。[③]

此项建议获得朝廷批准，于是遮洋总的管辖范围进行了调整，保留原本位于江北的5个卫，而将南京的8个卫交由江南的漕运总管辖，又将原先北直隶总管辖的通

---

① 目前学界对于遮洋总的关注不多，所见主要有吴缉华《明代海运及运河的研究》（吴缉华：《明代海运及运河的研究》第七章《明代河运时期的海运》，第221-266页）中对遮洋总工作内容的考证，以及王尊旺《明代遮洋总的沿革与运输路线》（王尊旺：《明代遮洋总的沿革与运输路线》，《厦门大学学报（哲学社会科学版）》2009年第5期，第52-59页）和《明代遮洋总考》（王尊旺：《明代遮洋总考》，载陈支平、万明主编《明朝在中国史上的地位》，天津古籍出版社，2011，第342-357页）中，从制度层面对遮洋总的组成和职能做出的具体研究。

② 杨宏、谢纯：《漕运通志》卷8，四库全书存目丛书，齐鲁书社，1996，史部第275册第141页。

③ 杨宏、谢纯：《漕运通志》卷8，第142页上。

州左卫、通州右卫、神武中卫、定边卫、天津卫、天津左卫、天津右卫、德州卫、德州左卫共9个卫，以及徐州左卫和泗州卫交由遮洋总管辖，后又将徐州左卫划出。调整后的遮洋总共有15个卫，所辖范围内也不再有江南的军队，人地关系错位的现象得到了一定缓解。

按照俞谏的说法，明政府起初要求位于南方的遮洋总官兵长途北上，负责渤海湾内的运粮工作，是由于他们"昔年正因习知海道"。从遮洋总的历史来看，这里说的海道并不是从直沽出海后，经数十里抵达蓟州的短途海道，而是本书第一章中提到的洪武海运时，从江南太仓到北方辽东、北京的长途海道，其中涉及了明初海运从兴盛到停罢的一段历史。而对于遮洋总这种明显不符合人地关系的组成和职能，也必须放在自明初以来国家航海业的整体发展过程中进行观察，才能了解其原因。

一、遮洋总与明朝前期国家航海业的关系

遮洋总的番号，与洪武海运时期的番号之间有着高度重合的现象。起初形成遮洋总的13个卫，包括广洋卫、江阴卫、应天卫、横海卫、水军左卫、水军右卫、龙江左卫、龙江右卫、淮安卫、大河卫、高邮卫、扬州卫和长淮卫[①]。其中除了龙江右卫暂时未能在洪武时期的文献中找到确切出处之外，遮洋总属下的其他12个卫都出现在洪武海运中。

而且从《明太祖实录》里关于当时航海业的相关记载来看，后来属遮洋总管辖的几个卫番号出现频率极高。由于《明太祖实录》中对这类事件的记载有限，许多参与海运的卫都没有留下具体番号，但遮洋总下属各卫的番号却常出现在其中，这说明它们应当是频繁从事海运工作的军队。例如广洋、江阴、横海、水军4个卫是典型的以海上作战为职能的军队，还有应天、大河、扬州、淮安、高邮几个卫，也是在海运相关史料中频繁出现的几支军队：

> （洪武五年九月，）上谓中书省臣曰："今秋深，北平渐寒，其应天、大河诸卫军士及扬州、高邮新募水军运粮往彼者，宜各以绵袄给之。"[②]
>
> （洪武二十五年八月，）赏淮安、大河、扬州三卫海运军士八千余

---

① 王在晋：《通漕类编》卷2，四库全书存目丛书，齐鲁书社，1996，史部第275册第289页。
② 《明太祖实录》卷76，洪武五年九月庚戌，第1395页。

人，钞四万六百余锭。①

（洪武二十五年九月，）赐大河等卫海运军士钞锭有差。②

从洪武时期的历史基础来看，选择这些卫组成遮洋总确实有充分的理由，正如俞谏所说，他们熟知海道，官兵拥有丰富的海上运输和作战经验，是自明初以来就有长期航海传统的军队。在明初海运停止之后，建立遮洋总这一机构的意义，隆庆年间曾有官员宋良佐追述如下：

> 自会通河成而海运始罢，然而遮洋一总犹寓存羊之意。至嘉靖末年，科臣胡应嘉欲市恩淮、大诸卫桑梓之军，建议罢废，而海运遗意无复有存者矣。今河变频仍，运道屡梗，宜乘此遗迹未泯之时，将遮洋一总尽行议复。③

按照这里的说法，设立遮洋总是出于爱礼存羊之意，在永乐年间将海运转为河运之后，为了不至于使明初的航海业完全消失，所以保留一支队伍，从事蓟州附近的短途海运，象征性地延续传统。正如提倡重开长途海运的官员王宗沐所说，"遮洋止是一程稍掠海面，本非放洋远涉"④。直到嘉靖末年遮洋总被废除，这种"海运遗意"才消失。但渤海湾内的海路仅有几十里⑤，为此却让这些驻扎南方的军队奔波千余里，前往北直隶运粮，确实也显得本末倒置。漕运主管者为什么不选择驻地更近的其他军队承运这段路程呢？

如果观察当时漕运各卫所辖区段的位置分布，会发现需要长途跋涉的并非只有后来的遮洋总属卫，事实上每个参与漕运的卫驻地和航段之间，都有一段不短的距离。按照此前的规定，其他漕军的运粮线路是"自淮（安）之徐（州）以浙、直军，自徐（州）之德（州）以京卫军，自德（州）之京通（州）以山东、河南军"⑥。也就是说，浙江和长江口附近的军卫运送从淮安到徐州一段，南京的军卫运送从徐州到北直隶的德州一段，河南、山东的军卫运送从德州到北京通州

---

① 《明太祖实录》卷220，洪武二十五年八月乙亥，第3227页。

② 《明太祖实录》卷221，洪武二十五年九月癸巳，第3235页。

③ 《明穆宗实录》卷61，隆庆五年九月丙寅，第1479页。

④ 梁梦龙：《海运新考》卷下《议复成法》，四库全书存目丛书，齐鲁书社，1996，史部第274册第385页。

⑤ 关于遮洋总在天津海口航行的具体路程，明人记载不一，有八九十里、七十余里和三十余里几种说法。具体情况可参见吴缉华：《明代海运及运河的研究》，第237–238页。

⑥ 何乔远：《名山藏》卷50《漕运记》，四库禁毁书丛刊，北京出版社，2000，史部第47册第121页。

一段。这样每个参加漕运的卫都必须先北上一段路程，然后才能到达自己所属的漕运区间。当然，这些军卫需行的路程有所差别，最近的是山东军卫到德州，其他由北向南逐次延长，而从事遮洋海运的官军前往小滩和渤海湾，则是其中较远的一段路程。

为什么会形成这种局面？从历史传统和空间分布的角度来看，这也是明初海运的遗留影响。目前所知的洪武、建文年间31个海运卫所，全都集中在今南京和江浙沿海地区，后来遮洋总下属的淮安、高邮等5个卫实际上已经是其中位置靠北的几个卫所，而其他的卫位置更加靠南，距离渤海湾也更远。当海运转为河运，海运官军转为内河运输官军后，他们面对的实际是这样一种空间分布情况：大运河基本呈南北纵向分布，在通州—德州—徐州—淮安一线，而参与海运的各军卫大多呈东西横向分布，在南京至长江口一线。横向分布的海运军卫要执行纵向的河运任务，又要各区间分段进行，于是只能让每个卫都负责一段临近的航程，江浙最靠南，因此负责最南段的淮安至徐州一段；南京各卫居中，因此负责居中的徐州至德州一段。由于海运各卫多集中在长江沿线，其分布的南北幅度远小于大运河的南北跨度，所以越靠北的卫，需要北上的距离就越远，后来划归遮洋总所属的江北5卫和南京8卫既有航海传统，位置又靠北，因此负责大名府至渤海湾一段，虽然距离遥远，却也算是合理的分配结果。

虽然现存的史籍中并没有明确记载这样安排航行区段的具体原因，但在嘉靖后期遮洋总航段进行调整时，却已说明要考虑各漕运把总承担的任务是否会难易不均，调整结果须由各把总官共同商谈讨论，"必须彼此称便无词，方可永远通行"[1]。可以想见，当初设定每个卫具体航行区间时，也必须兼顾考虑各卫的具体情况，既然都必须北上运粮，则只能逐次向北，相应分配，否则如果让位置最南的卫行驶最北的区段，自然无法得到相应卫所官兵的认同。

二、明代海洋事业传统中的人地关系错位现象

虽然漕运各卫的负责区间自有其合理原因，但长途北上运粮的任务，还是给遮洋总下属的南方官兵造成了很大负担。在嘉靖初年的调整之后，南京各卫被划出遮洋总，但余下的江北淮安等几个卫依然转运艰难。因此在嘉靖末期，根据淮安籍

---

① 张瀚：《台省疏稿》卷4《议更运船以便官军疏》，四库全书存目丛书，齐鲁书社，1996，史部第62册第72页。

官员胡应嘉的建议，遮洋总被直接撤销。这次调整后来被认为是胡应嘉出于桑梓之情，照顾家乡军队的结果，但从实际情况看，淮安等卫距离蓟州依然太远，长途转运确实不便。正如裁撤遮洋总时的记载所说：

> 各总卫所疲乏居多，而遮洋远运边储，尤为困累……南京八卫缘以道路不便，改入江南等总，今淮、大等六卫官军非直道路不便，而流离困惫已极痛切，诚有大不便者。[①]

裁撤之后，江北的淮安、大河等6个卫被并入江北等总，北方的德州、天津等卫被并入山东总。但到隆庆五年时，内河堵塞，宋良佐建议重开海运，江北的淮安等6卫又成了海运的主力军队：

> 海运总：隆庆六年复开海运，设把总一员，领原设遮洋总下淮、大、高、扬、长、泗六卫，及分割扬州总下通州、盐城二所，下江总下镇海、太仓二卫，以河运额内旗军驾新造海船二百七十四艘，领漕一十二万石，其千百户官俱于原试海运及滨海卫所选用。[②]

到万历年间，海运因事故停止，但遮洋总的建制又被恢复，仅管辖江北的淮安、大河、高邮、扬州、长淮、泗州6卫和通州、盐城2所。新的遮洋总职责与海运无关，只是在内河与山东总一同运输漕粮。[③]万历四十六年，后金军队攻陷抚顺，辽东战场急需后勤供应，当地又存粮不足，户部希望遮洋总能够恢复明初海运路线，由淮入海，将南方漕粮运至辽东，但却出现了官兵"久不习海"，遮洋海船早被改造成内河运船，甚至是"遮总卫官惮于泛海"[④]的现象，给辽东战场的后勤补给带来许多障碍。

遮洋总是负责海运的部队，按说应当以航海业为分内职责，不致对航海产生恐慌心理。但从当时情况来看，遮洋总官兵长期不从事航海活动，让他们猝然进行长途海运，目的地又是辽东战场，官兵们确实也有恐慌的理由。而且从航海能力上看，遮洋总属卫的驻地在运河沿线的淮安、高邮、扬州，以至位置更偏西的泗州、凤阳，距

---

① 张瀚：《台省疏稿》卷4《议更运船以便官军疏》，第72—73页。
② 张学颜等：《万历会计录》卷35，北京图书馆古籍出版编辑组：北京图书馆古籍珍本丛刊，书目文献出版社，1989，史部第52—53册第1097页上。
③ 遮洋总在这段时期的具体变迁情况，可参见王尊旺《明代遮洋总考》。
④ 程开祜：《筹辽硕画》卷40，丛书集成续编本，新文丰出版公司，1989，第243册第537页。

海尚有一段距离。既不在海滨生活，又没有从事航海业的经验，遮洋总的海运功能已经名存实亡。早在明代中期，就已经有太仓生员毛希秉质疑官员邱浚的海运计划，认为应当让沿海人从事海运业，而不是让不习水性的内地人参与其中：

> 但当自募番客、灶丁、盐徒，及傍海大户惯习海涛者，听其所欲，不可强定腹里军民不习水性之人，以败乃事，斯可久行而无害矣……军夫不习水性，素怯海涛，岂可强所不能而驱之以冒险耶！①

这段论述中提出了一个现象，就是让不习水性的内地军夫从事航海业，出现了人地关系错位的问题。而从遮洋总的下属军队和功能来看，这种现象确实存在，虽然它是一支具有悠久航海业传统的军队，但其管辖的并不是沿海卫所，这支具有标志意义的国家专业航海队伍，其实是由内地驻军组成的。

为什么会有这种现象？如果从历史传统来看，虽然遮洋总一开始管辖的各卫确实航海活动经验丰富，但驻地并不在滨海地带，而明初海运时的大部分卫所，其实也都是内陆驻军。如本书第一章第二节中所述，从朱元璋时代开始，从事航海业的就主要是内陆卫所，这种以内地军民从事海运事业的，人地关系错位的现象，实际在明初就已经形成。

如本书第一章第二节中所述，洪武海运的一个典型特点，就是主要使用驻京和江北淮安、江南苏浙的一些卫所，其中又以京卫居多。而从军士籍贯上看，内陆官兵，尤其是淮西人在明初海运基层军官中所占比例很大。这是由于洪武年间使用元末割据政权水军运粮，要有大量来自淮西的嫡系官军一同出海，以起到监督作用。正是由于这些原因，朱元璋大量使用驻京军队和淮西官兵，从而保证了海运和辽东经营的顺利实施，却也造成了人地关系错位的现象。此后建文、永乐时期的海运继续沿用当年的卫所，使这种人地关系错位的现象进一步深化。

而在永乐年间开始的郑和下西洋远航中，也存在着与朱元璋时代类似的现象，只是这时的淮西官兵变成了北直隶官兵。如第二章第一节中所述，许多下西洋官兵的原籍是内陆北直隶地区，履历中没有任何与海运相关的经历，也没有航海技术和经验，之所以让他们出海，是因为他们曾随明成祖南下夺位，在政治上可高度信赖，又因下西洋需使用福船，所以在下西洋部队中加入了福州右卫、建宁左卫、建宁右卫、汀州卫这些福建官兵。

---

① 胡宗宪：《筹海图编》卷7，第17页a面。

郑和下西洋之后，明朝再也没有其他的远洋航行机构，而仅存的遮洋总，也只是为了保存一些形式上的海运传统而设立。在长期的发展过程中，已然形成的人地关系错位现象逐渐固化，遮洋总因势相循，最终形成参与海运的各卫全是内陆驻军的情况。

三、遮洋总航海能力的退化及相关的航海业决策

从明初洪武、建文年间的辽东海运到永乐、宣德年间的郑和下西洋，再到明代中后期遮洋总在蓟州的短途海运，以遮洋总的发展为线索，可以看到其中制度和人员的传承与联系。洪武末期，朱元璋认为辽东屯田事业已有成效，将从太仓到辽东的长途海运停止，但到建文年间，又重新开始海运。永乐初年，为了建设北京准备迁都，海运又继续进行了数年，但因会通河开通，以大运河为主体的内陆南北运粮体系建立，之前的海运被停止[①]，海运官军也被要求全都转入内河运粮：

> 自永乐十三年为始，依拟于里河转运，却将海运停止。所据退下海运官军，俱令于里河里驾船运粮。[②]

在下西洋的官兵中，有一部分来自海运队伍，正如当时的记载所说：

> 南京及直隶卫所运粮官军，递年选下西洋及征进交趾、分调北京，通计二万余人。又水军右等卫官军今年选下西洋者亦多，俱无军拨补。[③]

而在下西洋事业间隙，从海外回还的官兵又被补充入运河行船：

> 营造献陵，先用下西洋官军一万人，皆江南属卫，便于舟楫，请于平江伯陈瑄漕运，以易山东、河南诸卫军之漕运者一万伍千人。[④]

到下西洋活动彻底停止之后，回还的官兵继续被补充进漕运队伍中：

> 敕谕运粮军士有年老软弱、家道贫窘者，宜于西洋停止军旗及减省跟

---

① 关于会通河浚通与海运停止的详细情况，可参见樊铧：《政治决策与明代海运》第二章第二节《永乐十三年停罢海运考》，社会科学文献出版社，2009。
② 王琼：《漕河图志》卷4《始罢海运从会通河攒运》，水利电力出版社，1990，第179页。
③ 《明宣宗实录》卷64，宣德五年三月己巳，第1524—1525页。
④ 《明宣宗实录》卷10，洪熙元年十月己丑，第289页。

官军伴内选补。^①

就这样，到正统初年，辽东海运和下西洋活动均已停止，海军官兵全面转入内河航运。洪武年间多达8万余人的海运队伍，发展到明朝中期依然保留的海运遗迹，只有遮洋总及其承担的数十里蓟州海路。经过长期变迁，遮洋总的航海能力也发生了很大变化。洪武海运时，船队每年入黄海航行，远涉海洋深处。而在与海运同时进行的捕倭战斗中，船队还曾追至琉球大洋，以保卫周边海域安全。后来永乐、宣德年间的下西洋活动中，郑和船队更是远及印度洋，航程长达十万余里。但自此之后，海运队伍在渤海湾北部的航程中，仅数十里的短途航行也遇到了很大困难，时常出现颠覆事故，造成损失。于是天顺年间开通一条运河，使漕粮经由内河直抵蓟州，避免再从海上航行。官员李贤在《蓟州新开运河碑记》里曾有说明：

> 东北之境控弦之士无虑十数万人，而粮饷之需大抵取给于江淮。是以大河诸卫岁运三百六十余艘，抵蓟州为仓而贮之。往时由直沽循海道，多风，船至海滨，不敢遽，必淹及旬日，甚至弥月，候风色止息，方敢一渡。或之中流，遇风涛迅作，遂罹漂荡覆溺之患。岁损船不下数十，而粮斛动以万计，主漕运者恒以为忧。^②

文中描述的数十里海运状况极为艰险，看起来更甚于洪武海运和下西洋活动。但从《大元海运记》和《海道经》等文献来看，当时中国北方海域较为艰险的航段主要是苏北海岸外的浅滩和山东半岛顶端的成山角，天津沿海并不在其中。以此看来，当时的海运官兵已经出现了航海能力下降的现象，与洪武海运和下西洋活动相比，此时的航程在距离上已有百倍甚至千倍的差异，而在航海经验和技术上，更不可同日而语。航海本是一项需要实际操作的技术，要有海上行船经验和对水文、气象等因素的了解，才能在实地安全顺利航行。而在郑和下西洋之后的二十余年间，海运官兵长年奔波于陆地和内河之中，主要生活与工作环境都与海运业无关，明朝的军卫又实行世袭制，代际更迭之后，原有的经验技术消失，随着时间的推移，连最后的海运形式也无法保存。这些问题带来的后果，在辽东战事的后勤粮饷供应上，充分显露出来。正如《秘阁元龟政要》中所说：

---

① 《明英宗实录》卷22，正统元年九月甲午，第424页。
② 李贤：《蓟州新开运河碑记》，收入《明经世文编》卷36，中华书局，1962，第1册第282-283页。

世道未必久平，天时未必咸顺……那时将求海运济急，恐无及矣。夫凡事关军国，所有建论，当精于虑始而详于考终。苟幸目前之安，不顾日后之变，非善议军国者。况海运军夫俱驱以河运，自永乐丁酉至今，未有能谈海道之由者。济后之急，谁当任之？①

从洪武、建文时期自太仓到辽东经行黄海的长途海运，到永乐、宣德时期远涉印度洋的下西洋活动，长期积累起来的航海经验、技术和人员队伍逐渐在内河航运中衰退无存，这的确是中国传统航海业的极大损失。然而回顾导致明代国家航海业由盛转衰的历次决策，却会看到在当时的历史情境下，每次决策都是顺应时势的合理选择。朱元璋以淮西官军进行海运，虽然在一定程度上造成了人地关系的错位，却是以政治安全保证技术安全的举措，有着合理的理由。明仁宗和明宣宗停止下西洋，从当时朝廷反响来看，也是因国家力量无法支持，又广受反对而导致的结果。

明成祖营建北京及北伐沙漠的重大物资压力，促进了内河转运南粮的发展，河船相对于海船的造价较低，使决策者最终选择内河航运作为南粮北运的方式。如《漕河图志》中对当时论证过程的记载：

造千料海船一只，须用百人驾驶，止运得米一千石。若将用过人工、物料估计，价钞可办二百料河船二十只，每只用军二十名，运粮四千石。以此较之，从便则可。②

从这种成本的对比来看，选择用河运取代海运确有充分理由，一则节省成本，二则风险较低。但将参与海运的官军尽数转入河运，后来又将下西洋的官军也补充到内河航运中，实际是逐步放弃了原有的技术经验和标准，同时也放弃了明朝水军的远洋航行能力。在明朝航海业由盛转衰的过程中，除停止下西洋活动外，使海运官兵全面转入河运，同样是造成其航海能力退化的关键所在。这两件事情并没有同时发生，朱棣将海运转为河运时，正是郑和船队远涉重洋、明朝国家航海业达到巅峰的时期，决策者自然无法预料到后人将下西洋活动停止，原有的海运官兵转入内河，此后世代相袭，再也无法恢复到明朝前期的航海水平。

而到明朝中期，在内河航运之余保留遮洋海运，一方面是为了运输蓟镇粮饷，

---

① 佚名：《秘阁元龟政要》卷7，四库全书存目丛书，齐鲁书社，1996，史部第13册第462页。
② 王琼：《漕河图志》卷4《始议从会通河攒运北京粮储》，第177页。

另一方面也是为了尽量保存一些航海业的传统。明朝前期的国家航海业职能虽然全由遮洋总继承，但却未能保留之前的航海技术水平，又因从直沽到蓟州的短途海运转为河运，海运官兵主要在内地活动，平时从事的工作与海洋无关，导致其航海能力退化，最后完全无法进行远程航海。

在这种情况下，遮洋总的组成番号几次调整，先是将南京各卫调出，编入北直隶所属的几个卫，然后又彻底裁撤遮洋总，的确是因南方各卫前往渤海湾北部运粮距离太远，给军士生活造成诸多不便。后来明政府又在名义上恢复了遮洋总，是因为存有重建航海业的计划。由此可以看到，当时的每一次具体决策都有充分的理由，起因都是问题出现已久，有官员提出合理的建议和可行性方案，然后进行讨论，予以实施，在程序上并无问题。然而就是在这一次次合理的决策中，明朝的国家航海业由盛转衰，几至废弛。

作为明初洪武海运和郑和下西洋活动的直接继承者，遮洋总没能保持航海水平，由此造成的后果在运河通行时并不明显，但当明末辽东战事爆发，江南漕粮又难以运送到北方时，海运废弛带来的后果便显得格外突出。明朝前期国家的航海业发达，郑和下西洋的举动尤其引人注目，但其实际建立在明初洪武海运的基础上，后者又直接承袭元代从太仓到大都的海运，有着深厚的历史渊源和民间基础。元人行海运时，积累了丰富的航海经验，并留下大量技术熟练的水手，成为明朝前期国家航海业的基础。为了确保明政府对航海业的绝对控制，其动用大量内陆官兵从事海上活动，这样虽然保证了远洋活动的政治安全，却也为日后埋下了人地关系错位的隐患。

然而，当明初海运与下西洋活动停止之后，朝廷所能提供的航海人员及其经验的土壤已经不复存在，导致居住在内地的遮洋总官兵航海能力日益退化，民间的海洋事业又常受限制，政府也未对这些问题加以重视解决，直至明朝结束，也未采取切实措施重建国家海运体系，也没有着意吸收民间航海力量参与其中。因此只能认为在明朝中后期政府的主要治国思想中，并没有重视对海洋的主动经营，而是以防御为主，尽量避免海外力量对本土造成影响。早在明朝立国时，朱元璋就曾说，"朕以海道可通外邦，故尝禁其往来"[①]，这很大程度上成为后来明朝国家航海业的发展基调。而在明末，茅瑞征的一段话更能体现这种思路：

> 岛夷出没鲸波，西戎远在天末，从古不能与中国争衡。而通番之舶不

---

① 《明太祖实录》卷70，洪武四年十二月乙未，第1307页。

禁，则勾引转滋；贾胡之来日众，则窥伺渐启。①

班固在《汉书·食货志》中曾说："理民之道，地著为本。"②明政府在海洋问题中的一些举措看起来并不符合这个原则，比如让内地人去海上行船，又曾在沿海禁止海洋活动，在具体区域上是一种非地著的表现，但从明朝政府的角度来看，尽量减少海洋对国内的影响，让国家人口不流向海外，是一种更宏观的地著，是保证国家安宁的举措，是更广义的理民之道。晁错曾言："不地著则离乡轻家。民如鸟兽，虽有高城深池，严法重刑，犹不能禁也。"③明朝中期之后的国家航海业不能令人满意，还曾一度给明末辽东战事带来困扰④，都体现了这种主流思想的长期作用和影响。

第二节　成化十九年出使满剌加海难事件对明朝海外交流的影响

位于马六甲海峡的满剌加国是郑和下西洋时的重要中转站，明朝曾在此建立官仓，待下西洋的各支分船队在此聚集，一同回国，也反映了当时明朝的海外影响力。然而至明成化之后，明朝与满剌加之间的联系逐渐淡化，直至正德年间，西来的佛郎机（即葡萄牙）人占领满剌加，改变了西太平洋上各国的形势，也给中国晚近时期的历史带来了深远的影响。从历史背景来看，明朝与满剌加之间的关系转折，应受到了成化海难事件的很大影响。

明成化十九年（1483年），礼科给事中林荣为正使，行人黄乾亨为副使，奉命出使满剌加国。当使船行驶至占城附近海域时，因遭飓风触礁导致海船损毁沉没，包括林荣、黄乾亨在内的千名官员、军民遇难，仅有20余人幸存回国，为明代官方对外交流中最大的海难事故。一些明代文献中曾提及这次事件，但在时间、行程、

① 茅瑞征：《皇明象胥录》序，四库禁毁书丛刊，北京出版社，2000，史部第10册第559页。
② 王先谦：《汉书补注》卷24上《食货志上》，中华书局，1983，第505页。
③ 王先谦：《汉书补注》卷24上《食货志上》，第510页。
④ 可参考陈晓珊：《明代登辽海道的兴废与辽东边疆经略》，《文史》2010年第1辑，第209–234页。

出使目标、后续事件等一些具体细节上存在不同记载。此前未见有研究者专门探讨此事，但从其影响来看，这次海难事件确实对明朝中后期的对外交流和海外经营事业造成了一定影响，故在此做一考证，并分析其中反映出的一些问题。

一、成化海难事件的时间与过程

在不同的明代文献中，对这次海难事件的发生时间和行程路线有不同的记载。如严从简在《殊域周咨录》中称：

> 成化十四年，（满剌加）嗣王复请封。上命礼科给事中林荣为正使，行人黄乾亨为副使往封之。竣事而还，舟抵洋屿遭风，并溺于海上。[1]

这里表达的意思似乎是海难事件发生在成化十四年，林荣和黄乾亨出封满剌加完毕后，回国的路上在洋屿海域失事。而郑晓在《皇明大政记》中记载：

> 成化十九年春正月……给事中林荣、行人黄乾亨使满剌加，卒於羊屿。[2]

黄衷在《海语》中则称海难发生在成化二十一年，是前往占城册封的路上，在交趾附近触铁板沙以致失事：

> 成化二十一年乙巳，宪庙遣给事中林荣、行人黄乾亨，备封册之礼以如占城……次交趾之占壁啰，误触铁板沙，舶坏，二使溺焉，军民死者十九。[3]

这三部著作成书时间都在16世纪中期前后，记录的海难发生时间和行程却相去甚远。而在《明宪宗实录》中，第一次记载相关信息是在成化十七年七月，命林荣和黄乾亨出封满剌加：

> （成化十七年秋七月辛丑，）遣礼科给事中林荣充正使，行人司行人

---

[1] 严从简：《殊域周咨录》卷8《满剌加》，第288页。

[2] 郑晓：《吾学编》之《皇明大政记》卷8，北京图书馆古籍珍本丛刊，书目文献出版社，1990，第12册第54页。

[3] 黄衷：《海语》卷下《铁板沙》，第131页。

黄乾亨充副使，封满剌加国故王苏丹速沙子马哈术沙为国王。①

到成化十九年十二月，《明宪宗实录》中再次记录此次事件时，已经是在海难发生之后：

（成化十九年十二月乙丑）赠故礼科给事中林荣为本科都给事中，行人司行人黄乾亨为本司司副，赐祭并各录其子一人为国子监生。荣充正使，乾亨充副使，往满剌加国封王，航海遇风溺死，同行者亦多死焉。巡抚两广都御史朱英以闻，且乞加恩典。事下礼部覆奏，故有是命。其官军人等死者，令有司于海边设位，招魂以祭，给其家官各绢四匹、米三石，军民人等各布二匹、米一石，生还者各布一匹、米五斗。②

由此可见，林荣和黄乾亨确实是在册封满剌加而非占城的行程中遭遇海难的，只是在《明宪宗实录》的记载中，看不出海难发生的具体时间和行程阶段。丘浚曾作有一篇《送林黄门使满剌加国序》，详细说明了林荣出使满剌加的原因，提及"成化辛丑"时，林荣因满剌加国王逝世，需要册封即位的国王之子，所以被任命为正使：

岁（永乐）己丑，遣使封其酋为王，建以为国，自是凡易世，必请封于天朝，世以为常。乃成化辛丑，其国王卒，子当嗣位，遣使臣备方物来请封，上命礼科给事中林荣仲仁为正使，如故事持节以行有日。众以为仲仁此行，乘长风，泛洪涛，经万馀里外，真所谓汗漫之游天下之大观者，咸赋诗壮之，谓予乡先达，不可以无言。③

成化辛丑即成化十七年，这与《明宪宗实录》中林荣、黄乾亨收到任命的时间一致，可见从这时起，关于出使的筹备、送行工作就已经开始了。而在顾清所作的黄乾亨生平传记中，则记载：

授行人司行人，副给事中林荣使满剌加国……（成化）癸卯正月发

① 《明宪宗实录》卷217，成化十七年七月辛丑，黄彰健等校勘，"中研院"历史语言研究所，1962，第3767页。
② 《明宪宗实录》卷247，成化十九年十二月乙丑，第4175页。
③ 丘浚：《琼台诗文会稿》卷11《送林黄门使满剌加国序》，第4089页。

舟，六日至羊屿，飓风作，舟薄于石，坏，与众溺焉。①

这里记述得很清楚，成化癸卯即成化十九年，使船在这年正月出航，正月六日行至羊屿海面时在风暴中触礁。综合以上内容，可以看到这次海难事件的时间顺序：成化十七年七月任命正副使，随后开始筹备出使工作。在收到任命之后、出发之前的一年半里，按惯例应是在南方修造使船，准备物资，并按照借冬季北风启航的传统，等到成化十九年正月出航。正月六日，海船行驶到占城附近时遭遇飓风，触礁失事，并不像《殊域周咨录》中所说是在返航的路上。

虽然使船在成化十九年初就已经失事，但明朝未能立刻获得消息，《海语》中记载了这次海难事件被人发现的经过：一位名为麦福的幸存者和70多名同伴一起攀上了海中山崖，但岛上生存条件艰苦，数天后仅存24人，然后才被交趾、占城巡船救回：

> 俄闻谿中人语，至，见岛夷数辈，乘三小船，循溪搜捞段帛诸物。有谙夷语者，询之，乃交趾、占城二国之交徼巡船也。二船酋长闻是覆溺之余，为之隐恻，各取十二人，共载以归。二国夷王谓天朝人民，馆榖如礼。于是占城遣人以二使来讣，广中始知大舶汩没。守臣以闻，二使均荷恤荫。又踰年，二国始具海舟，资送诸人以还。盖同日达广也。逆计阽危之日，至是已二年矣。②

而在《明宪宗实录》中，则记载了安南国王遣人将幸存者送回广东的事迹：

> （成化十九年十二月丁丑，）巡按广东监察御史徐瑄奏，出使满剌加国使臣从行军民二十八人，皆被风破舟，漂至安南国。国王黎灏给廪具舟，遣使送回，其咨文字画真谨，辞语卑逊，足见尊敬朝廷之意，谨具以闻。上曰：安南国王资送漂流军民回还，诚敬可嘉，速令广东布政司移咨，令王知之。③

这里所说的幸存者28人，与《海语》中记载的24人有所出入。送消息到广东的到底是占城还是安南，幸存者是成化十九年底就被送回，还是又一年后才被送回，

---

① 顾清：《东江家藏集》卷22《偶轩黄先生传》，影印文渊阁四库全书，台湾商务印书馆，1986，集部第1261册第626页。

② 黄衷：《海语》卷下《铁板沙》，第132页。

③ 《明宪宗实录》卷247，成化十九年十二月丁丑，第4180-4181页。

也有不同的记载。在黄乾亨叔父黄仲昭的记述中，可看到最晚在成化二十年初，黄氏族人就已经从返回广东的幸存者处获得了消息：

> 吾乃托方氏表弟携一仆入广，询问的信，不意同舟之人漂泊而归者，皆谓舟抵羊屿北，飓风大作，遂飘荡以没……汝之卒在癸卯正月六日，吾始闻的信，则在甲辰正月十有四日。[1]

两相对照，可见《海语》中的记载在时间上与事实有所出入，实际情况是成化十九年底时，幸存者就已经被送回广东，当地官员将消息上奏朝廷，明政府才做出反应，在十二月对遇难人员家属加以抚恤，并向安南国王表示感谢。

二、导致海难的各种原因之分析

综合以上所引的几种文献来看，使船是因在羊屿附近海域遭遇飓风并触礁，才导致了海难的发生。实际上，前往满剌加的使船在海上遇险，已经不是第一次，在此之前奉命出使满剌加的陈嘉猷也遇到了海上风险，但只是使船损坏，人幸免于难，回国整顿后再度出发，才顺利完成了出使满剌加的任务：

> （陈嘉猷）使满剌加国封王，航海值风，舟坏，得不死，归治舟，再往。竣事还，升通政司左参议，寻升右通政。[2]

飓风是导致航海事故的重要原因之一，但《海语》在记载海船遭风并触撞铁板沙的同时，也提到使船上"军民之在行者千人，物货太重，而火长又昧于经路"[3]，认为这是导致海船失事的主要原因。谢肇淛在《五杂俎》中也提到了这次事件，并将其与出使琉球的风险做了对比：

> 往琉球海道之险，倍于占城，然琉球从来无失事者，占城则成化二十一年，给事中林荣、行人黄乾亨，皆往而不返，千余人，得还者，麦福等二十四人耳。盖亦物货太多，而不能择人故也。[4]

从文本内容来看，这段文字很可能是转述《海语》中的记载，因此也将海难时

---

① 黄仲昭：《未轩文集》卷6《祭子体纯文》，影印文渊阁四库全书，台湾商务印书馆，1986，集部第1254册第474—475页。

② 《明宪宗实录》卷47，成化三年冬十月，第969—970页。

③ 黄衷：《海语》卷下《铁板沙》，第131页。

④ 谢肇淛：《五杂俎》卷4，第125页。

间误定为成化二十一年，并且只提到了占城而没有提及出使满剌加。但因谢肇淛从其叔祖谢杰出使琉球的经历中了解到许多海上情形，其看法也有可参考之处。关于船上"物货太重"一事当属实情，因为顾清在给遇难的副使黄乾亨所作的传记中，提到了这次使船承载过重的原因：

> 满剌在岭海西南万里外。故事，使臣得招商贾、募习海事者。以行有分堵，常例银度千两，先生却不受。或以为正副不宜异同，乃留其半于官，俾修灵女祠。布政使彭公凤仪谓修祠守臣事，不当烦使臣，乃密遣以为其母夫人寿，先生迄不知也。癸卯正月发舟，六日至羊峙，飓风作，舟薄于石，坏，与众溺焉。初，先生以风未作时暂还省母，黩利者竞丛货于舟，至是力弗任，故坏。[1]

由上文可知这次船上超重，是因副使黄乾亨在回乡探母期间，有人希望通过海外贸易获利，因此向船上装载了过多货物。但从顾清的文章中可以看出，他并不认为这些问题要全部归责于黄乾亨，并在记述其他事件时，对黄乾亨的人品予以肯定。黄氏家族是莆田著名的解元世家，黄乾亨于成化十年（1474年）中乡试第一，时年22岁，次年中进士[2]。其出使前探母应当确有其事，因为他的叔父，以编著《八闽通志》而闻名的学者黄仲昭也提到他"便道还莆，以省慈亲"[3]，并在离家时带其堂弟，即黄仲昭长子黄乾刚一同出使。

从谢肇淛在《五杂俎》中的记载来看，当时明朝使船上装载货物以图海外贸易，应是一种普遍现象，例如他记载万历年间夏子阳出使琉球时，随行者携带货物高价出售，以致给当地带来困扰的情形：

> 至丙午夏，给事子阳往……琉球小而贫，虽受中国册封为荣，然使者一至其国，诛求供亿，为之一空，甚至后妃簪珥皆以充数。盖从行者携货物往而高责其售直也。然向者皆严行禁约，少知敛戢，至丙午，称狼籍矣。闻其国将请封，必储蓄十余年而后敢请。堂堂天朝，何忍以四夷为壑，而饱驵侩之欲哉？可为长太息者，此也！[4]

---

[1] 顾清：《东江家藏集》卷22《偶轩黄先生传》，第626页。
[2] 崔来廷：《明清甲科世家研究》，知识产权出版社，2013年，第571页。
[3] 黄仲昭：《未轩文集》卷6《祭侄汝亨文》，第473页。
[4] 谢肇淛：《五杂俎》卷4，第125页。

在本书第四章第一节中，夏子阳曾根据亲身经历叙述了他在返航路上先后遇到风暴折舵和港口触礁，最后仅以身免的事例。而《五杂俎》则为这次事件提供了另一种视角的记载，在谢肇淛的描述中，夏子阳等人向神灵祈祷时向海中投放了所有宝物，似乎是暗指对之前聚敛的报应：

> 风涛大作，舵裂桅折，自分必死矣。尽舟中所得宝物，投水中，仅得免。有金香炉百余，两宫中祀天之用，亦为中国取去，至是尽入水府矣。①

除使船承载货物太多之外，还有一个导致海难的原因，即《海语》中所说的"火长昧于经路"。在本书所举明朝出使琉球过程中遇到的多次海上风险事例中，可以看到富有经验的海船技术人员对险情的判断和处置情况。早在宋代《宣和奉使高丽图经》中，就已经提到海船的平安主要依靠领航者的能力：

> 每舟篙师水手可六十人，惟恃首领熟识海道，善料天时人事，而得众情。故若一有仓卒之虞，首尾相应如一人，则能济矣。②

领航人员不熟悉海路，无疑增加了事故发生的风险。按照顾清的记载，使臣有"募习海事者"的权力，但看来并没有找到合适的人选。这种缺乏熟练海员的情况也出现在前往琉球的使团中，据称是因官方出资太少所致。如夏子阳记载：

> 船中最要，莫如伙长、舵工、阿班等役。往例取之海澄县，而应募者率非惯熟精炼之人，则以募资微而人不乐应。③

从当时的情况来看，选择技术人员的方式很有问题，如前往琉球的使团中需要"天文生一名，往时取之南京，近闻彼实不谙海上风候，不若总就闽中择之可也"④。这位天文生之所以不了解海上风候，很可能与其自身业务能力并无太大关系，而是因为从南京调任，并不了解福建海域的情况。这些问题很可能在明朝的对外交流中长期存在，成化年间这次海难，可能也是出于同类原因。

结合这些事实和评论来看，使团在海上遇到的许多风险，其实都是管理中的问

---

① 谢肇淛：《五杂俎》卷4，第125页。
② 徐兢：《宣和奉使高丽图经》卷34《客舟》，第892页。
③ 夏子阳：《使琉球录》，第365页。
④ 夏子阳：《使琉球录》，第366页。

题，而不是技术原因所致。物货太重是因随行人员急于进行海外贸易，技术人员不足是由于薪酬太低，而难以寻觅到熟悉海路者。明代民间对外贸易常受限制，政府使团不但拥有贸易渠道，还有招商贾、募水手的权力，难免受到多方影响，各种因素叠加在一起，才导致了海难事故的发生。

三、出使中的其他海洋信息

在这次未能成功的出使中，留下了一些相关记载，可使后人对明朝航海业有更多了解。如《海语》中分析这次海难的原因：

> 大抵海舟深底，入水数尺，纵风浪汹涌，舟极颠沛，可保无恙，惟遇
> 沙浅并石，浪势相撞，则破坏必矣。嘉靖丁酉，琼府诸生下第者，自省由
> 海而归，至硐州而下失道，遇浅，数舟皆折崖州，所溺凡八生焉。次年，
> 予适至崖，为之陨涕，作《哀八生文》。①

这也再次说明了南海海域岛礁众多，对适合深水航行的尖底海船而言，触礁是比风浪更大的威胁。又如《海语》中描述使船配置的情形：

> 官治大舶一艘，凡大舶之行，用小艚船一，选熟于洋道者数十人驾而
> 前，谓之头领。大舶之后，系二小船，以便樵汲，且以防虞，谓之快马，
> 亦谓脚艇。②

海难中的幸存者麦福等第一批七十余人之所以能够脱险，正是因为"夺一脚艇，棹至崖侧"③。这种大船后面系一两只小船的方式，早已是古代航海中的通行做法，早在东晋《法显传》中就已经记载一艘商人大船上"可有二百余人。后系一小船，海行艰险，以备大船毁坏"④。

---

① 黄衷：《海语》卷下《铁板沙》，第132-133页。
② 黄衷：《海语》卷下《铁板沙》，第131页。
③ 黄衷：《海语》卷下《铁板沙》，第131页。
④ 法显撰，章巽校注：《法显传校注》，第142页。

INDIAN ADVENTURERS SAILING OUT TO COLONIZE JAVA.
No. 5. (Reproduced from the Sculptures of Borobudur.)

图5-1 印度尼西亚婆罗浮屠壁画中的印度大船和救生船①

在祝允明所作的《野记》中，一艘来自巴喇西国的遇险船只最后也只剩下了一艘脚艇：

> 正德辛未岁，巴喇西国遣使臣沙地白入贡，言其国在南海，甚远。
> 始领其王命，在洋舶行凡四年半，被风飘至西澜海面，舶坏，唯存一
> 脚艇。②

麦福等人逃上救生艇后，看到大船覆没处距离山崖非常近，但由于风涛浪急，数百人瞬间被卷入海中：

> 棹至崖侧，巨浪簸荡，众惧，舍舟而登山，回望大舶覆处，近如席
> 前，洪涛澜汗，惟败筐破甑出没于其间，数百人者，沤灭无迹，众皆
> 长恸。③

---

① Radhakumud Mookerji：*Indian shipping*；*a history of the sea-borne trade and maritime activity of the Indians from the earliest times*，pp.50. 该书作者认为壁画内容和法显当年在海上遇险时提到的救生船情形相近。

② 祝允明：《野记》卷4，第578页。

③ 黄衷：《海语》卷下《铁板沙》，第131-132页。

在顾清为黄乾亨所写的传记中，提到其随行的堂弟黄乾刚原本已经脱险，但又重新回到堂兄身边，一同沉入海中：

> 从弟乾刚侍行，方舟坏时，漂且登矣，视先生急，不忍去，遂同溺焉。时先生年三十二。①

对照《海语》的记述内容来看，黄乾刚很可能是起初逃上救生艇的幸存者之一，他最后的事迹，也是由麦福等人回国后告知黄氏族人的。黄乾刚之父黄仲昭作《祭侄汝亨文》《祭子体纯文》，记述了子侄一同出使并遇难的经过，并立志培养其后人成材。20年后的弘治十七年（1504年），黄乾亨长子黄如金考中乡试第一，并于次年中进士，恰与其父30年前的经历相同。②如《海语》中所说：

> 二使以死勤事，闻其孙子甲科世盛，朱紫相袭。天之右功，不为疏矣。予荐主绍兴毛鸣岗老先生题其家挽册，有"白骨已沉恩似海，锦衣可奈夜如年"之句。③

嘉靖年间出使琉球的陈侃曾记载明初使船上备有给使臣用的棺木，一旦在海上遇难，则将使臣封入棺中：

> 洪武、永乐时，出使琉球等国者，给事中、行人各一员，假以玉带、蟒衣，极品服色。预于临海之处，经年造二巨舟，中有舱数区，贮以器用若干。又藏棺二副，棺前刻"天朝使臣之柩"，上钉银牌若干两。倘有风波之恶，知其不免，则请使臣仰卧其中，以铁锢之，舟覆而任其漂泊也；庶人见之，取其银物而弃其柩于山崖，俟后使者因便载归。④

这种说法在后世广泛流传，但文中随后又称此并无实际意义：

> 至于藏棺、钉牌之事，原无事例；纵有之，亦无益也；故今有司不设备焉。⑤

---

① 顾清：《东江家藏集》卷22《偶轩黄先生传》，第626页。
② 崔来廷：《明清甲科世家研究》，第571页。
③ 黄衷：《海语》卷下《铁板沙》，第132页。
④ 陈侃：《使琉球录》，第73页。
⑤ 陈侃：《使琉球录》，第74—75页。

从成化年间的这次海难事件来看，灾难降临时船上境况非常混乱，即使有棺木，恐怕也来不及处理后事，藏棺、钉牌，确也于事无补。而这次出使满剌加的后续过程依然坎坷，由于林荣和黄乾亨刚出使就已经遇难，为了完成尚未完成的册封任务，朝廷又派遣右给事中张晟作为正使，行人司行人左辅为副使，前往满剌加：

> （成化二十年五月乙巳），遣吏科右给事中张晟充正使，行人司行人充副使左辅捧诏敕礼物，封故满剌加国王男马哈木沙为满剌加国王。以先遣给事中林荣等舟溺不至也。①

然而张晟尚未启程，便在赣州病逝。为了赶上适合出海的十月北风时机，朝廷不再另行选择正使，令副使左辅在广东就地选一名官员出使：

> （成化二十一年八月，）封满剌加国副使行人司行人左辅奏：正使吏科右给事中张晟至赣州病死，今海舟已具，择十月内开洋，若候再遣正使，恐风信过期。诏报：既欲趁风信，正使不必遣，令辅即广东选七品以上能干有司官一员同往。②

然而待左辅完成出使任务回国后，又因顺带满剌加国王谢表一事，受到礼部弹劾：

> （成化二十三年三月，）行人左辅使满剌加国归，顺带国王谢表，又以国王所贶宝物及西洋布上进。礼部奏：辅顺带番表，有失大体，当罪，其贶物当送官。有旨：左辅涉海险阻，其宥勿罪。宝物收之，西洋布仍与辅。③

在这次从筹备到结束，全程长达六年的出使过程中，三位正副使先后去世，朝廷也没有再追究唯一幸存的左辅顺带谢表回国的责任。然而这场发生在占城附近的海难很可能给后来的使臣们带来了深远的心理阴影。如正德年间，给事中李贯不愿前往占城册封国王，求助于刘瑾，得以更换使臣。然而刘瑾很快势败，被更换的使臣提出抗议，李贯只得继续前往。随后他称自己在徐州遇到强盗，被割去头发，要

---

① 《明宪宗实录》卷252，成化二十年五月乙巳，第4269页。
② 《明宪宗实录》卷269，成化二十一年八月丁未，第4553–4554页。
③ 《明宪宗实录》卷288，成化二十三年三月癸亥，第4872页。

求养出头发后再出使，获得朝廷批准。但到达广东后，拖延了七年还未出行，其间副使病逝，朝廷催促，李贯称"出使远夷，必得火长以知道路，通事以通语字，今皆无人"①，以缺少领航员和翻译为由继续拒绝出使。他又称自己并非惧怕海上风涛之险，而是因占城政局情况复杂，册封国王的理由不足，援引《春秋》之法，从礼义角度论述不应前往占城册封。李贯的言论获得巡按广东御史支持，经朝廷讨论后，最终的折中解决办法是让占城使臣自行领回封册和礼物，李贯回京。②

又如嘉靖年间，朝廷派给事中吴时来出使琉球，但其随即上疏弹劾严嵩，遭到廷杖处罚，并被取消出使任务，由郭汝霖代为出使。当时舆论认为吴时来是在有意躲避出海，如《万历野获编》中记载：

> 嘉靖间，给事中吴时来奉使琉球国，得旨未行，因疏劾严相，廷杖遣戍，人谓其借题避远差。后起为左都御史，被劾，及殁后夺谥，尚指其抗疏为规避云。③

另一位嘉靖年间出使琉球的使臣陈侃可能也遇到了类似的事件。按照《使琉球录》中的记载，当他在海上遭遇风浪，桅折舵坏时，生死之际的言辞似乎是在暗指有人设计逃脱出使任务，使自己代为受难：

> 二十一日夜，飓风作陡，舟荡不息，大桅原以五木攒者，竟折去，须臾舵叶亦坏，幸以铁梨木为柄，得独存，舟之所恃以为命者，桅与舵也，当此时，舟人哭声震天。予辈亦自知决无生理，相顾叹曰："天命果如此，以计免者得之矣！狐死尚正首丘，呜呼！狐之不能若也！"舟人无所庸力，但大呼"天妃"求救。予等为君民请命，亦叩首无已。④

虽然陈侃最终平安回国，明代遇到海难事故的使团也只是极少数，但综合各种线索来看，在郑和下西洋结束之后，明朝的国家航海业中出现了很多问题，与永乐、宣德时期相比，在海船配置和航海能力上都有明显衰退。当林荣、黄乾亨收到

---

① 《明武宗实录》卷127，正德十年七月辛丑，第2546页。

② 李贯事迹详见《明武宗实录》卷66，正德五年八月丙戌，第1434页；《明武宗实录》卷95，正德七年十二月癸丑，第2007-2008页；《明武宗实录》卷127，正德十年七月辛丑，第2546-2547页诸条。

③ 沈德符：《万历野获编》补遗卷四《奉使不行》，元明史料笔记丛刊，中华书局，1959，第938页。

④ 陈侃：《使琉球录》，第47-48页。

出使满剌加的任命之初，丘浚在《送林黄门使满剌加国序》中回顾了郑和出使西洋的往事：

> 惟满剌加之有国，实我文皇帝始为之开疆启土者也。其地在中国西南大海之外，旧属于暹罗斛国。永乐初命中贵驾巨舰自福唐之长乐五虎门，航大海西南行，抵林邑，又自林邑正南行八昼夜抵其地，由是而达西洋古里大国，八艑遍往支阿舟、榜葛剌、忽鲁谟斯等处，逮其回也，咸至于是聚齐焉。岁己丑，遣使封其酋为王，建以为国，自是凡易世，必请封于天朝，世以为常。①

这段文字中提到了昔日郑和下西洋的路线，以及满剌加建国的历史及其与明朝的关系。永乐己丑年即永乐七年，这一年，郑和奉命助满剌加建国，即《瀛涯胜览·满剌加国》中所述：

> 永乐七年己丑，上命正使太监郑和等统（宝船）赍诏敕，赐头目双台银印冠带袍服，建碑封城，遂名满剌加国。是后暹罗莫敢侵扰。其头目蒙恩为王，挈妻子赴京朝谢，贡进方物，朝廷又赐与海船回国守土。②

满剌加是郑和船队出使西洋航路上的重要中转站，丘浚提到船队编成八支分船队，分别前往西洋各国，又最终在满剌加齐聚的情形，恰与《瀛涯胜览·满剌加国》中描述的情况相连：

> 凡中国宝船到彼，则立排栅，如城垣，设四门更鼓楼，夜则提铃巡警。内又立重栅，如小城。盖造库藏仓厫，一应钱粮顿在其内，去各国船只回到此处取齐，打整番货，装载船内，等候南风正顺，於五月中旬开洋回还。③

然而满剌加作为明朝前往西洋航路上中转站的功能，在郑和下西洋之后也逐渐消失。尤其是在成化年间这次出使中，林荣、黄乾亨罹难海上，张晟病逝途中，最终只剩下左辅完成册封任务回国。从此之后，明朝没有再向满剌加派出使臣，如张

---

① 丘浚：《琼台诗文会稿》卷11《送林黄门使满剌加国序》，第4089页。
② 马欢著，冯承钧校注：《瀛涯胜览校注》之《满剌加国》，第22页。
③ 马欢著，冯承钧校注：《瀛涯胜览校注》之《满剌加国》，第25页。

燮在《东西洋考》中记载："成化末，给事中林荣、行人黄乾亨奉使，溺海死，以故罢遣云。"[1]由此看来，成化海难给明朝和满剌加的往来造成了一定影响。正德年间，满剌加被西来的佛郎机（即葡萄牙）人灭国，这对于明朝的海外经营是一次标志性事件，从某种意义来说也预示着中国晚近时期的历史隐患。当然，就明朝历次出使海外的平安概率而言，成化海难只是一次意外事故，但从这个角度观察，却能看到明朝中后期国家航海业和明政府管理中的一些问题，也能反映出历史演进过程中的一个侧面。

---

① 张燮：《东西洋考》卷4《西洋列国考·麻六甲》，第67页。

第六章

后世流传的郑和下西洋相关问题分析

郑和下西洋虽然已经结束，但是相关传说从未停止。自明朝中期之后，尤其是20世纪以来，有关"刘大夏焚毁郑和航海档案"的传闻流传甚广，但从历代文献来看，最初的信息只是"刘人夏皙时藏起了早年征交趾的路程簿"，随后这件事情被移花接木，与郑和下西洋联系在一起，变成"刘大夏藏匿了郑和下西洋的水程簿"；再后来新的传说版本出现，最终演变成"刘大夏烧毁了与郑和下西洋相关的所有档案"。

此前已有多位学者对相关记载加以考证，理清了这个传说起源、演变以至成形、流传的过程，并结合时代背景，从各方面论证了此传说与明朝历史常识的多种相悖之处。[①]而从上一节关于成化年间海难事件的考证来看，成化年号总共二十三年，直到成化二十二年时，明朝还能派使船出访位于马六甲海峡的西洋满剌加国，那么传说中的"刘大夏于成化初年焚毁郑和航海档案，以致明朝再不能下西洋"究竟有何意义？本章将对这一传说的流变和其中反映出的问题加以分析。

在20世纪普遍疑古的学术风气中，郑和宝船过于庞大的长宽数据和船型也受到了质疑。随着出土文物与史料的被发现，宝船数据中的长宽比例基本得到证实，船型被普遍认定为福船，虽然长宽数据尚未得到确认，但中国航海造船科技

---

① 可参考王宏凯《刘大夏焚毁郑和出使水程质疑》和苏万祥《郑和下西洋档案为刘大夏烧毁说质疑》（南京郑和研究会编：《郑和研究论文集》第一辑（1986—1990），大连海运学院出版社，1993，第462-471页、第472-480页）、施子愉《从有关郑和下西洋的三项文献看明代的对外政策和舆论》（姚明德、何芳川主编，郑和下西洋600周年纪念活动筹备领导小组编：《郑和下西洋研究文选1905—2005》，海洋出版社，2005，第314-321页）和李映发《郑和下西洋档案并非刘大夏烧毁：明代刘大夏销毁郑和下西洋档案考辨》（《西华大学学报（哲学社会科学版）》，2014年第5期，第22-28页）。

史在这场旷日持久的争论中，通过文献整理、考古分析、社会调查、数据计算，使相关成果更加丰富，发展日益全面，促进了整个研究领域的进步。

第一节　郑和航海档案被焚传闻之误传与变迁

郑和下西洋是中国乃至世界航海史上的一件大事，船队人员众多，船型巨大，其事迹常为后人传诵。而明朝中期之后，随着国家航海业的衰退，近代又因航海力量不足而形成惨痛的历史教训，更使人们遗憾郑和的航海事业未能有效延续。此后研究者针对郑和下西洋的相关功过问题众说纷纭，一些传闻也流传甚广，甚至被视同史实，例如明代后期出现的郑和航海档案被刘大夏焚毁，用以阻止政府再度组织船队下西洋的说法，就成为其中的著名案例。事实上，这种说法最早来自刘大夏神道碑，记述的是当事人暂时藏匿档案，以阻止朝廷用兵交南的计划。在明代后期的一些著作中，此事被混入西洋水程细节，后又演绎成刘大夏烧毁郑和下西洋档案，流传后世。

这些传闻传递出的信息是档案被毁匿而导致了下西洋无法继续进行。但从历史背景与相关制度来看，这种传闻并不属实，而且即使兵部的相关档案真的被毁弃，也不会给明朝国家航海事业造成损失。当时的明朝依然具备远航的条件，民间水手也依然拥有航海技术，主要是由于明政府政策导向和世界航海局势的变化，致使明代中后期没有再进行政府组织的大型远航，不同群体的国人对航海知识的了解也差异较大。关于因档案被焚毁而导致明中后期下西洋受阻的传闻，也在一定程度上体现了当时一些官员和作者对航海事业较为陌生的状况。

一、郑和航海档案被焚传闻的起源与流传

从明朝中期以来的历代文献记载中，能看到"刘大夏焚毁郑和档案"这个传说的起源和演变过程，它可以被划分成三个阶段：

第一个阶段，是"刘大夏藏匿了征交趾的档案"，这种说法出现在正德年间，即刘大夏去世的那一年。

最早能将刘大夏和档案联系在一起的记载，来自《明武宗实录》记述刘大夏去世时，回顾刘大夏生平事迹的内容。但记载的是刘大夏藏匿了永乐年间征交趾的档案，与郑和下西洋毫无关系：

> 授兵部职方主事，进车驾郎中，调职方。太监汪直怙宠贪功，谋取交趾，有旨检永乐间征调故事，大夏匿之，事遂寝。[①]

刘大夏去世后，同时代的刑部官员林俊为其所作的墓志铭中，说的仍然是藏匿与交趾有关的档案：

> 中贵人献取交南策，索故籍，匿其籍。[②]

从史料权威程度来说，《明武宗实录》和《刘公神道碑》都属于可信的记载，它们分别是从官方和个人角度出发，对刘大夏的生平盖棺论定。可见藏匿征交趾档案一事是确实发生过的，但这两种史料里都没有提过任何与郑和下西洋档案相关的情节。

尽管刘大夏不愿让明朝再向交趾用兵，想到了暂时藏匿档案的方法，但也只能是藏匿，因为擅自毁坏档案是有违法纪的行为，会被治罪。李映发《郑和下西洋档案并非刘大夏烧毁：明代刘大夏销毁郑和下西洋档案考辨》一文中引用《大明律》中的两条相关法律，认为如果刘大夏确实有意销毁档案，将会被治以杖、徒甚至斩刑，证明了传闻相关情节的不可信。[③]

传说演变的第二个阶段，是"刘大夏藏匿了下西洋的档案"，出现在嘉靖中期，即刘大夏去世20年之后。

关于郑和下西洋档案被毁弃传言的源头，目前可追溯到明代嘉靖年间万表所作《灼艾集·余集》中引用的《郊外农谈》。文中称成化年间有宦官建议再下西洋，需从兵部调出郑和当年的出使水程记录，结果却被时任车驾郎中的刘大夏藏匿起来，致使下西洋议案被延长讨论，最终被阻止：

> 成化间，朝廷好宝玩，中贵有迎合上意者，言宣德间尝遣王三保出使西洋等番，所获奇珍异货无算。上然之，命一中贵至兵部查三保至西洋时水程。时项公忠为兵部尚书，刘公大夏为车驾司郎中。项尚书使一都吏于

---

① 《明武宗实录》卷137，正德十一年五月庚戌，第2713页。
② 林俊：《忠宣公神道碑》，收入刘大夏《刘忠宣公文集》之《附录卷一》，收入沈乃文主编《明别集丛刊》，黄山书社，2013，第1辑第56册第155页。
③ 李映发：《郑和下西洋档案并非刘大夏烧毁：明代刘大夏销毁郑和下西洋档案考辨》，第25页。

库中检旧案，刘郎中先入检得之，藏匿他处。都吏检之不得。项尚书笞责
都吏，令复入检。如是者三日，水程终莫能得。刘郎中亦秘不言。会科道
连章谏，其事遂寝。后项尚书呼都吏诘曰："库中案卷，焉得失去？"刘郎
中在傍微笑曰："三保太监下西洋时，所费钱粮数十万，军民死者亦以万
计，纵得珍宝，于国家何益？此一时弊事，大臣所当切谏者。旧案虽在，亦
以毁之，以拔其根，尚足追究其有无邪？"项尚书悚然降位，对刘郎中再揖
而谢之，指其位曰："公阴德不细，此位不久当属公矣。"后刘公果至兵部
尚书。①

在这个故事里，被刘大夏藏匿的至西洋水程一事，其中提到的三保太监是王三
保即王景弘，并非郑和。在约成书于明代万历二年（1574年）的严从简《殊域周咨
录》中，记载了与《灼艾集·余集》中相似的故事，情节大体一致，只是王三保的
西洋水程改成了郑和出使水程。故事后又有一段文字：

按《灼艾集》中刘大夏为兵部郎中，有中官用事，献取交南策，以中
旨索永乐中调军数。公故匿其籍，徐以利害告尚书。余子俊力言阻之，事
遂寝。与此相类，因附记以俟考。②

严从简自己也发现了"匿下西洋故籍"和"匿交南故籍"的相似之处，于是在
书里写下了与用兵交南情节相近的疑问。之前《灼艾集·余集》中的文字与《殊域
周咨录》中的记载非常相似，虽然下西洋的主角不同，但被刘大夏藏匿的内容都是
水程，大体意思都是说，由于出行路线图表被暂时藏匿起来，使得朝堂上争论时间
延长，科道官持续上书，终于阻止了下西洋计划。按照这种描述，刘大夏藏匿水程
的做法更多是表明立场，为言官争取时间，而出行路线档案也是故事中很重要的道
具，没有这份档案，就不能及时制定出兵计划。

传说演变的第三个阶段，是"刘大夏烧毁了郑和下西洋档案"，出现在万历后
期，即刘大夏去世一百年之后。

明朝万历之后的诸家笔记中，关于郑和下西洋水程被藏匿的文字屡次出现，后
来还演绎出了被刘大夏烧毁的情节，这可能是从《灼艾集》里那句"旧案虽在，亦

---

① 万表：《灼艾集·余集》卷2《郊外农谈》部分，续修四库全书，上海古籍出版社，1996，子部
第1188册第386—387页。

② 严从简：《殊域周咨录》卷8《琐里古里》，第308页。

以毁之"演绎而来。在《灼艾集》的传说版本中，刘大夏只是藏起了档案，并没有销毁，而是评论了一番，意为"虽然旧档还在，还是毁了为好"，这只是一句感慨，也没有提到要加以实施，更没说到要如何销毁档案。但到了顾起元《客座赘语》中，这个情节又发生了变化，直接设定为旧档已经被销毁，且采取的是焚烧方式：

> ……然未有如和等之泛沧溟数万里，而遍历二十余国者也。当时不知所至夷俗与土产诸物何似，旧传册在兵部职方。成化中，中旨咨访下西洋故事，刘忠宣公大夏为郎中，取而焚之。[①]

这是第一次出现有关"刘大夏烧毁了郑和档案"的情节。在顾起元所述的内容中，兵部作为故事的发生地，具体到了职方司，这是一个名正言顺管理水程舆图的部门，而旧册记述的内容，也由水程转变成了所至之处的夷俗与土产。在这个版本的故事里，刘大夏直接焚毁了郑和下西洋旧册，比之前流传的藏匿情节更进一步。这种情节给阅读者造成的感受，似乎是下西洋档案一旦被焚毁，就可以有效阻止再度出海。但即使是在这种不实传闻的语境下，这个故事也是不成立的，因为就算没有档案，也不影响下西洋。

二、下西洋水程记录在航海中的作用

在流言第二个阶段的《灼艾集》里，被藏匿的是"三保至西洋时水程"。那么水程究竟是什么样的？它能对下西洋起到什么样的作用？

本书在介绍历代航海文献时已经提到过一些水程，例如《大元海运记》中的《漕运水程》：

> 先得西南顺风，一昼夜约行一千余里，到青水洋。得值东南风，三昼夜过黑水洋。望见沿津岛大山，再得东南风，一日夜可至成山。一日夜至刘岛。又一日夜至芝罘岛。再一日夜至沙门岛。守得东南便风，可放莱州大洋，三日三夜方到界河口。[②]

又如永乐四年（1406年），与郑和第一次下西洋时间相近的黄福出使安南，就作有《奉使安南水程日记》，内容略摘如下：

---

① 顾起元：《客座赘语》卷1《宝船厂》，谭棣华、陈稼禾点校，元明史料笔记丛刊，中华书局，1987，第31页。

② 佚名：《大元海运记》卷之下《漕运水程》，第97页。

十四日，日将出，至磊石驿。驿之左，有观音阁。阁之左，有龙神祠。

……

初十日午，至市桥堡。

十一日早，行于吕都督营宿。

十四日早，至大营白议事毕。

十八日，复回，暮宿于野。

十九日，至市桥堡宿。①

由此可以看出，水程的形式基本就是"某日行至某地"，有时会加一些里程与见闻记录。以此来看，祝允明《前闻记》之《下西洋·里程》里所记的很可能是真正的郑和第七次下西洋航海水程：

宣德五年闰十二月六日龙湾开船，十日到徐山打围。二十日，出附子门，二十一日到刘家港。六年二月十六日到长乐港。十一月十二日到福斗山。十二月九日，出五虎门，（行十六日）。二十四日到占城。七年正月十一日开船，（行二十五日）。二月六日到爪哇（斯鲁马益）。六月十六日开船，（行十一日）。二十七日到旧港。七月一日开船，（行七日）。八日到满剌加。八月八日开船，（行十日）。十八日到苏门答剌……

《前闻记》里还保留了一些下西洋相关资料，例如"船号：如清和、惠康、长宁、安济、清远之类，又有数序一二等号。船名：大八橹、二八橹之类"，以及著名的对郑和船队人数的记载：

官校、旗军、火长、舵工、班碇手、通事、办事、书算手、医士、铁锚、木艌、搭材等匠、水手、民梢人等共二万七千五百五十员名。②

可以推测，《前闻记》里可能采用了郑和出使西洋水程一类的档案资料，但从其内容可以看出，要论对航海的实际作用，它完全不如《郑和航海图》和《顺风相送》一类实用航海图和针经，因为水程只记载某日到何处，却不能指导海船该向哪个方向航行多久，更不会提及何处水深水浅、星辰高低，不具有实际操作意义，而每次出海时机都要根据具体天气情况而定，也不可能次次相同。因此这类水程也只

---

① 黄福：《奉使安南水程日记》，丛书集成初编，中华书局，1985，第8页、第20页。
② 祝允明：《前闻记》，第1415—1416页。

能作为历史档案备览，《殊域周咨录》里提到它可以为后来出使者提供参考：

> 诏使之往占城者，其人不一，而独郑和之舟迹载于《星槎胜览》，吴
> 惠之舟迹载于惠之日记，故特著之以见其道里所经，日月所历，俾后使可
> 据而行耳。[1]

相关传闻给读者造成的印象之一是水程如果被藏匿或者被毁，会导致因技术原因无法下西洋，但从当时航海科技的情况来看，这种情形完全不可能发生，因为如本书第三章第三节中所述，郑和下西洋带回的航海资料和技术早已随着闽、浙、粤各地领航员的归乡而普及，由此衍生出用来指导航行的各种航海指南长期在沿海地区的民间航海者中流传，《顺风相送》等就属此类，一份旧藏的兵部档案存毁与否，根本不会影响到民间航海者在西洋航路上的航海能力。在各种版本的流言故事里，航海档案被藏匿或被焚毁的事件都发生在成化年间，但上一节中已经介绍过，成化末年时，明朝还在派使臣往返马六甲海峡处的西洋满剌加国，这更能看出流言与事实不符。

其实郑和船队所至之处并非新大陆，而是若干古代世界著名港口，来自印度、阿拉伯等地的海船长期来往，明代之前的中国商船也已经到达，并与当地人开展贸易，如元代汪大渊《岛夷志略》中记载所见的国家，比郑和船队所到之处更多。姚楠在《〈岛夷志略校释〉前言》中说，马欢的《瀛涯胜览》"谈到了二十个国家及其所属地区，叙事虽更详细，但涉及的地域却远不如《岛夷志略》所述之广"[2]。在明代中期之后，虽然西太平洋上的船主及其背后的航海势力有所变化，但航线上一直有船只在往来。例如《明史》中曾记载，在成化二十三年（1487年）时，有天方国人阿力在满剌加搭船抵达中国广州。[3]正德之后，屡有葡萄牙等欧洲国家船只来到中国，后来又有包括传教士在内的许多欧洲人来华，既然欧洲海船可以到来，中国船当然也可以反其航线而行。如果不能通航，原因也是因为航海势力变化、海域控制权变更所致，而不会因为毁弃了某些档案，就使中国船员面对大海，茫然不知该向何处航行。

在对一些郑和下西洋档案被毁弃故事的文本进行分析之后，会发现其中的逻辑并不成立，因为即使毁去兵部相关档案，也不会消除下西洋的可能，至多只是将计划推迟一些时间。而万表在《灼艾集》中提及"如是者三日，水程终莫能得。刘郎

---

① 严从简：《殊域周咨录》卷7《占城》，第255页。
② 汪大渊著，苏继庼校释：《岛夷志略校释》，第3页。
③ 张廷玉等：《明史》卷332《西域四·天方》，第8622页。

中亦秘不言。会科道连章谏，其事遂寝"，虽然这也是一个虚构故事，但其逻辑比较合理，因为文中提到真正起作用的是藏匿档案的三天之内，朝堂上形成了强大的反对舆论，才导致计划停止。实际上，万表本人对航海业比较熟悉，他曾提到如果明朝需要重开海运，"今浙江海船虽极远番国皆能通之，至京师或不难也"①。他知道当时民间依然拥有远洋航海能力，所以记述的故事也更符合逻辑。

那么回到故事的原点，刘大夏在阻止朝廷对交趾用兵时，藏匿档案究竟起到了怎样的作用？在本文开头引用的《殊域周咨录》里，称"有中官用事，献取交南策，以中旨索永乐中调军数。公故匿其籍"，其中提到要查询用兵数量，这可能才是最接近史实的情况。当时兵部需要提供的是出兵交趾时所需的军人数量，应该还要看军人们来自哪些卫所，这也是符合明代调兵程序的步骤。而刘大夏藏起相关档案，只是拖延了一些决策时间，待到有更多人提出反对意见后，出兵一事也就自然取消。

三、再度下西洋需要具备的条件

苏继顾在《〈岛夷志略校释〉叙论》中说：

> 明廷迭遣宝船远航海外，固为我国历史上之壮举，其政策殆欲显扬国威与采购珍异而有之，与寻常所谓航海业不同。然终以靡费过钜，难乎为继而中止。其禁民出海之法令，竟施行几及二百年之久，至隆庆元年（公元1567年）始撤销。此后我国商船之扬帆海外，亦多限于南中国海。故当弘治十一年（公元1498年）葡萄牙船第一次绕好望角东航至印度马拉巴尔海岸途中，竟未遇有一艘中国船，自不足异。②

以上这段论述代表了较为主流的观点，明代中期之后中国船退出印度洋，是因为明朝对航海业的限制政策而致。当时明政府限制海船规模，令其不得远航，使许多原本有能力进入印度洋的海船无法成行，那么倘若明朝中后期的政府仍然想派出船队远航，应该具备哪些条件？

第一应该有船只。明朝中后期的远洋业虽然受到限制，船只大小规模都有严格规定，但造船技术依然高超，前往琉球的封舟屡遭风险，却终于都安全回到国内，就是一例证。第二需要有经验的航海者。当时的中国民间依然有许多航海指南，也有可

---

① 万表：《玩鹿亭稿》卷5《杂言》，四库全书存目丛书，齐鲁书社，1997，集部第76册第84页。

② 汪大渊著，苏继顾校释：《岛夷志略校释》，第8-9页。

使用其出海的海员，只是慑于政府阻力，无法出航，但一旦恢复航行政策，这些富有经验的水手在一定时间内自然能重开航路，此前已有历史经验，自汉唐至宋元间的民间航海者都是如此。第三需要有军队护航海船。按照明朝制度，调用卫所军力即可出行，船只也可以由海运船改造，如郑和初下西洋时就是这样。

明代国家远航的方式，原本就是以卫所军为基础，招募技术人员航海，由军士监督协助其工作。永乐年间下西洋的人员和技术来源是朱元璋时期的洪武海运，以及更早之前的元朝海运，实际是以长期以来的民间航海业为基础。虽然明朝中后期不再由政府组织大型远航船队，但中国沿海依然有大量民间航海者，《顺风相送》等实用航海手册也记载着海外航路，只要招募得当，完全可以再向西洋航行。嘉靖年间丘浚讨论重开海运的可行性，首先就是建议"先行下闽广二藩，访寻旧会通番航海之人"，并且注明要"许其自首，免其本罪"[①]，这和元代用海盗出身的朱清、张瑄行海运的思路很相似。而且远航海外的中国船还可以招募外国领航员工作，例如郑和下西洋的队伍中就有"番火长"一职。又如明末时虽然海运传统中断已久，但崇祯年间，沈廷扬也成功恢复了海运路线。在明朝中后期出使琉球的事务中，虽然多次遇到海上狂风大浪，遭遇折舵、偏离航线等突发事件，但最终也都安全回国，可见其时造船和航海技术依然可靠。当时赴琉球的也是福船船型，与郑和下西洋时使用的宝船一致。

另外要看到的是，普通的去西洋和声势浩大的"下西洋"并不一样，后者在某种意义上是官方组织的宫廷采购活动。关于明朝中后期为什么要再提下西洋，从各传言的版本来看，很多还是集中在"取宝"上。而下西洋相关细节的流传与演变，可能在朝野也早已经开始，例如"宝船"一词就是如此。"宝船"名称并非郑和船队所独有，从当时的情况来看，明朝的册封舟都被称为宝船，与郑和第七次下西洋时间相近的柴山出使琉球时，就是"福建方伯大臣重造宝船，颁赐衣冠文物以劳之"[②]。直到清朝乾隆年间，出使琉球的封舟依然被称为"宝船"：

> 册封头号宝船于十四日因风不顺，暂在姑米港口抛下碇索候风……二十四日夜，风暴大作，碇索已断，封舟触礁致坏。[③]

---

① 丘浚：《琼台类稿》卷34《治国平天下之要·制国用漕挽之宜（下）》，第583页。
② 柴山：《千佛灵阁碑记》，收入郭汝霖、李际春编《（重编）使琉球录》，第170–171页。
③ 周煌辑：《琉球国志略》卷11，收入黄润华、薛英编《国家图书馆藏琉球资料汇编》（中），第1083页。

如徐恭生《陈侃与〈使琉球录〉》一文中所说："'宝船'名称由来绝不是因为它载的是珠宝奇货，而是它为朝贡国家带来明朝皇帝的诏敕，这是他们的'镇国之宝'，所以这些海船被称之为'宝船'。"①

但郑和宝船的含义在后世常被认为是"西洋取宝船"，例如《皇明通纪集要》中提到夏原吉建议"罢西洋取宝船"②，又称明仁宗"诏止西番取宝船"③，实际上《明仁宗实录》里的记载只是"下西洋诸番国宝船悉皆停止"④，并没有称其为"取宝船"。在随行下西洋的马欢所作《瀛涯胜览》自序中，称"太宗文皇帝敕命正使太监郑和统领宝船，往西洋诸番开读赏赐，余以通译番书，亦备使末"⑤，同样只提乘宝船去西洋开读赏赐，却未提及以"取宝"为目的。实际上，郑和下西洋确实具有与海外进行贸易，收集奇货异宝的任务，如《明史·乐志》中记载永乐十八年定宴飨乐舞，其中一套为《四夷舞曲》，内容是：

其一，《小将军》：顺天心，圣德诚，化番邦，尽朝京。四夷归伏，舞于龙廷。贡皇明，宝贝擎。

其二，《殿前欢》：四夷率土归王命，都来仰大明。万邦千国皆归正，现帝庭，朝仁圣。天阶班列众公卿，齐声歌太平。

其三，《庆丰年》：和气增，鸾凤鸣，紫雾生，祥云朝霞映。爇金炉，香味馨，列丹墀，御驾盈。弦管箫韶五音应，龙笛间凤笙。

其四，《渤海令》：金杯中，酒满盛。御案前，列群英。君德成，皇图庆，嵩呼万岁声。

其五，《过门子》：圣主兴，圣主兴，显威灵，蛮夷静。至仁至德至圣明，万万年，帝业成。⑥

---

① 徐恭生：《陈侃与〈使琉球录〉》，载中国第一历史档案馆，第六届中琉历史关系学术研讨会筹备会编《第六届中琉历史关系学术研讨会文集》，2000，第10页。另可参考傅朗：《论郑和宝船与册封舟——纪念郑和下西洋六百周年》，《福建师范大学学报（哲学社会科学版）》，2004年第2期，第104-109页。

② 陈建辑，江旭奇补订：《皇明通纪集要》卷15，四库禁毁书丛刊，北京出版社，2000，史部第34册第186页下。

③ 陈建辑，江旭奇补订：《皇明通纪集要》卷15，第187页上。

④ 《明仁宗实录》卷1，永乐二十二年七月丁巳，黄彰健等校勘，"中研院"历史语言研究所，1962，第15-16页。

⑤ 马欢著，冯承钧校注：《瀛涯胜览校注》之《瀛涯胜览序》，第1页。

⑥ 张廷玉等：《明史》卷63《乐三》，第1569页。

从第一支曲子《小将军》中就能看到，"四夷归伏……贡皇明，宝贝擎"，这很可能与中国传统的"五服"观念有很大关系。这是一种自先秦时就形成的政治地理观念：天子居处为帝都，向外每五百里形成一个圈层，每个圈层送来的贡品不同，因为保存不易，所以越外面的圈层送来的东西越贵重，反映到这套乐曲中，就是四夷要来向明朝贡献宝物。"四夷贡宝"体现了自先秦以来的天下观念，下西洋取宝不仅是郑和作为内官监太监所承担的宫廷采买的职责，同时也象征着永乐皇帝对天下秩序的建立。

然而"四夷贡宝"和天朝主动"下洋取宝"又有所不同。虽然郑和下西洋确实具有与海外各国贸易，收集奇货异宝的任务，但从中国传统政治文化的观点来看，如果将"去往海外采购"作为这样一支船队名义上的首要任务，并用来给船队冠名，不但不能体现其发展与海外诸国关系的目标，也不符合中国宣扬天朝教化的传统。下西洋的宝船在名称上还是如《瀛涯胜览》自序中所说，是皇帝派郑和"往西洋诸番开读赏赐"，建立与西洋各国的关系，以天子诏敕为宝才是符合中国古代天下观的认识。而在明朝后期戏曲《奉天命三保下西洋》的唱词中，还可以看到当时的人们对郑和下西洋意义的想象和阐述：

> 【王景弘云】众位大人，如今则等三保来时，一同祭祀也。
>
> 【正末上】【云】小官太监三保是也。自离帝都阙下，与同众官人来下西洋，赍捧着官里的赏赐等物，喜得于路平安。来到这江口天妃娘娘庙前，必须先祭了神明，然后方可开船。看了这江口波涛一派，是好水势也呵。（唱）
>
> 【正宫·端正好】我则见碧澄澄向东流，更和那白茫茫天南际，绿波翻映日辉辉。看了这滔滔不断三江水，熬尽了多少英雄辈。
>
> 【滚绣球】则俺这大明朝有气势，普天下皆顺归，端的是太平之世。麒麟现丹凤来仪，战袍换紫袍，征旗改酒旗。乐丰年谷生双穗，庶民安足食丰衣，则为俺君王有德过尧舜，更那堪臣宰忠良胜吕伊，保助着万里华夷。[①]

这里描述的是人们对太平盛世和天下秩序的期待，"保助着万里华夷"正是明朝后期的人们对郑和下西洋功业的认同和理解。

---

① 阙名：《奉天命三保下西洋》，收入《孤本元明杂剧》（四），涵芬楼藏版，中国戏剧出版社，1958，第8页b面。

四、明人对航海档案毁弃传闻的认识与心态分析

在顾起元的传说版本中，因焚毁旧册而消失的下西洋相关信息除了一些海外风土与物产记录，还应有许多突破当时人想象力的传奇故事：

> 当时不知所至夷俗与土产诸物何似，旧传册在兵部职方……意所载必多恢诡谲怪，辽绝耳目之表者。所征方物，亦必不止于蒟酱、邛杖、蒲桃、涂林、大鸟卵之奇，而星槎胜览纪撰寂寥，莫可考验，使后世有爱奇如司马子长者，无复可纪。惜哉。①

可见顾起元曾见过《星槎胜览》，只是他认为其中记载的内容以各地土特产为主，不够丰富和奇异。但从今天的视角与知识来看，《星槎胜览》主要关注各国风土民情，其记载也比较符合当地实际情况，而且元明时期到海外的中国人记录习惯比较相似，如《岛夷志略》《瀛涯胜览》等视角和内容都是如此。在他们的记录中，海外各国的人们和中国本土居民一样，在不同的风俗习惯里繁衍生息。如《星槎胜览·龙牙犀角》一节记载：

> 其地内平而外尖，民下蚁附而居之。气候常热，田禾勤熟。俗尚淳厚。男女椎髻，围麻逸布，穿短衫。以亲戚尊长为重，一日不见，则携酒持肴而问安。煮海为盐，酿秫为酒，地产沉速、降真、黄熟香、鹤顶、蜂蜜、砂糖。货用土印布、八都剌布、青白磁器之属。
>
> 诗曰：遥望兹山势，龙牙犀角峰。居民如蚁附，椎髻似猴容。汲海盐煎雪，悬崖蜜掇蜂。布稍围体厚，秫米造浆浓。气候常同夏，林花不较冬。问安行礼节，千载见遗风。②

这种关注地形、物产、风俗、人物的记载方式，实际属于中国传统地方志记录习惯在海外的延伸。郑和船队与当地居民的交流是和平的自由贸易，这种基调也体现在随行者的记录中，费信在每则见闻后都会附一首诗表达感受，如果不写明地点，阅读者可能会认为描写的是明朝边陲某地的风土人情。由于记录视角和关注重点的差异，对于航行过程中的各种惊险经历，很可能从一开始就不在下西洋的作者们准备记录的范围之内。而且下西洋船队主要由宦官、军人、水手组成，他们写作能力原本就相对有限。从顾起元的感慨来看，他原本对下西洋见闻的奇异程度有更

---

① 顾起元：《客座赘语》卷1《宝船厂》，第31页。
② 费信著，冯承钧校注：《星槎胜览校注》前集《龙牙犀角》，第25—26页。

高的期待，所以会认为有更加丰富的记录遭到毁弃，才使人无法见到全貌。但顾起元生活在明朝晚期，此时距郑和下西洋已有二百年，各种民间文学发展迅速，人们的著述风格与明朝早期较为朴素的记述习惯相比，已经发生了很大变化，甚至出现了《西洋记》这样以郑和下西洋为题材的神魔小说，这可能也是导致理解差异的原因之一。

由于传世史料的限制，后人常为无法了解到更多下西洋事迹的相关细节而遗憾，但从明初洪武、永乐年间的历史来看，留存至今的郑和下西洋相关史料数量并不算少，不但有马欢的《瀛涯胜览》、费信的《星槎胜览》、巩珍的《西洋番国志》这样亲历者的记述，还有《明太宗实录》中的相关记载，以及《武备志》中的《郑和航海图》，祝允明的《前闻记》中关于第七次航行的具体日程等史料，又有近年来新发现的各种文献、文物等资料，它们都可以从不同侧面反映郑和下西洋的历史。与此相比，作为下西洋制度基础的明初洪武海运，以及与下西洋同时发生的永乐海运，存留至今的相关史料则更为稀少，即使是在《武职选簿》中，关于下西洋军官史料的记载也远远多于洪武、建文、永乐时海运史料的记录。由此来看，作为富有传奇色彩的远洋航海活动，郑和下西洋受到的关注及存留的史料数量与其历史地位是相符的，而更具体的细节记录，更丰富的档案材料，从当时的历史条件来看，并不太可能撰写、保存并流传下来。[①]

20世纪以后，关于郑和航海档案被毁传闻也在郑和下西洋研究领域中广泛流行。[②]从学术史的发展情况来看，之所以形成这种传言流行的局面，主要是因为参与研究郑和下西洋的学者来自不同领域，如明史、中外关系史、航海技术史等，一些学者对自己熟悉的研究范围之外的史事，未能做到完全了解，或是早期研究中资料有限、查阅不便，以致误信传言，将其写入著作中。又因他们从自己学科领域出发，所做的这些研究也常是高水平之作，就使得读者在阅读许多权威著作时，一边接收正确知识，一边也接收了关于"郑和档案被毁"这一信息，认为这个传说也同样可靠。一代代著述流传，后人研究又建立在前人成果之上，更加重了以讹传讹的程度。

而这种说法之所以会在明朝广泛流传，其原因如施子愉在《从有关郑和下西洋

---

① 李映发《郑和下西洋档案并非刘大夏烧毁：明代刘大夏销毁郑和下西洋档案考辨》第27页从档案保存角度论述了这个问题，可参考。

② 王宏凯：《刘大夏焚毁郑和出使水程质疑》，第463页；李映发：《郑和下西洋档案并非刘大夏烧毁：明代刘大夏销毁郑和下西洋档案考辨》，第23-24页。

的三项文献看明代的对外政策和舆论》一文中所说：

> 但是即使刘大夏藏匿或焚毁有关郑和下西洋的案卷的传说，并非事实，这种传说的产生和流行，也必有其社会背景：它反映了当时有一些政府官员对下西洋之举是持否定态度的。他们之所以如此，主要是因为大规模的下西洋活动，耗费过巨。[①]

用传闻来表达观点和立场确实有可能，如果结合当时的政治形势来看，或许还与官员们对宦官势力的不满有关。此外还有一种可能，就是一些故事的传播者们对于航海业并不熟悉，所以才形成了销毁档案就能阻止下西洋的观念。明代后期有许多著作传抄相关传闻，作者中不乏著名学者与朝廷重臣，这种现象在一定程度上说明，随着时间的推移，当时一些人对航海业已然陌生，即使政府官员也是如此。

事实上，从上一节提到的成化海难后续情况来看，明朝如果再想要派使臣下西洋，最重要的步骤不是查阅航海档案，而是找到一位有能力、自愿且敢于率船队出海的使团领导者。自成化海难之后，一些明朝使臣连占城、琉球都不愿前往，千方百计推脱使命，更不必说前往更远的西洋诸国。从明朝早期历次大规模国家航海行动来看，参与的官军通常并不是因为热爱航海事业，而是因为服从行政命令，其中很多人还来自内陆地区，不习惯海上生活方式。虽然他们也忠于职守并出色地完成了任务，但这毕竟与沿海的海商、渔民等人不同，后者对海上生活更为熟悉且亲近，他们的航海行动是自发行为，也会有更主动积极的意愿。

航海者积极与消极的意愿差异，很可能给朝廷决策带来重要影响。如在洪武海运中，朱元璋看到"一夫有航海之行，家人怀诀别之意"[②]，在辽东屯田有所成效后，最终停止了持续二十余年的辽东运粮。与人们眼中郑和下西洋的"下洋取宝"相比，洪武海运只为运粮和灭倭，理由看起来更为正当，最终也因官兵死伤过多，与政治伦理相悖而停止。像郑和下西洋这样，在许多内陆官民看起来只属于劳民伤财、对普通人生活没有直接益处的官方行动，恐怕更加没有说服力，不会受到朝野支持。对比当时明朝与欧洲的航海活动，两者最大的差异在于明朝没有鼓励有航海意愿的民间人士主动出海远航，这才是给后来世界航海形势造成影响的主因。

从时代背景来看，洪武、永乐时期距离明朝开国不久，正处于中央集权力量最为强大之时，可以有效调动各方面资源，举行大规模航海行动。而在明朝中期之

---

① 施子愉：《从有关郑和下西洋的三项文献看明代的对外政策和舆论》，第320页。
② 《明太祖实录》卷145，洪武十五年五月丁丑，第2284页。

后，各种弊端日渐滋生，行政效率下降，如在成化海难和一些出使琉球的使臣遇到的事件中，还会看到造船质量降低、雇募到的领航员水平不高等问题，这些都会影响当时的人们对国家航海业的看法。而明朝中后期皇帝本人的权威，对朝廷决策的影响力和执行力，也无法与洪武、永乐以至宣德时期相比，这也使得即使后来有皇帝想要下西洋，也不可能像明朝早期一样，由政府运作耗资巨大、人数众多的下西洋行动。

虽然以宫廷采购为主要特征之一的官方大规模下西洋活动停止了，但中国民间航海者的自发航行一直都在进行，只是不常见于主流文献记载。中国与中南半岛、印度半岛、阿拉伯地区以至东非、欧洲之间的航线上依然活跃着世界各地的航海者，民间的海上交流一直在继续。虽然明朝的海外影响力已无法与早期相比，对外航行也常受限制，但郑和船队留下的技术和资料仍支持着中国沿海居民自发的航海活动，西方来的商人和传教士也将域外地图与航海知识带到中国，今天的人们依然可以看到许多当年留下的文献交流遗存。

第二节 "疑古"与"信古"之间的20世纪以来
郑和宝船技术史研究

20世纪以来，与郑和下西洋相关的许多问题受到学术界的关注，宝船制造技术就是其中之一。百年间，围绕着郑和宝船的规模、类型、工艺和操作等细节，研究者们曾提出过许多问题，经过反复质疑和论证，终于使其中的许多问题得以完全或部分解决。而从学术史的角度来看，宝船研究史也是20世纪史学发展中的典型代表之一，其轨迹与同时期出现的"古史辨""走出疑古时代"等学术思潮有一定相似之处，也体现了20世纪学术发展史中的许多时代特征。本节将对这一历程中的若干问题进行分析，以观察其发展脉络和未来走向。

在与宝船相关的技术史研究中，最核心的问题，就是关于宝船长宽数据的记载。对于此，各种明代文献中记录一致，都是宝船长44丈，宽18丈。明代是否有可能造出这种长达百余米的大船？历史文献中的记载是否可靠？百年来，研究者们从最初对原始文献的信任，到后来的质疑和广泛讨论，经过数十年的探究，又大体形成了对文献的重新认可。这种发展轨迹与20世纪另一些史学问题的经历类似，它们都经过了对传世文献的肯定、置疑和再肯定，虽然最终结论似乎又走回了原点，但在反复论证的过程中，研究者们引入了各种方法，发掘出更多文物资料，开辟了更广阔的视野，完成了一大批富有意义和价值的学术著作，也使相关领域的研究全面进入了一个新阶段。

一、从信任文献到全面质疑

从学术发展史的角度来看，不同的时期，人们对于宝船的态度和认识方式，有着明显的差异。1905年，当中国面临各种内忧外患时，梁启超在《新民丛报》发表《祖国大航海家郑和传》，引用《明史》中记载的宝船长宽数据，与当时世界上最大的商船进行对比，得出的结论是郑和宝船比当时的商船规模更大，从而认为"国民气象之伟大，亦真不可思议矣。其时蒸气机关，未经发明，乃能运用如此庞硕之艨艟，凌越万里"[1]，同时这篇文章的题目，也已经在很大程度上表明了作者的立场。孙中山在《建国方略》里同样转述了《明史》中宝船长宽数据的记载，并称赞"其长度则等于今日外国头等之邮船矣。当时无科学知识以助计划也，无外国机器以代人工也，而郑和又非专门之造船学家也，当时世界亦无如此巨大之海舶也……然今之中国人借科学之知识、外国之机器，而造成一艘三千吨之船，则以为难能，其视郑和之成绩为何如"[2]。这虽不是学术论文，但引用宝船尺寸的用意与梁启超相同，实质都是在国家救亡图存的时代背景下，回顾中国古代的伟大科技成就，以激发民众的斗志和民族自豪感。

郑鹤声发表于1944年的《郑和出使之宝船》[3]，在全面认可文献记载的前提下，对宝船的形制、数量和制造中的许多问题进行了系统叙述。文中引用了《东西洋考》《明实录》《明会典》《客座赘语》《郑和家谱》《殊域周咨录》《西洋朝贡典录》《瀛涯胜览》《星槎胜览》等文献，并借鉴了太仓刘家港天妃宫石刻和福建长乐的《天妃灵应之纪》碑，以及罗懋登小说《西洋记》中的许多内容。可以说，这篇文章

---

① 梁启超：《祖国大航海家郑和传》，载《饮冰室合集·专集》第1册《饮冰室专集之九》，中华书局，1989，第4页。

② 孙中山：《建国方略》，载广东省社会科学院历史研究室、中国社会科学院近代史研究所中华民国史研究室、中山大学历史系孙中山研究室合编《孙中山全集》第6卷，中华书局，2006，第187-188页。

③ 郑鹤声：《郑和出使之宝船》，载纪念伟大航海家郑和下西洋580周年筹备委员会、中国航海史研究会编《郑和研究资料选编》，第249-260页。原载《东方杂志》第40卷第23号1944年12月。

几乎使用了在当时的条件下能够触及的全部史料，也是郑和宝船早期研究中较为全面的一篇。文章结尾处认为"郑和下西洋，实为世界上第一盛事，而宝船之制造，亦为世界上最伟大之工程焉……后世因循苟且，无远大之企图，以至制造工业俱落人后，抚今追昔，能不慨然！故特表而出之，以为国族之光荣"[1]。可见其文中所持的立场与梁、孙两文类似，而在宝船的规模问题上，也对传世文献中的记载持全面信任态度，视其为古代中国的卓越成就。

但到1947年，管劲丞发表《郑和下西洋的船》[2]一文，对传世文献中记载的宝船船型和数据都进行了质疑。这篇文章的部分视角与梁启超文章类似，同样是将宝船长宽数据与20世纪的航海船舶进行对比，但作者根据现代船舶的大小、长宽比例和吨位，反推出明代的海船不可能具有《明史》中宝船的长宽数据和性能。文中提出的一个主要疑问，就是郑和宝船造型"短短胖"的问题，在作者看来，明代文献中称宝船长达44丈，宽18丈，长宽比约为7∶3，这并不符合航海原理："航海的船舶，为了波涛汹涌之故，更需要减少水的阻力；而愈短阔则阻力愈大，又是古今不变的。那就可以断言，当时造船，一定不会采用这样的长方形。而且，在我们眼中，江海之上也不曾有过大船有这样的船型。"[3]

管劲丞的这段论述，引出了后来宝船研究中的一个重点问题：宝船的船型究竟是属于沙船型还是福船型？沙船是一种长宽比例较大的船型，而福船却正是长宽比例较小，外形呈"短短胖"状的船型。后来的研究者们经过反复论证，多倾向于郑和宝船是福船型，正与这种"短短胖"的特征相符，但在管劲丞的时代，似乎还没有认识到这个问题。而且从当时的文章中可以看出，早期的技术史研究还处于刚起步阶段，研究者们没有更多的考古资料可以凭借，很多时候只能依据文献资料和当时所能见到的现代船舶形制，对古代的船舶进行反向推测。这与后来几十年间，宝船研究者们广泛依据各地出土的明代船舵杆、宋代古船、宝船厂遗迹等资料进行深入研究的状况，形成了鲜明对比。

管劲丞文中的另一个重要内容，是根据南京静海寺残碑上的文字，认定郑和所乘的宝船为1500料和2000料的海船，继而在这一基础上，根据明代《天工开物》和《龙江船厂志》里记载的小型船只数据和形态，按照船型比例，推算出2000料海船

① 郑鹤声：《郑和出使之宝船》，第260页。
② 管劲丞：《郑和下西洋的船》，载纪念伟大航海家郑和下西洋580周年筹备委员会，中国航海史研究会编《郑和研究资料选编》，第268-272页。原载《东方杂志》第43卷1号1947年1月。
③ 管劲丞：《郑和下西洋的船》，第269页。

的长、宽和各部分数据。文中最后得出的结论，是认定郑和宝船长16丈余，宽2丈余，其长宽数据均与史书中记载的长44丈、宽18丈相去甚远。与此意见相似、时间相近的文章还有朱杰勤发表于1948年的《中国古代海舶杂考》[①]，文中认为宝船的"广十八丈"记载中出现了衍文，应该是"广十丈"或者"广八丈"才合情理。这两篇文章发表于20世纪40年代，是宝船技术史研究中年代较早，同时也较具代表性的文章，对传世文献中宝船相关内容的可信性提出了全面质疑，其中涉及的问题，都在后来的研究中得到关注，并进行了深入探讨。

这类质疑文章的出现，也反映了20世纪前半期的时代学术特征。一方面，当时各种科学思潮和方法传入中国，促使传统史学全面向现代学术转变，研究者们在接受了新的思想和学术训练后，从新角度审视传世文献，遇到不合其认知逻辑之处，便开始质疑传世文献的可信性。另一方面，当时传统学术尚未完成转型，信古者与疑古者并存，而许多在后来广受关注的学科分支领域，当时尚未进入学术视野，更没有进行充分研究与应用。因此，旧有结论一旦遇到新思路的质疑，信任传世文献的研究者们也很难及时做出有效应对。在当时中国古代历史与文化的许多分支领域中，都出现过程度不同的疑古思潮，产生了许多富有怀疑精神的论著，提出了一批尖锐问题，促使研究者们对传世文献进行重新审查与论证，郑和宝船的研究案例也只是时代整体风气中的细节之一。

二、从太仓的沙船到长乐的福船

随着对宝船研究的细化与深入，质疑文章中提出的问题逐步得到解决，关于宝船船型的探讨就是其中之一。周世德发表于20世纪60年代初的《从宝船厂舵杆的鉴定推论郑和宝船》[②]和《中国沙船考略》[③]两篇文章，是宝船前期研究中，持宝船属沙船型论点的重要论述。这两篇文章充分论证了沙船船型、太仓历史和宝船特征之间的关系，认为历史上的沙船出现在江苏崇明，以崇明沙而得名，而其附近的太仓是元明以来的重要海港，郑和船队正是由此出发，前往西洋各地，因此宝船也会具有明显的地域特点，应当属于沙船型。这种思路引入了对地理环境和社会历史传统的考察，将沙船技术与太仓在中国航海史中的作用结合起来，从而形成了以整体视

---

① 朱杰勤：《中国古代海舶杂考》，载《中外关系史论文集》，河南人民出版社，1984，第34-51页。

② 周世德：《从宝船厂舵杆的鉴定推论郑和宝船》，《文物》1962年第3期，第35-40页。

③ 周世德：《中国沙船考略》，载中国造船工程学会编《中国造船工程学会1962年年会论文集》第2分册《运输船舶》，国防工业出版社，1964，第33-60页。

角为特征的全面研究。这种研究方式也反映了20世纪中期的时代学术风气，其特点是关注历史事件所处的社会环境，重视出土文物资料与科学分析，后来研究者们在观察宝船技术与福建和福船的关系时，也采用了与此类似的方法。在具体内容上，《从宝船厂舵杆的鉴定推论郑和宝船》一文对1957年出土于南京明代宝船厂遗址的一支巨型舵杆进行了探讨。这支舵杆用铁力木制成，长11.07米，被认为是郑和宝船上的实物遗存，文章认为其尺度与郑和宝船的尺度是相称的。《中国沙船考略》一文则展开论述了沙船的形制特点与发展史，并在认同宝船长度为44丈，且属沙船型的基础上，对宝船的舵、帆、龙骨等各部分结构和性能做了推测与设计。

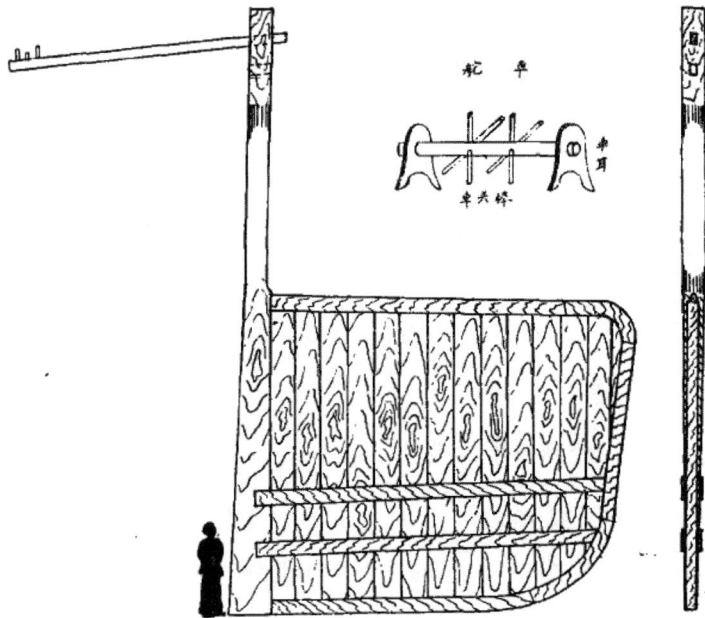

图6-1　《从宝船厂舵杆的鉴定推论郑和宝船》中的大舵复原图

这两篇文章中的一个重要内容，是讨论了管劲丞文中质疑宝船"短短胖"的问题。《从宝船厂舵杆的鉴定推论郑和宝船》以中国古代船舶史为线索，对宋元以来的造船特点进行考察，引用各种文献中的记载，证明中国古代确实经常制造长宽比例较小的海船。同时，对于船型与航海原理之间的关系，也做出了与管劲丞完全不同的论断："木船如果造得过于瘦长，将不能抵抗海浪的冲击，而易于为海浪冲断。所以木船必须较为肥短，特别是巨型木船。这样，速度虽受影响，而稳性大为增加。在历史文献当中，巨型船舶船型肥短的例证屡见不鲜。"[1]

然而在"宝船属沙船型"和"宝船造型肥短"这两个论点之间，却存在着明显的冲突。文章认为中国古代存在许多形制肥短的船舶，并论证了它们存在的合理性，但这种船型肥短、长宽比例较小的特征，其实正是福船船型的典型特点，而不是文中所认为的长宽比例较大的沙船船型。可见作者已经意识到了肥短船型在航海中的优势，却没有把这种优势和福船的特点以及宝船的实际船型联系起来，这可能是由于作者预设宝船属沙船型这一立场引起的。而在作者同年发表的《中国沙船考略》一文中，更是在认为宝船属于沙船型的前提下，对历史文献的可信性进行了探讨，认为《明史》和《郑和家谱》中记载的宝船宽度数据可能出现了舛误，不应该是"阔十八丈"和"广十八丈"，而应是"阔于八丈"和"广于八丈"[2]，只有将宽度数据缩小，才能使宝船的长宽比例更加符合沙船的特点。

周世德的这两篇文章，表现了宝船研究处于探索期的复杂状态。一方面，作者已经分析出宝船确实可能属于肥短造型，并提出了文献支持；但另一方面，作者又囿于宝船属沙船型的预定立场，不能使自己的推论更向前一步，将宝船与肥短型的福船直接联系起来。事实上，《从宝船厂舵杆的鉴定推论郑和宝船》中已经提及平底沙船多航行北洋，尖底沙船多航行南洋。所有这些特征都指向福船，但作者却始终没有提出宝船是尖底福船的可能性。而在《中国沙船考略》中，作者甚至修正了自己之前的结论，削减了文献中宝船的宽度，以使其更加符合沙船的特点。这实际上使研究偏离了方向，也距离作者之前的正确推论更远了一步。这可能是由于当时相关的船舶史研究还较薄弱，针对福船的具体研究尚未起步，所以作者也未能及时根据这个线索加以分析。从这个过程中，可以看到早期研究者在开拓时期面临的问题——成果与缺憾并存，但每一步探索都为后来者提供了继续前进的基础。

20世纪60年代后期到70年代，由于时代环境原因，相关研究文章较少，但考古和社会调查工作在此期间逐渐积累，到80年代初纪念郑和下西洋580周年前后，出现了大批研究成果。杨槱等在1981年发表的《略论郑和下西洋的宝船尺度》[3]与周世德文章的思路类似，同样认为宝船既然在江苏制造，船型就应为沙船型，但对与舵杆相配的船舶大小重新计算后，认为船的长度只能是十七八丈，而不是四十四

---

① 周世德：《从宝船厂舵杆的鉴定推论郑和宝船》，第37页。
② 周世德：《中国沙船考略》，第44页。
③ 杨槱、杨宗英、黄根余：《略论郑和下西洋的宝船尺度》，《海交史研究》1981年第3期，第12-22页。

丈。文章调查了当代船舶的制造工艺和经验，通过走访船工，认为明代不可能造出100多米的木帆船，并认为传世文献中记载的宝船尺度完全不可信，从而将原有的长宽数据进行对调，又对数值和单位进行了调整："明史上记载的宝船，长四十四丈，宽十八丈。若将其宽作为长，将长度的单位丈改为尺，即改为四丈四广，十八丈长，则与按一般法式估算的尺度就相当接近了。因此也很有可能传抄的人把宝船的长宽尺度颠倒或搞错了，而修史的人未经仔细推敲就加以引用，以致将宝船尺度搞成如此模样。"[①]可见在预设了宝船船型的前提下，当推论与文献记载不符时，研究者就难免会对文献产生怀疑，从而对传世数据进行修改，但一次次修改结果距离文献记载越来越远，也无从判断哪种推论更具可信度。这种现象直到另一些研究者提出新观点，认为宝船属于福船型之后，才有所改变。

对于宝船是福船而非沙船的认识，是随着对江苏太仓和福建长乐两地的造船、航海环境变迁的认识而逐渐深化的。这种认识与之前关于沙船的研究相似，它不单涉及造船技术本身，还涉及这种技术产生和发展的社会历史环境。这种学术特点的形成与郑和研究的整体进展相关，福建的历史文化研究者们对当地的郑和史迹展开广泛调查，这些工作也为技术史研究提供了线索与启示。随着更多相关文献的整理与解读，以及更多考古资料的发现，福建长乐也被确认为宋、元、明时期另一个重要的航海业中心，并与郑和下西洋之间存在密切联系，是郑和船队正式远航的开洋港。在此过程中，20世纪70年代出土于福建泉州的一艘宋代木制海船起到了重要作用。根据考古报告《泉州湾宋代海船复原初探》[②]中提供的数据，这艘海船残长24.20米，残宽9.15米，按原船比例，正符合"短短胖"的特征，与文献中记载的郑和宝船形制类似。这艘古船的出土，给宝船研究者们提供了借鉴，使他们得以参考宋元以至更早历史时期的经验，结合福建造船航海业的社会基础和历史源流，将郑和时代的船舶技术置于中国古代航海造船科技史的整体发展历程中，进行更为深入的研究。

---

① 杨槱、杨宗英、黄根余：《略论郑和下西洋的宝船尺度》，第20页。

② 泉州湾宋代海船复原小组、福建泉州造船厂：《泉州湾宋代海船复原初探》，《文物》1975年第10期，第28-35页。

图6-2 福建泉州宋船出土现场发掘情况[①]

席龙飞、何国卫发表于1983年的《试论郑和宝船》[②]一文，从造船史的角度出发，通过对泉州、宁波等地出土宋船的考察，将宋明时期的古船长宽数据进行对比，认为"郑和庞大的船队中，绝大多数船舶的长宽比值均在2.5左右。这样小的长宽比虽然与现代造船工作者的认识相距很远，但却为近年在泉州、宁波出土的宋代海船所证实。泉州宋船的长宽比为2.48或2.65；宁波宋船的长宽比为2.71或2.8。这样小的长宽比在历史文献中也能找到"[③]。文章重新论证了郑和宝船的船型与建造地点，认为福建也承担了制造宝船的任务，并认为宝船是具有福建地方特点的福船型："考虑到福建、浙江沿海宋元以来的造船业较为发达的事实，再结合着船队是驶向南洋以及经印度洋去波斯湾和非洲东海岸广深海域这一事实，宝船的船型当然会选择适于深海航行的尖底、深吃水、长宽比小但却非常瘦削的船型。"[④]文章还列举了古代中国和国外一些大型木船的资料，并通过计算44丈宝船的结构强度，认为不能轻易否定传世文献中关于宝船数据的记载。

在此之后的一段时间里，持此类观点的文章集中出现，在福船型宝船这一问题

---

① 福建省泉州海外交通史博物馆编：《泉州湾宋代海船发掘与研究》，第189页。
② 席龙飞、何国卫：《试论郑和宝船》，《武汉水运工程学院学报》1983年第3期，第9—18页。
③ 席龙飞、何国卫：《试论郑和宝船》，第12页。
④ 席龙飞、何国卫：《试论郑和宝船》，第14页。

上达成了共识。冯汉镛在其《郑和宝船是肥短型的》[1]中，虽然未确称宝船是福船型，却肯定其船体应具有较小的长宽比例，庄为玑在其《乘风破浪话宝船》[2]中认为，郑和宝船是在泉州制造的，而郑鹤声、郑一钧在《略论郑和下西洋的船》[3]中认为船队中兼有沙船型和福船型："郑和宝船的船型，不会只限于一种。宝船应随着建造地点的不同而不同，在南京宝船厂所造的，应多为沙船型，而在福建打造的应为福船型。由于永乐年间宝船厂从福建调来许多造船工匠，所以也不能排斥宝船厂有造少量福船的可能性。"[4]2000年，金秋鹏在《迄今发现最早的郑和下西洋船队图像资料——〈天妃经〉卷首插图》中介绍了一幅刻于明永乐十八年（1420年）的插图，其刊刻时间介于郑和第五次和第六次下西洋之间，图中出现了郑和船队的形象，文章认为画面上的宝船具有典型的福船特点。[5]辛元欧在2002年的《关于郑和宝船尺度的技术分析》中，也认为图中的船与马可·波罗描述的泉舶类似。[6]可以说在1983年之后，多数研究者已经形成共识，认为郑和船队中存在多种船型，但应以福船为主，且最大型的宝船应属于福船而非沙船。

研究者从沙船到福船的探讨，是20世纪宝船研究史中最重要的发展脉络之一。在传世文献被全面质疑之后，研究者们从船舶技术史的角度出发，对宝船船型进行了重新考察。这种研究方式突破了传统史学的路线和范围，是一种建立在现代科学基础上的重新认识。在长达20年的探讨中，研究者们引入了对新出土文物的考察、对历史文献的综合整理、对地理环境和历史传统的认识，将郑和研究与中国古代船舶发展史结合起来，使其互相促进、共同发展，大体完成了现代宝船研究的基础工作。

三、从静海寺残碑到洪保墓志

在宝船被广泛认定为福船型之后，其长宽比例已经和传世文献中的记载相印证。但在宝船大小这一核心问题上，是否可以同样信任文献中的记载？一些研究者认为，既然船体的长宽比例可信，那么船体的大小尺寸同样可信。但由于44丈规模的木船在今天看来很难制作，所以另一些研究者依然持反对意见，认为明代不可能

① 冯汉镛：《郑和宝船是肥短型的》，《航海杂志》1983年第5期，第37页、第39页。
② 庄为玑：《乘风破浪话宝船》，《文史知识》1984年第3期，第83-86页。
③ 郑鹤声、郑一钧：《略论郑和下西洋的船》，载纪念伟大航海家郑和下西洋580周年筹备委员会、中国航海史研究会编《郑和下西洋论文集》第1集，人民交通出版社，1985，第50-74页。
④ 郑鹤声、郑一钧：《略论郑和下西洋的船》，第57页。
⑤ 金秋鹏：《迄今发现最早的郑和下西洋船队图像资料——〈天妃经〉卷首插图》，第61-64页。
⑥ 辛元欧：《关于郑和宝船尺度的技术分析》，《郑和研究》2002年第2期，第29-38页、第58页。

造出这种长度的大船，当时的人力物力也不可能承受这么多大型船只的制造工作。在单凭传世文献无法形成共识的情况下，新发现的考古和文献证据格外受到重视，研究者们也希望从其中找到关于宝船尺度的新线索。在此过程中，南京静海寺残碑和洪保墓志等一系列材料起到了重要作用。

南京静海寺残碑由郑鹤声在20世纪30年代发现，由于碑文中记载有"永乐三年，将领官军乘驾二千料海船并八橹船"，"永乐七年，将领官军乘驾一千五百料海船并八橹船"等内容①，管劲丞据此认为宝船的规模只有1500—2000料，长度也只有10余丈。面对这种解读，一些研究者认为郑和船队中存在多种大小不同的船只，1500料和2000料海船只是其中的一部分，并不能代表最大型宝船的规模。如包遵彭在《郑和下西洋的宝船制度考》②里认为宝船共有七种型号。郑鹤声、郑一钧在《略论郑和下西洋的船》中，认为长44丈的大型宝船属于旗舰，在船队中数量极少；更多的是一种长37丈、宽15丈的中型宝船，在郑和船队中承担着运输物资和珍禽异兽的任务。同时，文章还从对史料释读和对自然、社会环境的考察角度入手，考察南京宝船厂的造船环境，认为当地具备制造大型宝船的能力，又根据江苏太仓浏河的地理环境变迁，从侧面证明郑和船队中存在多种尺寸的船只，认为当浏河河道变窄时，有文献记载称大型船只无法从海洋驶入河中，这种现象就充分体现了船只规模的差异："同为郑和宝船，尺度大不相同，有的能驶进刘家港，在太仓为陈芜所封；有的却开不进浏河，只能在水面广阔的崇明安泊；这一事实充分说明，那种认为宝船尺度只能是长十余丈，宽三丈的观点，是不能令人信服的。"③

为了解释静海寺碑文未提及44丈宝船的现象，李邦彦在《锦帆鹢首的郑和宝船》一文中，根据《明实录》中最早提及建造宝船的时间，认为大型宝船并非从一开始就存在于郑和船队之中，而是在永乐六年时才正式开始制造长达44丈的宝船，并在永乐十一年第四次下西洋时才投入使用。④在郑和前三次下西洋时，还没有出现44丈的宝船，由于静海寺碑建立时间较早，当时还未能记载日后大型宝船的情况，因此也不能作为论证宝船尺度的证据。

---

① 郑鹤声、郑一钧编：《郑和下西洋资料汇编（增编本）》中册，"南京静海寺"条，第1047页。

② 包遵彭：《郑和下西洋的宝船制度考》，载大陆杂志社编辑委员会《元明史研究论集》，台北：大陆杂志社，1981，第115-120页。

③ 郑鹤声、郑一钧：《略论郑和下西洋的船》，第58页。

④ 李邦彦：《锦帆鹢首的郑和宝船》，载纪念伟大航海家郑和下西洋580周年筹备委员会，中国航海史研究会编《郑和下西洋论文集》第1集，人民交通出版社，1985，第133-144页。

研究者们一方面致力于发掘新资料，另一方面也尽量对已有文献进行更细致的解读。由于在几种传世史料中，对宝船的尺寸记载基本一致，大体是"宝船六十三只：大者长四十四丈四尺，阔一十八丈。中者长三十七丈，阔一十五丈"，这些基本相同的记载引起了一些研究者的怀疑，认为宝船的尺寸数据记载从源头处，即"明钞说集本"《瀛涯胜览》时就已经出错，后来的传抄也只是以讹传讹。因此在20世纪80年代初，邱克发现的一部题名为《三宝征彝集》的古籍引起了诸多关注。这实际上是北京图书馆所藏的一部明代《瀛涯胜览》钞本，在卷首处有一段关于宝船尺寸的大写记载，即"宝船陆拾叁只，大者长肆拾肆丈肆尺，阔壹拾捌丈，中者长叁拾柒丈，阔壹拾伍丈"，这在其他的版本中从没有出现过。邱克据此认为，《三宝征彝集》中保留了原始记载的面貌，因为大写数字更像造船初始档案中书写船体尺寸的方式，且不易在传抄中出错，所以这组数据看起来更具有可信性。①

关于44丈宝船与当代造船知识不符的现象，庄为玑、庄景辉在《郑和宝船尺度的探索》中回顾了唐宋造船业的发展历程，通过文献中的相关记载，认为从唐代的18丈海舶、宋代的30余丈神舟，发展到明代的44丈宝船，是完全可以实现的。同时，文章还认为在经历了近六个世纪的变迁，生产工艺和技术都发生了重大改变之后，已经不能根据现代的造船经验，通过今天的社会调查去判断郑和时代的造船能力。②程卿康的《也谈郑和宝船尺度》一文，从出土文物和地面环境的角度观察，对宝船大小进行判断，文中提及南京宝船厂遗址的情况，认为当时有长300米左右、宽度超过70米的船坞，完全可以支持大型宝船的制造。③席龙飞于2005年发表《从南京宝船厂遗址的发掘成果看郑和宝船》一文，其中详述了宝船厂的考古发掘情况，辨别其与南京龙江船厂的区别，并论证这里应当是宝船的建造地。④

2010年，曾参与郑和下西洋的太监洪保之墓在南京被发现，其墓志中记载的"大福等号五仟料巨舶"，证实了有不止一艘大型宝船存在。⑤在这一新材料的支持下，刘孔伏、潘良炽的《郑和下西洋所用船只与宝船辨析》将郑和下西洋划分为三个时期，认为每次下西洋的规模不同，交流目的和运输量之间存在差异，因

① 邱克：《郑和宝船尺寸记载的可靠性》，载纪念伟大航海家郑和下西洋580周年筹备委员会，中国航海史研究会编《郑和下西洋论文集》第1集，人民交通出版社，1985，第119–132页。

② 庄为玑、庄景辉：《郑和宝船尺度的探索》，《中国航海》1983年第2期，第1–16页。

③ 程卿康：《也谈郑和宝船尺度》，《航海杂志》1983年第5期，第38–39页。

④ 席龙飞：《从南京宝船厂遗址的发掘成果看郑和宝船》，载郑和下西洋600周年纪念活动筹备领导小组编《郑和下西洋研究文选·1905—2005》，海洋出版社，2005，第685–690页。

⑤ 王志高：《洪保寿藏铭综考》，《郑和研究》2010年第3期，第10–23页。

此每次使用的船只也不同，应有普通船只和大型宝船之别。①何国卫更是认为最大型的宝船是郑和乘坐的帅船，可能只建造过一艘。②2018年，胡晓伟在《郑和宝船尺度新考——从泉州东西塔的尺度谈起》中认为宝船所用的"丈"有可能是一种1.6米左右的计量单位，这样五千料的44丈宝船长度有可能是70.4米，文中还提到这种1.6米的丈可能与宋代至明代长约1.6米的"托"之间存在联系。③这也为宝船的复原提供了一种新的思路，而考虑到本书第三章关于中外铅锤测深技术长度单位的考证，可以推测这种1.6米左右的计量单位有可能在当时中外航海造船技术中广泛使用。

从这些事例中可以看出，在宝船研究进入现代化和科学化之后，每一次新材料的发现都可能给研究带来新的契机。从静海寺残碑中的1500料到洪保墓志中的5000料，传世文献中的宝船数据获得了更多旁证。由于前者的出现，质疑者有理由怀疑大型宝船的存在；而由于后者的出现，又重新启发了传世文献中宝船数据的可信猜测。新史料及其引出的结论，又被更新的史料和结论所修正，这也是许多历史文化研究领域中常见的现象。可以预见，以后还有可能继续出现相关的船舶史实物或文献资料，对宝船研究形成补充。

近年来，研究者们开始利用现代科技知识分析宝船的细节组成和功能，计算船体各部分的结构强度和技术可行性。有此前的文献研究作为基础，大量数据运算被引入宝船研究，这一领域中的科技因素也逐渐增加。金秋鹏、杨丽凡在1997年发表的《关于郑和宝船船型的探讨》④，依据现代船舶原理，分别借鉴周世德《中国沙船考略》中设计的沙船型宝船，以及席龙飞等《试论郑和宝船》中设计的福船型宝船，对这两种船型的宝船性能进行了估算。文章对比了两种船型宝船的摇荡性能和舒适性，"认为宝船的船型如果是沙船，则稳性过大，横摇周期过小，船舶摇摆太剧烈。由此认为，郑和宝船的船型一定是横摇周期比较接近现代船舶的福船"⑤。这篇文章还研究了宝船航行路线上的印度洋沿途气候，根据当地的季风和洋流情

① 刘孔伏、潘良炽：《郑和下西洋所用船只与宝船辨析》，《南京社会科学》2007年第6期，第73-77页。

② 何国卫：《对〈明史〉所记郑和宝船的几点解读》，《郑和研究》2011年第1期，第37-40页。

③ 胡晓伟：《郑和宝船尺度新考——从泉州东西塔的尺度谈起》，《海交史研究》2018年第2期，第116页。

④ 金秋鹏、杨丽凡：《关于郑和宝船船型的探讨》，《自然科学史研究》1997年第2期，第183-196页。

⑤ 金秋鹏、杨丽凡：《关于郑和宝船船型的探讨》，第190页。

况，计算福船型的宝船在航海过程中遇到的航行阻力。陈政宏、许志超在《郑和宝船复原模型与典型福船及沙船性能之初步比较研究》中对这一问题做了更详细的分析，并发现了许多现代船舶的经验公式并不适用于中国古帆船。^①又如龚昌奇的《大型郑和宝船的复原研究》，在认同宝船为福船型的基础上设计了方案，大体确定了船的主尺度和型线，对舵、桅帆、龙骨、板厚、隔舱及骨架的数据也做了推算，并制作了船模。^②

通过这些研究的检验，更确定了福船型宝船的可信程度。但在计算宝船各部分数据的工作中，还面临着许多具体问题。例如要证明郑和宝船确实有44丈长，最有说服力的方法就是发掘出宝船实物，或是造出相同规模的木帆船，进行相同路线的远航。但由于各种现实条件的限制，今日再造出大型木船进行远洋航行已几乎没有可能，所以目前的宝船研究一般只能通过文字和数据的方式进行。而在没有确切的实物出现之前，针对郑和宝船的质疑依然不会停止，例如杨槱在2007年出版的《郑和下西洋史探》一书中，仍然从中国船舶的技术特点、造船能力和历史传统出发，对现有的文献资料和出土文物做出自己的解读，认定中国从来没有制造过特大型木帆船。^③

由于时过境迁，6个世纪以后的人们确实无法完全还原郑和时代的历史情境，更重要的是，600年来的人们已经发生了巨大变化，从传统农业时代的工作、生活方式到今天的工业社会工作、生活方式，许多知识与技能都已经彻底改变、退化或消失，即使真有郑和宝船出现，今天的人们也未必能使其下水远航，更不必说在传统木帆船制造工艺衰落后，再重新探索当年的技术了。这种现象不单存在于宝船制造中，操作技术的研究也面临着同样的问题，由于郑和所处的时代及其社会环境都已成为历史，今天的人们也不具备当年船工的技能，所以传世文献中即便记载了操作方法，一些具体的技术细节也无法彻底还原。由于各研究者对文字的理解不同，对文献的解读不同，所以在对技术原理和操作细节进行推测时，很可能会出现各种不同的结论。因此，用数字技术对宝船进行系统研究，及时进行各种细节可行性检

① 陈政宏、许志超：《郑和宝船复原模型与典型福船及沙船性能之初步比较研究》，载《成大学报》第37卷，台南市，2002，第13-36页。转引自陈信雄、陈玉女主编《郑和下西洋国际学术研讨会论文集》，稻乡出版社，2003，第1页。

② 龚昌奇：《大型郑和宝船的复原研究》，载郑和下西洋600周年纪念活动筹备领导小组编《郑和下西洋研究文选·1905—2005》，海洋出版社，2005，第691-698页。

③ 杨槱：《郑和下西洋史探》，第八章《关于"郑和宝船"之谜》，上海交通大学出版社，2007，第63-80页。

验，是目前较为可行的办法，而且也是在数字技术迅速发展时期，宝船研究必须结合的另一种时代特点。

20世纪的学术史，是中国传统学术与现代科学方法交流、融合，并产生变化与重建的历程。以今天的标准来看，许多古代史籍文献的记述方式与现代学术著作不同，没有注明原始档案来源，因此给后来的研究者提供了质疑空间，重新审视传世文献的可信度也成了20世纪前期的一种学术思潮。在郑和宝船的早期研究中，管劲丞曾认为宝船是史官笔下造出的巨舶，并认为梁启超有"尽信书"之失，"中国史书的不易读，和信史的不容易见精彩，我们可以从这里看出来了"①。从其评论中，可以看出明显的时代特点。然而中国史书一向有著述严谨的传统，即使不注明来源，记述时也自有其依据，其整体真实性值得信任。宝船船型和其他一些史学问题在经历了质疑和研讨之后，又重新证实了文献的可信性，也正说明了这种特点。

虽然当年的一些质疑在今天看来已经不能成立，但这些问题确实推动了中国传统学术走向现代化的进程。以宝船的研究为例，在全面质疑之前，只有传世文献中关于宝船数据的简单记载，但在此后数十年的争论中，研究者引入了船舶发展史作为背景，发掘出更多文物作为实物证据，又有社会调查作为旁证支持，数据计算作为工程原理，以这些为基础，对传世文献重新进行解读，从逻辑上阐明了宝船船型的可信性。而在这些工作完成后，宝船尺度也不再是停留在传世文献中的简单数据，而是形成了融合考古学、造船技术史、明史、历史文献学、历史地理学等多学科领域的综合课题。在一次次反复修正和研讨中，传世文献里模糊的宝船形象也逐渐清晰起来。与此相似，百年来的另一些学术问题也经历了这种重新整理与讨论，许多此前未被关注的细节得以充分研究和讨论，在整体上推动了相关领域的发展。在"疑古"与"信古"互相冲突、互相促进的过程中，中国传统学术真正走向了现代化。

---

① 管劲丞：《郑和下西洋的船》，第272页。

附　录

附录1：洪武、建文时期参与海洋活动的卫所军官信息表

所属卫所名称	军士名	籍贯	职务	时间	海上活动内容	文献来源
应天卫	——	——	——	洪武五年	运粮	《明太祖实录》卷76
大河卫	——	——	——	洪武五年	运粮	《明太祖实录》卷76
扬州卫	——	——	——	洪武五年	运粮	《明太祖实录》卷76
高邮卫	——	——	——	洪武五年	运粮	《明太祖实录》卷76
广洋卫	——	——	——	洪武六年	巡海捕倭	《明太祖实录》卷78
江阴卫	——	——	——	洪武六年	巡海捕倭	《明太祖实录》卷78
横海卫	——	——	——	洪武六年	巡海捕倭	《明太祖实录》卷78
水军卫	——	——	——	洪武六年	巡海捕倭	《明太祖实录》卷78
杭州卫	——	——	——	洪武六年	巡海及运粮	《明太祖实录》卷78
明州卫	——	——	——	洪武六年	巡海及运粮	《明太祖实录》卷78
太仓卫	——	——	——	洪武六年	巡海及运粮	《明太祖实录》卷78
江阴卫	——	——	——	洪武七年	巡捕海寇	《明太祖实录》卷87
广洋卫	——	——	——	洪武七年	巡捕海寇	《明太祖实录》卷87
横海卫	——	——	——	洪武七年	巡捕海寇	《明太祖实录》卷87
水军卫	——	——	——	洪武七年	巡捕海寇	《明太祖实录》卷87
水军右卫	吴迈	——	指挥同知	洪武七年	转运粮储	《明太祖实录》卷87

（续表）

所属卫所名称	军士名	籍贯	职务	时间	海上活动内容	文献来源
广洋卫	陈权	——	指挥佥事	洪武七年	转运粮储	《明太祖实录》卷87
镇海卫	王庭	——	百户	洪武十七年	运粮	《明太祖实录》卷166
广洋卫	周清	——	百户	洪武十七年	捕倭	《明太祖实录》卷166
金吾前卫	——	——	——	洪武二十年	运粮	《明太祖实录》卷180
江阴卫	——	——	——	洪武二十一年	运粮	《明太祖实录》卷193
淮安卫	——	——	——	洪武二十五年	海运	《明太祖实录》卷220
大河卫	——	——	——	洪武二十五年	海运	《明太祖实录》卷220
扬州卫	——	——	——	洪武二十五年	海运	《明太祖实录》卷220
江阴卫	——	——	——	洪武二十五年	运粮	《明太祖实录》卷221
大河卫	——	——	——	洪武二十五年	海运	《明太祖实录》卷221
神策卫	——	——	——	洪武二十九年	运粮	《明太祖实录》卷245
横海卫	——	——	——	洪武二十九年	运粮	《明太祖实录》卷245
苏州卫	——	——	——	洪武二十九年	运粮	《明太祖实录》卷245
太仓卫	——	——	——	洪武二十九年	运粮	《明太祖实录》卷245

所属卫 所名称	军士名	籍贯	职务	时间	海上活动 内容	文献来源
羽林左卫	陈用	直隶霍 邱县	副千户	洪武四年	剿捕倭寇	《武职选簿》第52册
——	张得林	海州	驮丞	洪武十 七年	捕倭	《武职选簿》第53册
金吾后卫 水军所	张官音保	新繁县	总旗	洪武 二十五年	运粮	《武职选簿》第54册
——	王进宝	合肥县	总旗	洪武 二十五年	招谕海船	《武职选簿》第55册
	张胜	合肥县	总旗	洪武五年	征海道	《武职选簿》第55册
	刘兴	江都县	小旗	洪武二年	下海运粮	《武职选簿》第56册
江阴卫 前所	刘兴	江都县	总旗	洪武十年	运定辽粮储	《武职选簿》第56册
——	朱进	直隶滁州 全椒县	总旗	洪武元年	收捕兰秀二 山海寇	《武职选簿》第57册
——	朱兴	六安州	小旗	洪武七年	运定辽粮储	《武职选簿》第57册
横海卫	程关得	庐州府 合肥县	副千户	洪武 十二年	打造船只， 接应广东	《武职选簿》第59册
淮安卫	汪禧	庐州府 合肥县	总旗	洪武三年	温州沿海县 捕贼人，接 应福州等处	《武职选簿》第59册
——	王任	含山县	百户	洪武四年	管新操水军	《武职选簿》第59册
广洋卫	蹇忠	江都县	百户	洪武 十五年	造船	《武职选簿》第59册
——	赵丑儿	合肥县	总旗	洪武 十七年	运粮	《武职选簿》第60册
应天卫	魏英	常州府	百户	洪武 十五年	造船	《武职选簿》第61册

所属卫所名称	军士名	籍贯	职务	时间	海上活动内容	文献来源
横海卫后所	李四儿	当涂县	百户	洪武三十年	海洋遭风	《武职选簿》第61册
金山卫	王义	昆山县	——	洪武十七年	出海运粮	《武职选簿》第61册
水军左卫	陈福二	原籍昆山县	——	洪武十八年	以曾经下海，拨水军左卫小甲	《武职选簿》第61册
水军左卫	陈真保	昆山县	小甲	洪武三十五年（建文四年）	使海船有功，升总旗	《武职选簿》第61册
水军左卫	孙闰	山阴县	——	洪武十九年	为稍班、碇手事，起取到京	《武职选簿》第61册
——	费兴	安东县	——	吴元年	太仓捕倭	《武职选簿》第61册
高邮卫左所	姜成	山阳县	百户	洪武二十五年	海运粮储	《武职选簿》第61册
——	陈春儿	山阳县	——	洪武十六年	海运辽东粮储	《武职选簿》第61册
——	武全	巢县	——	庚子年	归附，拨充水军	《武职选簿》第61册
龙虎卫水军所	张荣	新蔡县	百户	洪武三十五年（建文四年）	运粮	《武职选簿》第64册
鹰扬卫右所	鲁丈	和州	百户	洪武十七年	出海运粮	《武职选簿》第64册
——	侯林	原籍浙江衢州	总旗	洪武二十七年	出海备倭	《武职选簿》第65册
——	谷才	凤阳县	百户	洪武三年	出海备倭	《武职选簿》第67册

（续表）

所属卫所名称	军士名	籍贯	职务	时间	海上活动内容	文献来源
——	徐凯	江都县	——	——	出海运粮	《武职选簿》第68册
广洋卫	王富	寿州	镇抚	洪武四年	辽东运粮船失火	《武职选簿》第69册
——	曹义	和州	小旗	洪武五年	出海捕倭	《武职选簿》第70册
江阴卫	聂贵	阳武县	千户	洪武三年	出海征进运粮	《武职选簿》第70册
府军卫水军所	杨春	永宁县	总旗	洪武二十年	过海运定辽粮储	《武职选簿》第71册
——	张德	庐州府陆安州	总旗	洪武元年	兰秀山杀败贼众	《武职选簿》第71册
水军左卫	沈显一	昆山县	小旗甲	洪武二十年	出海运粮	《武职选簿》第72册
——	罗名远	淮安府山阳县	总旗	洪武十六年	出海备倭	《武职选簿》第72册
海宁卫	王旺	泰州	百户	约洪武末建文初	海运	《海盐县图经》卷十
明州卫	陆今孙	鄞县	——	约洪武末建文初	海运	《海盐县图经》卷十
——	王福	仁和	——	约洪武末建文初	海运	《海盐县图经》卷十
绍兴卫	张官音保	海盐县	——	洪武三十四年（建文三年）	海运	《海盐县图经》卷十
——	王亚员	会稽	——	洪武四年	海运	《海盐县图经》卷十
长淮卫	唐善	昆山	总旗	洪武二十六年	攒运辽东	《海盐县图经》卷十
海宁卫	孙胜	六安	——	约洪武末建文初	海运	《海盐县图经》卷十

所属卫所名称	军士名	籍贯	职务	时间	海上活动内容	文献来源
府军右卫	孙顺	慈溪	——	约洪武末建文初	海运	《海盐县图经》卷十
——	李三	金华	小旗	洪武初	捕兰秀山寇	《海盐县图经》卷十
兴武卫	李复	金华	总旗	洪武二十八年	海运	《海盐县图经》卷十
镇南卫	黄子成	东莞	——	约洪武后期	海运	《海盐县图经》卷十
——	马福	博平	小旗	洪武元年	取兰秀山	《海盐县图经》卷十
海宁卫	杨荣先	历城	总旗	约洪武后期	海运	《海盐县图经》卷十
鹰扬卫	叶寿	华亭	总旗	约洪武后期	海运	《海盐县图经》卷十
——	戴广	大冶	总旗	洪武时期	出海年深	《海盐县图经》卷十
苏州卫	王杰	武进	——	约洪武初期	征兰秀山，擒倭寇	《海盐县图经》卷十
横海卫澉浦所	胡拜住	江阴	总旗	洪武二十五年	海运	《海盐县图经》卷十
水军左卫	陈仁	——	指挥佥事	洪武二十六年	监造海船	《逆臣录》卷四
龙江左卫	曹林	巢县	千户	洪武二十六年	在本卫所属海船上取兵器	《逆臣录》卷四
横海卫	缪刚	——	指挥	洪武二十六年	监造海船	《逆臣录》卷四
淮安卫	倪云	——	千户	洪武二十六年	监造海船	《逆臣录》卷四
镇南卫	彭让	黄州府蕲州	指挥佥事	洪武二十六年	修理本卫海船	《逆臣录》卷四
长淮卫后所	田胜	常德府武陵县	千户	洪武二十五年	监修海船	《逆臣录》卷五

（续表）

所属卫所名称	军士名	籍贯	职务	时间	海上活动内容	文献来源
大河卫	袁荣	武昌府江夏县	指挥	洪武二十六年	撑驾海运粮船赴京修造	《逆臣录》卷五
镇海卫	沙保	北平府霸州	指挥佥事	洪武二十五年	赴京修理出海运粮船只	《逆臣录》卷五
镇江卫	朱中	扬州府六合县	千户	洪武二十六年	赴京修造出海运粮船只	《逆臣录》卷五
镇海卫	夏正	应天府上元县	百户	洪武二十六年	修理海船	《逆臣录》卷五

附录2：

一、《明太祖实录》中涉及洪武年间参与海洋活动具体卫所名称的记载

1. 上谓中书省臣曰："今秋深，北平渐寒，其应天、大河诸卫军士及扬州、高邮新募水军运粮往彼者，宜各以绵袄给之。"（卷76，洪武五年九月庚戌，第1395页）

2. 德庆侯廖永忠上言曰："……臣请令广洋、江阴、横海、水军四卫添造多橹快舡，命将领之，无事则沿海巡徼，以备不虞，若倭夷之来，则大船薄之，快船逐之，彼欲战不能，敌欲退不可走，庶乎可以剿捕也。"上善其言，从之。（卷78，洪武六年春正月庚戌，第1423-1424页）

3. 赏杭州、明州、太仓等卫巡海及运粮军士钱布。（卷78，洪武六年正月庚申，第1431页）

4. 诏以靖海侯吴祯为总兵官，都督佥事于显为副总兵官，领江阴、广洋、横海、水军四卫舟师出海，巡捕海寇。所统在京各卫及太仓、杭州、温、台、明、福、漳、泉、潮州沿海诸卫官军，悉听节制。（卷87，洪武七年春正月甲戌，第1546页）

5. 户部言定辽诸卫初设屯种，兵食未遂，诏命水军右卫指挥同知吴迈、广洋卫指挥佥事陈权率舟师出海，转运粮储，以备定辽边饷。（卷87，洪武七年春正月乙亥，第1546页）

6. 兵部言镇海卫百户王庭出海运粮，遇倭寇，战殁。广洋卫百户周清出海捕

倭，溺死。（卷166，洪武十七年冬十月癸巳，第2555页）

7. 赏金吾前等卫出海运粮官军钞二十五万二千一百锭。（卷180，洪武二十年春二月乙巳，第2728页）

8. 航海侯张赫督江阴等卫官军八万二千余人出海运粮，还自辽东。（卷193，洪武二十一年九月壬申，第2901-2902页）

9. 赏淮安、大河、扬州三卫海运军士八千余人，钞四万六百余锭。（卷220，洪武二十五年八月乙亥，第3227页）

10. 赐江阴卫出海运粮军士三千二百余人，钞万六千三百余锭。（卷221，洪武二十五年九月甲申，第3231页）

11. 赐大河等卫海运军士钞锭有差。（卷221，洪武二十五年九月癸巳，第3235页）

12. 命中军都督府都督佥事朱信、前军都督府都督佥事宣信，总神策、横海、苏州、太仓等四十卫将士八万余人，由海道运粮至辽东，以给军饷。凡赐钞二十九万九千九百二十锭。（卷245，洪武二十九年三月庚申，第3553页）

二、《中国明朝档案汇编·武职选簿》中的洪武年间海洋活动信息

1. 原籍直隶霍邱县人，查伊一世祖陈用，乙未年从军，癸卯杀退陈寇兵，选充小旗，征进巫子门有功，升羽林左卫百户。……升本卫副千户。（洪武）四年授流官，征温州等处，剿捕倭寇有功。（第52册第8页）

2. 海州人，祖父张得林以闲良参政起送吏部，洪武七年除巡检，九年除驲丞，十七年出海捕倭，除试百户。（第53册第434页）

3. （新繁县人）张官音保……（洪武）二十一年钦调金吾后卫水军所充总旗，二十五年运粮，遭风淹死。（第54册第49页）

4. 合肥县人，始祖王七，丙申年军，丙午年泗州升小旗，十年并枪升总旗，老，王进宝代役，二十五年招谕海船，升实授百户。（第55册第83页）

5. 张成，合肥县人，有父张胜，甲辰年军，丙午年充小旗，吴元年充总旗，洪武五年征海道，六年除羽林左卫中所百户。（第55册第332页）

6. 江都县人，祖刘兴丙申年充军，当年克金坛，充小旗，丙午年克湖州，洪武二年下海运粮……选充江阴卫前所总旗，十年连年出海攒运定辽粮储。（第56册第281页）

7. （合肥县人）高……洪武元年征福建，溺水身死。（第56册第346页）

8. 原籍直隶滁州全椒县人，一世祖朱进，甲午年从军，甲辰年功升总旗，洪武元年收捕兰秀二山海寇回还，二年升充百户。（第57册第346页）

9. 朱兴，旧名兴隆，六安州人，前伯颜帖木下军，丙申年渡江，洪武六年升小旗，七年运辽阳粮储，充总旗。（第58册第480页）

10. （庐州府合肥县人）程关得……（洪武）三年征进温州沿海，接应福州等处，升横海卫副千户。十二年打造船只，接应广东。（第59册第21页）

11. （庐州府合肥县人）汪禧……吴元年功升淮安卫总旗，洪武三年温州沿海县捕贼人，接应福州等处。七年升横海卫后所百户。（第59册第117页）

12. 王忠，含山县人，有父王任，旧姓刘，乙未年从军，洪武四年钦除百户，管新操水军，洪武二十年故。忠于洪武二十一年二月敬袭兴武卫左所世袭百户，永乐元年调云南后卫前所。（第59册第412页）

13. （江都县人）蹇忠……洪武七年除广洋卫百户，十五年为造船迟慢，发云南充军。（第59册第462页）

14. 合肥县人，祖赵丑儿，丁酉年归附，洪武十三年充小旗，十七年升总旗，运粮淹死。（第60册第230页）

15. 魏真，常州府人，有父魏英，丁酉年从军，洪武四年钦除应天卫百户，十四年授世袭，十五年为造海船事，调云南征进。（第61册第53页）

16. （当涂县人）李四儿……钦除横海卫后所世袭百户，三十年海洋遭风淹死。（第61册第219页）

17. 王金保，昆山县人，有叔王义，吴元年充军，拨金山卫左所……（洪武）十七年出海运粮。（第61册第229页）

18. 陈福二，原籍昆山县人，洪武十八年以曾经下海军拨水军左卫小甲……真保代役，三十五年使海舡有功，升总旗。本年以招安舍人叶胜等舡只有功，升百户。（第61册第260页）

19. 山阴县人，曾祖孙闰，洪武十九年为稍班、碇手事，起取到京，拨水军左卫中所军。永乐三年棉花洋杀获贼船，阿鲁洋擒杀贼寇有功，升小旗。十五年升总旗。十六年复下西洋。十八年升试百户。（第61册第291页）

20. 安东县人，有曾祖费兴，丁酉年归附，随单元帅渡江，乙巳年克襄阳，吴元年太仓捕倭，洪武四年钦除淮安卫百户。（第61册第293页）

21. （山阳县人）姜成……（洪武）二十五年正月，除高邮卫左所世袭百户，海运粮储。三十五年陆月，驾船赴高资朝见，升高邮卫左所副千户。（第61册第

344页）

22.（山阳县人）陈春儿……（洪武）十六年海运辽东粮储。（第61册第352页）

23.巢县人，有祖父武全，庚子年归附，拨充水军，甲辰年除天策卫百户，己巳年除飞熊卫正千户，洪武三年升除本卫指挥佥事，为慢功典刑。（第61册第492页）

24.张荣，旧姓名王买驴，新蔡县人，洪武二年归附从军……二十七年钦除龙虎卫水军所世袭百户，三十五年运粮回，赴高皇山庙见，授忠字号勘合一道，升镇海卫后所正千户。（第64册第299页）

25.（和州人）鲁丈……（洪武）十七年除鹰扬卫右所世袭百户，二十年出海运粮淹故。（第64册第413页）

26.原籍浙江衢州，山西西安府西安县人，一世祖侯林……升总旗……（洪武）二十七年出海备倭。（第65册第110页）

27.（凤阳县人）谷才……庚戌年拨守扬州，甲辰年除百户，洪武三年出海备倭。（第67册第123页）

28.（江都县人）徐荣……父徐凯，旧名三保，补役出海运粮，洪武三十二年并枪充小旗。（第68册第57页）

29.（寿州人）王富……洪武元年除广洋卫所镇抚，四年辽东运粮船失火烧死。（第69册第162页）

30.（和州人）曹义……充小旗，洪武五年出海捕倭。（第69册第163页）

31.（阳武县人聂贵）……除授江阴卫官军百户，吴元年克苏州，升本卫正千户，洪武三年出海征进运粮。（第70册第120页）

32.（永宁县人）杨春……（洪武）十四年征云南，升府军卫水军所总旗，二十年故。过海运定辽粮储，接应大军。（第71册第126页）

33.原籍直隶庐州府陆安州人，一世祖张德，丙午年编充总旗，洪武元年兰秀山杀败贼众，除泗州卫百户。（第71册第213页）

34.昆山县人，有伯父沈显一，洪武十九年为稍班碇手起取赴京，拨水军左卫小旗甲，二十年出海运粮。（第72册第441页）

35.原籍直隶淮安府山阳县人，一世祖罗名远，丙午年归附，克总旗，洪武十六年出海备倭阵亡。（第72册第474页）

三、《（天启）海盐县图经》卷十中关于洪武年间海洋活动的资料①

1. 王义，泰州人，伪吴头目，降，隶定远卫……升长春所百户，（洪武）二十六年至，传旺，海运。（第516页上b）

2. 陆均仲，鄞县人，洪武二年募，隶明州卫。子今孙补。海运，高资港渡靖难师，升百户。（第518页上a）

3. 王福，仁和人，洪武二十八年补舅沈……役，海运，升沈阳中屯卫百户。子真，永乐十一年至。（第519页下a）

4. 张原真，本县人，洪武十年隶杭州右卫，又调绍兴卫，子官音保代。三十四年海运。守高资港渡靖难师，升总旗。传成，正统十三年从宁阳侯征福建，有功，升百户。景泰四年至。（第519页下a-b）

5. 王福一，会稽人，至正丙午归附，洪武四年海运没，子亚员补，十七年至。永乐十二年下西洋，升试百户。（第520页上b）

6. 唐祥，昆山人，伪吴元帅，至正丙申降，选充总旗，隶长淮卫。子善补，洪武二十六年攒运辽东，升百户。（第520页下b）

7. 孙胜，六安人，至正乙未归，隶衢州卫，洪武十八年至。海运，守龙湾高资港，迎靖难师。（第521页上a）

8. 孙均璧，慈溪人，洪武十六年归，隶府军右卫，子顺补，海运，征东流山大营，升百户。永乐二年至。（第522页上a）

9. 李三，金华人，至正戊戌归，征绍兴，攻苏州，克咸平，捕兰秀山寇，授兴武卫小旗。征灰山，升总旗。洪武二十八年海运没，子复补。三十年升百户。（第523页上b）

10. 黄子成，东莞人，洪武十六年募，隶镇南卫。海运殁，子本奴补。下西洋，升总旗。又征西洋。永乐七年升百户，传贵。正统八年至。（第524页下b）

11. 马福，博平人，吴元年归，授小旗，征延平，洪武元年取兰秀山，授宜黄上胜巡检。征云南，十七年升天策卫百户，谪金齿卫，子良，二十七年至。（第525页上a）

12. 杨荣先，历城人，洪武九年归，隶济南卫，征云南三营寨，箭伤，升总旗。十七年至，海运，守龙湾高资镇，渡靖难师。（第526页下a）

---

① 此节材料具体分析参见陈波《试论明初海运之"运军"》（《中国边疆史地研究》2009年第3期，第124-132页）。

13. 叶福，华亭人，吴元年归，隶和阳卫。授小旗。征汴梁，克潼关，征定西迤北，征云南，升鹰扬卫总旗。弟寿代，海运，累功升百户，洪武三十年至，传俊英。（第527页上a）

14. 戴礼，大冶人，丙申归廖总管，收苗军水寨，攻苏州斋门，中炮殁。子广补，并枪胜，授总旗，以出海年深，升百户。洪武二十九年至，传英。（第527页下a）

15. 王杰，武进人，至正丙午归，隶苏州卫。征兰秀山，擒倭寇，受赏。子福升龙江右卫百户，传真。永乐元年至。（第527页下b）

16. 胡阿三，江阴人，至正丁酉归廖守忠，甲辰隶横海卫。洪武七年调澉浦所总旗。子拜住补，二十五年海运。高资港渡靖难师，升本卫千户。（第528页下b）

四、《逆臣录》中的相关资料

1. 一名朱寿，和州含山县人，任舳舻侯。状招洪武二十六年正月内失记的日，在竹筱监造海船之时……（卷1，第23页，同一事又见于第27页）

2. 一名李子常，浙江衢州府西安县人，充左军都督府典史。状招先年间跟随舳舻侯出海运粮。（卷1，第24页）

3. 一名陈仁，任水军左卫指挥佥事。状招洪武二十六年正月内，在竹筱监造海船。（卷4，第201页）

4. 一名陈杰，系江阴卫后所百户陈贵亲男。有父差往岳州造海船未回。（卷4，第231页）

5. 一名曹林，庐州府巢县在城人，任龙江左卫千户……回卫，就于海船上取出军器、石炮，伺候谋逆。（卷4，第237页，同一事又见于第239页，龙江左卫总旗宋保儿名下）

6. 一名缪刚，系横海卫指挥……一招洪武二十六年正月内失记的日，在竹筱监造海船之时……（卷4，第245页，同一事又见于第278页，淮安卫指挥佥事杨成、淮安卫镇抚石岩，以及第279页淮安卫军王佛保名下）

7. 淮安卫监造海船千户倪云等……（卷4，第248页）

8. 一名彭让，黄州府蕲州人，任镇南卫指挥佥事。状招洪武二十六年正月内，前往韩桥修理本卫海船，节次在于竹筱黄都督船场内饮酒。（卷4，第252页）

9. 一名田胜，常德府武陵县人，任长淮卫后所千户。状招洪武二十五年闰十二月内，赴京在于竹筱监修海船之时……（卷5，第274页）

10. 一名袁荣，武昌府江夏县在城人，任大河卫指挥。洪武二十六年正月内，将领本卫旗军撑驾海运粮船赴京修造。（卷5，第279页）

11. 一名沙保，北平府霸州人，见任镇海卫指挥佥事。状招洪武二十五年闰十二月内，一同本卫指挥朱永等赴京，修理出海运粮船只。……有朱指挥禀说："是镇海卫指挥，都是久惯下海的官人……"（卷5，第282页）

12. 一名朱中，扬州府六合县人，任镇江卫千户。状招洪武二十六年正月内，赴京修造出海运粮船只。（卷5，第283页）

13. 一名夏正，应天府上元县人，任镇海卫百户。状招洪武二十六年正月内，跟同本卫指挥朱允……等在于竹筿修理海船之时……（卷5，第283页）

附录3：《武职选簿》中所见下西洋军官表

	所在卫	所在所	职务	籍贯	姓名	第几次下西洋	西洋战功	补充说明	出处
1	锦衣卫	衣左所	原为小旗，因下西洋先后升试百户、实授百户	保定府新城县	刘和	第三次 第四次 第五次	永乐九年擒番王，升锦衣卫衣左所试百户。永乐十三年下西洋回还，升实授百户。复下西洋，病故	洪武三十四年平定京师，升小旗。永乐十八年，刘和之子刘全袭世袭百户。洪熙元年调本卫驯象所，正统十四年德胜门外杀贼有功	第49册第191页

本表系根据范金民《〈卫所武职选簿〉所反映的郑和下西洋史事》（《明代研究》第13期，2009年，第33-80页）整理，顺序同原文。因原文是根据下西洋军官后人所在卫所排列，本文有所调整，注明下西洋时军官所在卫所，不再注明其后人所在卫所。另有钟二（第73册第48页）、萧汝贵（第73册第79页）、李存荆（第73册第110-111页）三人系旧港招谕而来，其中萧汝贵应是永乐三年由谭胜受、杨信招谕，另两人很可能也与其相同，不能确定是由郑和招谕而来，所以本表格不将其视为下西洋官军，仅列于其中以作历史背景参考。因此共计下西洋军官178人。

（续表）

	所在卫	所在所	职务	籍贯	姓名	第几次下西洋	西洋战功	补充说明	出处
2	锦衣卫	中所	原为小旗，因下西升试百户。西洋功未升，故，其子钦升优袭	新城县	蒲青	第三次	杀败番贼，升试百户	洪武三十四年自愿报效，投充校尉。三十五年平定京师，升小旗	第49册第248页
3	锦衣卫	弓矢司	小旗	新城县	田资	第三次	永乐七年锡兰山杀贼。九年杀退番贼功，升试百户。十年西洋公干，升实授百户	洪武二十四年报效，充仪卫司校尉，渡江升小旗，拨锦衣卫弓矢司带带（应为带管）	第49册第260页
4	锦衣卫	左所班剑司带管	小旗	新城县	宁原	第一次第三次	永乐三年，西洋公干。五年，升总旗。十年，西洋公干。十三年，升锦衣卫衣左所班剑司试百户	洪武三年充仪仪司（应是仪卫司）校尉，三十五年升小旗，永乐元年拨锦衣卫衣左所班剑司带管	第49册第272页
5	锦衣卫	仪卫司	原系小旗，下西洋后升锦衣卫锦右所带俸试百户	新城县	裴郁	第一次	……擒杀贼众，永乐五年升总旗，六年升锦衣卫锦右所试百户……原系小旗，下西洋升除前职	洪武三十四年仪卫司校尉，三十五年金川门升小旗	第49册第291页

（续表）

	所在卫	所在所	职务	籍贯	姓名	第几次下西洋	西洋战功	补充说明	出处
6	锦衣卫	中所	原系小旗，因下西洋升百户	涞水县	郑忠	第三次，可能还有第四次	永乐九年征剿，破贼池，擒番王，杀番贼，升锦衣卫中所试百户。后下西洋亡故	洪武二十四年报效，充校尉，灵璧县大战有功，升锦衣卫中所小旗	第49册第291页
7	羽林右卫（长陵卫）	中所	原系正千户，因下西洋升流官指挥佥事	河内县	张中	两次下西洋	二次下西洋，永乐十三年升本卫流官指挥佥事	洪武十八年从军，为首百户程高隐藏军器，升总旗，钦除羽林右卫中所世袭百户。三十一年调燕山前卫左所守城，升副千户。三十五年升羽林右卫中所正千户	第53册第186页
8	羽林右卫（长陵卫）	左所	原系总旗，因下西洋升试百户		吴受		差下西洋公干		第53册第213-214页
9	羽林右卫（长陵卫）	中前所	原系中前所军，因下西洋先后升总旗、试百户	徐州人	苏成	第三次第四次	永乐九年杀败番贼，升总旗。永乐十三年升羽林右卫右所试百户		第53册第216页

	所在卫	所在所	职务	籍贯	姓名	第几次下西洋	西洋战功	补充说明	出处
10	羽林右卫（长陵卫）	可能是左所	原系总旗，因下西洋升试百户	浦江县	郑足	第三次第四次	永乐九年征剿番贼，升总旗。十二年杀败苏干刺。十三年升羽林卫左所试百户	洪武十六年充军。宣德四年五月，郑郁年十九岁，因其父郑足病故，袭实授世袭百户。景泰元年正月，郑瑄年九岁，系长陵卫左所征进未回白户郑郁嫡长男	第53册第217页
11	羽林右卫（长陵卫）	中左所	原系百户，因下西洋先后升副千户、正千户、指挥金事	原籍应天府溧水县	孙荣	第四次第五次，第四次之前应该也参与了	永乐十三年节次下西洋，升正千户。十七年管钱粮船只，升指挥金事	原系总旗，革除年间升百户，节次下西洋回还，升除指挥金事。病故，钦准（嫡长男孙亮）依伊父原役总旗，照下西洋升三级事例，袭本卫前所世袭副千户	第53册第231页
12	羽林右卫（长陵卫）	中所	原系总旗，因下西洋升试百户		杜诚	二次下西洋			第53册第234页
13	羽林右卫（长陵卫）		原系小旗，因下西洋升总旗	江都县	曹镛	第四次	永乐十三年西洋二次功		第53册第237页

（续表）

	所在卫	所在所	职务	籍贯	姓名	第几次下西洋	西洋战功	补充说明	出处
14	羽林右卫（长陵卫）	前所	原系总旗，下西洋后升带俸试百户	盱眙县	杨林		差往西洋公干	后被虏，景泰三年四月，侄孙杨春袭职，可能是土木堡之变	第53册第252页
15	羽林右卫（长陵卫）	前所	原系小旗，节次下西洋升百户		高志		节次下西洋有功	原系军，革除年间升小旗，病故后升三级	第53册第252-253页
16	羽林右卫（长陵卫）	前所	原系总旗，因下西洋先后升试百户、实授百户	原籍直隶扬州府江都县	吕政	第三次第四次	永乐七年西洋公干，升试百户。十一年与苏干哈剌对敌功，升实授百户	洪武三十三年并枪充总旗。宣德三年交趾阵亡	第53册第254页
17	羽林右卫（长陵卫）	前所	原为总旗，因两次下西洋升试百户	盱眙县	石清	第三次第四次	永乐十年西洋公干，十三年升试百户，十四年西洋公干	父石驴儿，丙午年（至正二十六年，1366年）归附	第53册第255页
18	羽林右卫（长陵卫）		原为军，因下西洋先后升总旗、试百户	忻州	杨清	第三次第四次	永乐七年西洋公干，征剿擒番王，杀败番贼，升总旗。十年复往西洋公干。十二年苏门答剌杀败番贼，十三年升羽林右卫左所试百户		第53册第264页

（续表）

	所在卫	所在所	职务	籍贯	姓名	第几次下西洋	西洋战功	补充说明	出处
19	羽林右卫（长陵卫）	水军所	原系总旗，下西洋后升任试百户	鄞县	蒋彦庄		往西洋公干回还，升试百户		第53册第271页
20	羽林右卫（长陵卫）	中左所	原系总旗，二次下西洋后升试百户		唐兴	两次下西洋	二次下西洋公干		第53册第272页
21	羽林右卫（长陵卫）	右所	原为军，因下西洋先后升总旗、试百户	临汾县	王柰儿	第三次第四次	永乐七年西洋公干有功，升总旗。十二年西洋公干有功，升本卫右所试百户		第53册第273页
22	羽林右卫（长陵卫）	水军所	原为稍班碇手，永乐五年升小旗，后陆续升为总旗、试百户	临海县	张永		永乐□年选充稍班碇手，五年升小旗，十三年升总旗，十八年钦升羽林右卫水军所试百户。原系总旗，因下西洋公干升除试百户	有曾祖先系方氏下军，年老，洪武十六年取祖父拨充羽林右卫水军所军，三十年故。父张永仍顶户名补役	第53册第284页

	所在卫	所在所	职务	籍贯	姓名	第几次下西洋	西洋战功	补充说明	出处
23	羽林右卫（长陵卫）	中右所	原系总旗，下西洋后升试百户		缪信		差下西洋公干，回还		第53册第284页
24	留守左卫	正阳门所	原系总旗，下西洋后升试百户		朱铭		下西洋公干，回还		第54册第78页
25	留守左卫	聚宝门千户所	原系小旗，下西洋后升试百户		张山	第三次	锡兰山厮杀有功		第54册第124页
26	留守左卫	聚宝门所	原系总旗，下西洋后升试百户		张成		下西洋公干		第54册第127页
27	留守左卫	水军所	原系总旗，下西洋后升试百户		任添福		下西洋回还		第54册第149-150页
28	沈阳左卫		原系百户，西洋公干去世后，其子袭升副千户		侯通		西洋公干，伤故	原为总旗，洪武三十五年大营朝见，升龙江卫百户，调沈阳左卫	第54册第241页
29	沈阳左卫	前所	原为总旗，第三次下西洋后升试百户	原籍山东兖州府沂州	许胜	第三次	永乐七年西洋等处公干，升试百户下西洋公干回还		第54册第295页

（续表）

	所在卫	所在所	职务	籍贯	姓名	第几次下西洋	西洋战功	补充说明	出处
30	神策卫	右千户所	原系总旗，下西洋后升试百户	合肥县	张清	第三次	永乐七年西洋等国公干，功升百户。下西洋厮杀有功	本年绑到工部主事沈□，升总旗	第54册第378-379页
31	神策卫	水军所	因下西洋先后升小旗、试百户	乐清县	王亚接	第一次第四次	永乐四年西洋公干，升小旗，【爪】哇国公干，七年升总旗，苏门答剌升试百户。下西洋于白沙岸与苏干剌厮杀有功，升除试百户	此条又见于第60册第500页，即原文中整理出的第40条记载	第54册第394页
32	龙江左卫		原为指挥佥事，下西洋后升指挥使	孝感县	朱真	第三次	永乐七年差往西洋公干。九年到锡兰山，因国王谋逆，擒拿有功，回还，九月升本卫指挥使	其父朱兴旧姓萧，前充阿鲁灰右丞下百户。元末丙申年归附，保充千户	第56册第4页
33	金吾左卫		原为百户，下西洋后升副千户	山后	张贵	第二次	永乐五年往西洋公干，升副千户	始祖伯提迷实，洪武二十三年军，三拾三年济南升小旗，故。高祖张贵补役，升总旗。三十五年金川门升百户。曾祖张雄正统十四年德胜门杀贼有功，升指挥佥事	第58册第276页

	所在卫	所在所	职务	籍贯	姓名	第几次下西洋	西洋战功	补充说明	出处
34	观海卫	龙山千户所	副千户		孟祥		因下西洋有功，该升未升，为事做工病故，其子袭柳州卫中左所流官正千户		第58册第312页
35	留守中卫	神策门所	原为总旗，下西洋后升试百户		张喜孙	两次	二次下西洋		第60册第369页
36	神策卫	右所	原系总旗，下西洋后升试百户		张清		下西洋厮杀有功		第60册第444页
37	留守中卫	仪凤门所	流官正千户		李清	第六次	永乐十八年西洋公干		第60册第370页
38	留守中卫	仪凤门所	原系总旗，下西洋后升试百户		辛忠	第四次	永乐十三年五月，因下西洋总旗升试百户		第60册第382页
39	留守中卫	仪凤门所	原系总旗，下西洋后升试百户		高俊	第四次	永乐十三年正月，因下西洋总旗升试百户		第60册第382页
40	神策卫	右所	原系总旗，下西洋后升试百户		彭成	第四次	下西洋于白沙河岸与苏干剌对敌厮杀有功		第60册第444页
41	苏州卫	右所	世袭副千户	定远县	朱喜	第四次	往【榜】葛剌国公干，病故。其子朱瓛永乐十三年袭职	父朱保，旧名保子，癸巳年归附	第61册第63页

（续表）

	所在卫	所在所	职务	籍贯	姓名	第几次下西洋	西洋战功	补充说明	出处
42	苏州卫	中所	原系总旗，下西洋后升试百户		许兴	第四次	下西洋于【白】沙岸与【苏】干剌对敌厮杀有功		第61册第93页
43	苏州卫	中千户所	原为小旗，下西洋后升试百户	高安县	黄受	第三次第四次	永乐九年征西洋，永乐十二年锡兰山阵亡。其子永乐十四年袭实授百户	这里可能写错了，锡兰山之战发生在第三次下西洋时期	第61册第101页
44	苏州卫	前所	原系总旗，下西洋后升为试百户		雷振	两次下西洋	二次下西洋公干差下西洋公干回还		第61册第113-114页
45	水军左卫	中所	原系总旗，下西洋后升试百户	嘉定县	陈全保	第四次	因下西洋公干，于白沙岸与苏干剌对敌厮杀有功		第61册第186页
46	金山卫	左所	原系总旗，下西洋后升试百户		陈兴		下西洋公干		第61册第186-187页
47	旗手卫	前所	原系总旗，下西洋后升百户	昆山县	陆祥	第四次	永乐十二年苏门答剌国公干有功		第61册第275-276页

	所在卫	所在所	职务	籍贯	姓名	第几次下西洋	西洋战功	补充说明	出处
48	水军左卫	中所	原为军，因下西洋先后升小旗、试百户	山阴县	孙闰	第一次第五次	永乐三年棉花洋杀获贼船，阿鲁洋擒杀贼寇有功，升小旗。十六年复下西洋，十八年升试百户	洪武十九年为稍班碰手事起取到京，拨水军左卫中所军	第61册第291页
49	羽林前卫	后千户所	原为小旗，两次下西洋后分别升总旗、百户	江都县	胡旺	第一次第二次	永乐四年西洋公干，旧港杀贼有功，升总旗。八年苏门国等处杀贼，升百户		第61册第292页
50	高邮卫	左所	原系百户，因下西洋先后升副千户、正千户	定海县	王舍保	第五次，在此之前还有两次	二次差往西洋公干回还，永乐十四年升本所副千户。复下西洋等国公干回还，十八年升正千户	有父王道四，洪武四年充军，五月拨扬州卫中所充小旗，故，兄王亚生补役。仍充小旗。故，舍保补役。三十五年全城归顺，升总旗。六月采石回京，钦升高邮卫左所百户	第61册第341页
51	高邮卫	左所	原系总旗，下西洋后升试百户		钟信		下西洋厮杀有功		第61册第355页

（续表）

	所在卫	所在所	职务	籍贯	姓名	第几次下西洋	西洋战功	补充说明	出处
52	高邮卫	后所	原系副千户，下西洋回还后，原职副千户升一级，升正千户，仍任指挥佥事前去差使	岳州	龙亨		下西洋公干	革除年间升高邮卫指挥佥事	第61册第408页
53	虎贲右卫	水军所	原系总旗，下西洋后升试百户		汤辛友	第五次	十四年往西洋忽鲁谟……下西洋公干		第62册第302页
54	黄州卫	后所	总旗	黄冈县	罗旺	第七次	西洋公干回还	曾祖甲辰年归附，父罗进保永乐四年交阯有功	第63册第235页
55	黄州卫	后所	原系总旗，下西洋后升试百户		陈通		下西洋杀贼有功		第63册第239页
56	福州右卫	左所	原系总旗，下西洋后升试百户	河内县	韩大	第四次	下西洋于白沙岸与苏干剌对敌厮杀有功		第64册第307页

（续表）

	所在卫	所在所	职务	籍贯	姓名	第几次下西洋	西洋战功	补充说明	出处
57	福州右卫	左所	原为军，因下西洋先后升小旗、总旗、试百户	新宁县	李隆成	第一次第二次第三次	永乐三年西洋公干，四年旧港外洋杀获，功升小旗。五年西洋公干，七年升总旗。九年西洋公干，十三年升试百户		第64册第310页
58	福州右卫	左所	原系总旗，下西洋后升试百户	怀安县	蔡肃	包括第四次在内的两次	下西洋于白沙岸与苏干剌对敌厮杀有功，升试百户。因二次下西洋等处回还，永乐十三年九月二十四日钦升本卫所试百户		第64册第310-311页
59	福州右卫	左所	原系总旗，下西洋后升试百户	盐城县	夷得名	第四次	下西洋公干，于白沙岸与苏干剌对敌厮杀有功		第64册第311页
60	福州右卫	左所	原系总旗，下西洋后升试百户	福宁县	林拱		下西洋公干		第64册第312页
61	福州右卫	右所	原系总旗，下西洋后升试百户	福清县	罗垒伍		下西洋公干回还		第64册第318-319页

	所在卫	所在所	职务	籍贯	姓名	第几次下西洋	西洋战功	补充说明	出处
62	福州右卫	中所	原系总旗，下西洋后升试百户	江夏县	万将军保		下西洋		第64册第319页
63	福州右卫	中所	原系试百户，因下西洋升实授百户	金溪县	朱俊	第四次	永乐十三年西洋公干		第64册第327页
64	福州右卫	后所	原系小旗，下西洋后先后升总旗、试百户	南丰县	陈真生	第一次第二次	永乐四年小葛剌国旧港等洋有功，升总旗。七年等年阿枝国并苏门答剌公干有功，十三年升试百户	宣德二年交趾昌江阵亡	第64册第331页
65	福州右卫	后所	原系军，下西洋后先后升小旗、总旗、百户	闽县	李进保	第一次第三次第四次	永乐三四年西洋旧港等处有功，升小旗。复往西洋，九年升总旗。十一年古里等国公干有功，升试百户		第64册第337页
66	福州右卫	后所	原系总旗，下西洋后升试百户	晋江县	蒲马奴		下西洋公干回还		第64册第346页

（续表）

	所在卫	所在所	职务	籍贯	姓名	第几次下西洋	西洋战功	补充说明	出处
67	福州右卫	中左所	原系军，因下西洋先后升小旗、总旗、试百户	同安县	郑受保	第一次第三次第四次	永乐三年西洋等国公干有功，升小旗。七年锡兰山等国升总旗。十一年西洋忽鲁等国公干。十三年升试百户		第64册第356页
68	福州右卫	前所	原系副千户，因下西洋升正千户	海门县	王忠		永乐十三年九月，因下西洋升正千户		第64册第367页
69	建宁左卫	左所	原为百户，因下西洋升副千户	全椒县	金势美	第四次	永乐十一年下西洋公干回还	有兄金伴歌，乙未年归附	第64册第392页
70	建宁左卫	右所	原为副千户，因下西洋升正千户	蒙城县	祁义	第四次	下西洋古里等国公干回还，永乐十三年升本卫所正千户	其父丁酉年跟张同知渡江	第64册第398页
71	建宁左卫	前所	原系总旗，下西洋后升试百户	直隶和州含山县	王得保	第三次第四次	永乐七年往西洋等处公干，九年回还。十一年仍往西洋公干。十三年钦升建宁左卫前所试百户	永乐四年征进安南，攻多邦隘城，克东都，六年回卫	第64册第414—415页

（续表）

	所在卫	所在所	职务	籍贯	姓名	第几次下西洋	西洋战功	补充说明	出处
72	建宁右卫	左所	原系百户，因下西洋升副千户	蒲圻县	张福	第四次	永乐十一年西洋公干		第64册第459页
73	汀州卫	前所	原系世袭百户，因下西洋升副千户	咸宁县	许道	第四次	永乐十三年下西洋公干回还		第65册第42页
74	汀州卫	中所	原系总旗，因下西洋升试百户	宜黄县	艾观音保	包括第四次在内共两次下西洋	二次下西洋公干，永乐十三年因下西洋总旗升试百户		第65册第58页
75	留守后卫	上元金川门所	原系世袭百户，因下西洋升副千户	原籍河南开封府祥符县	李成	两次下西洋	永乐十三年因下西洋二次有功，升本卫所副千户	始祖李成充辽府军，洪武三十五年擒拿大理寺官一员，赴金山（川）门朝见，升留守后卫金川门所百户	第65册第101页
76	留守后卫	仙鹤姚坊门所	原系军，下西洋回还病故，其子董真补役，以其父西洋功升总旗	文安县	董士中		永乐九年西洋锡兰山杀败番贼，回还，病故	董士中之子董真，永乐九年十一月补役为总旗，正统十四年迤北征进亡故，其子董旺顶户名补役，十月德胜门外杀败达贼，景泰元年并充总旗，以德胜功钦升留守后卫仙鹤姚坊门所试百户	第65册第121页

	所在卫	所在所	职务	籍贯	姓名	第几次下西洋	西洋战功	补充说明	出处
77	留守后卫	沧波麒麟门所	试百户	新乡县	杨春		下西洋有功，未升，病故，其子杨益袭升流官百户		第65册第145页
78	锦衣卫	右所	原系总旗，下西洋后升带支俸试百户	安丘县	汪清		下西洋公干		第67册第244页
79	锦衣卫		原系总旗，下西洋后升实授所镇抚	黄县	柳政	第五次	永乐十六年西洋公干	洪武二十七年以人材举充锦衣卫力士将军，永乐八年阿鲁台功升总旗	第68册第69页
80	金山卫	前所	原为世袭百户，因下西洋升副千户	应山县	张奢	包括第四次在内，共二次下西洋	永乐十三年升副千户	其父张观，洪武三十四年阵亡	第68册第72-73页
81	江阴卫	右所	原系总旗，下西洋后升试百户	定海县	王道官	第一次	永乐四年阿鲁洋擒贼	永乐十一年为屯田事，问发大报恩寺管工	第70册第209-210页
82	平阳卫	左所	原系百户，因下西洋先后升副千户、正千户	迁安县	李源	第二次第四次	永乐五年西洋有功，升副千户。十年西洋松门白沙岸有功，升天策卫左所正千户，大宁前卫所带俸	洪武三十二年奉天征讨，三十三年济南功升小旗。三十四年西水寨功升总旗，三十五年灵璧县功升平阳卫左所百户	第71册第32页

（续表）

	所在卫	所在所	职务	籍贯	姓名	第几次下西洋	西洋战功	补充说明	出处
83	羽林左卫		原为总旗，因下西洋先后升试百户、副千户、正千户、世袭指挥佥事	吴县	章胜	第二次第四次第五次	永乐五年前往西洋等国公干，七年升试百户，节次杀退番贼有功，升副千户。复选西洋公干有功，□回还。系下西洋三次有功人员。永乐十四年钦升正千户，本年前往西洋忽鲁谟斯等国公干。十八年升世袭指挥佥事	洪武三十五年，高□山朝见，功升小旗，擒拿□□等二名，功升总旗	第72册第152页
84	羽林左卫	左所	原系总旗，下西洋后升试百户	莱阳县	王初儿	第四次	下西洋苏门答剌，与苏干剌斯杀有功		第72册第184-185页
85	羽林左卫	右所	原为世袭百户，因下西洋升正千户	武陵县	张哲		下西洋有功		第72册第187页
86	羽林左卫	右所	原为实授百户，因下西洋升副千户	蕲州	郑信	第三次	永乐七年西洋公干，十三年升副千户		第72册第196页

	所在卫	所在所	职务	籍贯	姓名	第几次下西洋	西洋战功	补充说明	出处
87	羽林左卫	中所	因下西洋先后升总旗、试百户	大同县	冀斌	第三次第四次	永乐七年西洋公干，九【年】为国王亚烈苦索（奈）儿悖逆，杀夺官军，亲行剿擒番王，杀败番贼，升总旗。十三年升羽林左卫中所试百户。下西洋于白沙岸与苏干剌对敌，厮杀有功，升试百户		第72册第214页
88	羽林左卫	前所	因下西洋先后升总旗、试百户	罗田县	许旺	第三次第四次	永乐七年西洋公干，九年为国王亚列苦奈儿悖逆，擒杀，升总旗。十年复往西洋公干，十二年白沙岸对敌。十三年升羽林左卫前所试百户		第72册第235页
89	羽林左卫	后千户所	原系总旗，因下西洋升试百户	长沙茶陵县	李添保	包括第四次在内的两次下西洋	永乐十年复往西洋公干。十四年升羽林左卫试百户。二次下西洋	永乐四年征安南等处	第72册第248页

	所在卫	所在所	职务	籍贯	姓名	第几次下西洋	西洋战功	补充说明	出处
90	南京羽林左卫	水军所	原系总旗，因下西洋升试百户	临海县	吕泰	第四次	下西洋，与苏干剌厮杀		第72册第257页
91	锦衣卫	衣左所旗节司	原系锦衣卫小旗，因下西洋先后升试百户、实授百户	原籍直隶保定府新城县	李让	第三次第四次	永乐九年正月攻城杀贼，退番贼有功，升本卫所试百户。十二年九月，苏门答剌白沙岸杀贼有功，十三年十二月升本卫所实授百户	洪武三十四年充仪卫司校尉。三十五年克东阿、灵璧县。渡江，克金川门有功，升锦衣卫衣左所小旗	第72册第262页
92	羽林左卫	水军所	原系总旗，因下西洋升试百户		郭恂		下西洋公干		第72册第264-265页
93	龙骧卫	左所	原系副千户，因下西洋先后升正千户和流官指挥金事	香河县	舒敏	包括第五次在内，共三次下西洋	因二次下西洋，十三年功升正千户。复下西洋，十八年升流官指挥金事	父舒成，系前朝百户。吴元年从军	第72册第287页
94	羽林右卫（长陵卫）	左千户所	原系总旗，因下西洋升试百户		岳泰		下西洋		第72册第318页

（续表）

	所在卫	所在所	职务	籍贯	姓名	第几次下西洋	西洋战功	补充说明	出处
95	龙骧卫		原系小旗，因下西洋先后升总旗、试百户	南城县	吴全	第二次第四次	永乐五年西洋公干，充总旗。十二年征进苏门白沙岸有功，升试百户		第72册第383页
96	羽林右卫（长陵卫）	水军千户所	原系总旗，因下西洋升试百户		邹兴		因下西洋升试百户		第72册第402页
97	羽林右卫（长陵卫）	中千户所	原系总旗，因下西洋升试百户	安仁县	汪诚		下西洋厮杀		第72册第403页
98	府军右卫	水军所	原系总旗，因下西洋升试百户	嵊县	姚佛兴		下西洋公干		第72册第417页
99	府军右卫	前所	原系小旗，因下西洋升总旗	无为州	童亮	第三次第四次	永乐七年西洋公干，十一年复西洋公干，升总旗	童旺补役，正统六年征进麓川，攻克上江刀招汉寨，杀败贼众有功	第72册第450页
100	府军右卫	水军所	原系总旗，因下西洋升试百户	天台县	张亚侃	两次下西洋	二次下西洋	洪武三十五年渡江	第72册第476页

	所在卫	所在所	职务	籍贯	姓名	第几次下西洋	西洋战功	补充说明	出处
101	府军右卫	水军所	原系总旗，因下西洋升试百户	鄞县	俞寿		差往西洋公干回还		第72册第477页
102	南京锦衣卫	驯象所	原为百户，因下西洋先后升为副千户、钦授流官职事、正千户、指挥佥事、世袭指挥同知	江都县	何义宗	第一次第二次第三次	永乐三年八月往西洋等处公干。四年旧港、阿鲁等处杀败贼众，五年升本卫所正千户。十一月往爪哇、西洋等处公干。七年复选下西洋，八月敬升本卫指挥佥事。九年征破城池擒王，四门杀败番贼，回还。九月升本卫指挥同知，敬授世袭	先因年间为因兵革，随父何仲贤到占城。洪武十九年差做通事，跟占城王子管领船只到京，回还本国。二十年仍同使臣进象……二十一年钦留提调，操练象只，拨充锦衣卫中右所总旗。三十年，占城国招谕，引领占城王子等赴京朝见。三十五年往爪哇国。永乐元年回还，钦升锦衣卫驯象所百户。八月往西洋等国，三年回还，升驯象所副千户	第73册第2-3页

（续表）

	所在卫	所在所	职务	籍贯	姓名	第几次下西洋	西洋战功	补充说明	出处
103	南京锦衣卫	衣左所	原为副千户，因下西洋先后升正千户、指挥佥事	武进县	李满	第一次 第四次	永乐三年调锦衣卫衣左所，本年西洋公干有功，升本卫正千户。永乐十三年功次簿内查有下西洋等处功，正千户升指挥佥事五员，内一员李满	洪武三十二年攻围济南，升小旗，西水寨升总旗，三十五年渡江，除旗手卫中所百户。永乐元年升本所副千户。二年钦与世袭	第73册第21页
104	南京锦衣卫	仪卫司	原为小旗，因下西洋先后升试百户、正千户、指挥佥事	新城县	张通	第一次 第三次 第四次	永乐四年往西洋等国，节次杀贼虹，五年升试百户。九年往锡兰山国，杀退番贼，升正千户。十年征西洋，白沙岸对敌有功，十三年升指挥佥事	洪武三十四年充仪卫司校尉，三十五年平定京师，升小旗	第73册第23页

	所在卫	所在所	职务	籍贯	姓名	第几次下西洋	西洋战功	补充说明	出处
105	南京锦衣卫	中后所	原为世袭实授百户，因下西洋先后升世袭副千户、世袭正千户、流官指挥佥事	原籍交趾	宗真	第一次第三次	永乐三年阿鲁洋杀获贼船功，五年升本卫所世袭正千户。十年往西洋公干功，十三年升本卫流官指挥佥事	洪武六年……宗真到于占城……九年差领……象进贡。二十年与小旗……拨锦衣卫中后所。二十五年并枪，充本卫所管象总领。三十五年往暹罗国功，永乐元年除本卫所世袭实授百户。本年往西洋公干，三年除本卫世袭副千户	第73册第28页
106	南京锦衣卫		原为百户，因下西洋先后升副千户、正千户、指挥佥事	鄱阳县	余复亨	第三次第四次第五次	永乐五年调南京锦衣卫。七年西洋公干，升副千户。十年西洋公干，十三年升正千户。十四年西洋公干，十七年升指挥佥事	洪武十九年充军，三十三年招募，升实授百户。三十四年水寨升副千户。三十五年金川门升旗手卫正千户。永乐元年为事仍复百户	第73册第29页
107	南京锦衣卫		原为正千户，因下西洋有功升指挥佥事	原籍广东广州府东莞县	钟海清	二次下西洋	永乐十三年西洋二次有功，升指挥佥事	永乐五年应招，率领本管头目人船随同前来朝见，升正千户，拨锦衣卫带俸	第73册第31页

（续表）

	所在卫	所在所	职务	籍贯	姓名	第几次下西洋	西洋战功	补充说明	出处
108	南京锦衣卫	镇抚司	原为百户，因下西洋先后升副千户、正千户	东莞县	陈道祯	包括第四次在内，三次下西洋	永乐十一年西洋公干二次有功，升副千户。十四年西洋公干，升正千户	永乐五年实授百户，拨南京锦衣卫镇抚司带俸	第73册第32页
109	南京锦衣卫	镇抚司	因西洋事先后任正千户、升流官指挥佥事	归善县	何得清	第五次	远年间流移旧港住过，永乐四年蒙千户杨信捧敕谕到，得清顺招本管头目前来朝见，钦除正千户，仍回旧港招谕。五年发锦衣卫镇抚司带俸。十四年复往西洋忽鲁谟厮等国公干，钦升锦衣卫流官指挥佥事		第73册第33页
110	南京锦衣卫		原系试百户，因下西洋升正千户、指挥佥事	新城县	刘海	第三次第四次	永乐九年，锡兰山升正千户。十二年以西洋功，升指挥佥事	洪武三十四年投充小旗。三十五年升锦衣卫总旗。永乐四年升试百户	第73册第33页

（续表）

	所在卫	所在所	职务	籍贯	姓名	第几次下西洋	西洋战功	补充说明	出处
111	南京锦衣卫		因下西洋先后任百户、升锦衣卫卫镇抚	东莞县	李真	第四次第五次	远年该福（应为赴）暹臣国奉敕招谕，永乐七年除授百户。十年西洋公干。十四年仍往西洋公干。十八年钦升锦衣卫卫镇抚		第73册第46页
112	南京锦衣卫	镇抚司	因西洋事任带支俸百户	归善县	钟二		原系旧港招谕，到京除授锦衣卫镇抚司带支俸百户		第73册第48页
113	南京锦衣卫	镇抚司	原系所镇抚，因下西洋公干升副千户	古里国	沙班	第七次	旧名舍班，以所镇抚宣德五年西洋公干，升副千户	所据西洋公干不系军功，例应咸革，本人革署副千户事所镇抚	第73册第50页
114	南京锦衣卫	镇抚司	原为总旗，因下西洋升试百户	松阳	陈兰芳	第二次第四次	永乐五年，往【爪】哇等国公干。七年升……复往西洋公干，十三年升试百户	洪武二十五年充校尉，二十六年调仪卫司，三十二年升小旗。永乐二年锦衣卫镇抚司	第73册第63页

	所在卫	所在所	职务	籍贯	姓名	第几次下西洋	西洋战功	补充说明	出处
115	南京锦衣卫	镇抚司	原系总旗，因下西洋升试百户	青田县	潘定远		下西洋公干	洪武二十五年充锦衣卫校尉，二十……年拨前仪卫……三十三年升小旗，永乐三年升总旗……升锦衣卫带管	第73册第64-65页
116	南京锦衣卫	镇抚司	原系总旗，因下西洋升带管试百户	房山县	刘定住	第三次	永乐七年差往西洋国公干，十五年钦升试百户	洪武三十二年充校尉，三十三年功升小旗，永乐二年升总旗	第73册第65页
117	南京锦衣卫	水军千户所	原系总旗，因下西洋升试百户	永嘉县	方荣	第四次	下西洋公干	永乐七年升总旗，十三年升试百户	第73册第66页
118	锦衣卫	衣中所	原系总旗，因下西洋升试百户	涞水县	张贵		下西洋		第73册第67页
119	南京锦衣卫	左所	原系百户，因下西洋升副千户、正千户	新城县	何玉	第三次第五次	永乐十年西洋功升副千户。十七年西洋二次功，升正千户	洪武三十四年充校尉，三十五年升小旗，永乐五年升总旗，九年升实授百户	第73册第75页
120	南京锦衣卫	左千户所	原系百户，下西洋有功，未升病故，其子袭升副千户	固安县	袁亨		下西洋有功		第73册第77页

	所在卫	所在所	职务	籍贯	姓名	第几次下西洋	西洋战功	补充说明	出处
121	南京锦衣卫	镇抚司	因西洋事任带俸副千户	海阳县	萧汝贵		原系旧港招谕，永乐四年除副千户，五年拨锦衣卫镇抚司带管支俸		第73册第79页
122	南京锦衣卫	衣右千户所	原系百户，因下西洋获功，未升病故，其子袭副千户	新城县	张文		下西洋获功		第73册第80页
123	南京锦衣卫	左所	原系总旗，因下西洋升试百户	新城县	徐兴	第三次	永乐七年西洋公干，十三年升试百户	报效充校尉小旗，洪武三十五年升总旗	第73册第84页
124	南京锦衣卫	镇抚司	原系总旗，因下西洋升带俸试百户	奉化县	胡谦	第一次第三次第四次	永乐四年旧港等处杀贼有功，升小旗。九年回还，沿途杀贼有功，升总旗。十年西洋公干，十二年升试百户		第73册第85页
125	南京锦衣卫	左所	原系总旗，因下西洋升试百户	栖霞县	刁先	第三次第四次	九年杀退番贼奇功，升总旗。十三年西洋二次有功，升试百户。下西洋于白沙岸与苏干剌对敌厮杀	永乐元年充力士	第73册第86页

（续表）

	所在卫	所在所	职务	籍贯	姓名	第几次下西洋	西洋战功	补充说明	出处
126	南京锦衣卫	左所銮舆司	因下西洋升试百户。再下西洋有功，未升病故，其子袭实授百户	原籍顺天府宛平县	郑兴	第三次第四次	永乐九年杀退番贼有功，本年七月升试百户。十二年下西洋有功，未升病故	洪武三十二年选充仪卫司校尉，三十四年夹河藁城杀败大军，功升	第73册第86页
127	南京锦衣卫	锦衣右所	因下西洋先后升总旗、实授百户、副千户、正千户	新城县	姚全	第一次第二次第四次第五次	永乐三年公干，五年升总旗。仍往公干，九年升锦衣卫右所实授百户。十年复往公干，十三年升副千户。又往西洋，十七年升正千户	洪武三十四年报效充校尉	第73册第88页
128	南京锦衣卫	镇抚司	因西洋事任正千户	香山县	尹仲达	第一次第四次	永乐四年随招谕千户杨信赴京，本年升正千户，锦衣卫镇抚司带俸。十年往西洋公干，故		第73册第89页
129	南京锦衣卫	锦衣右所擎盖司	原系总旗，因下西洋升试百户	通州	张政	包括第四次在内两次下西洋	永乐十三年升试百户。二次下西洋，于白沙岸与苏干刺厮杀有功，回	其兄张友洪武三十三年白沟河升小旗，三十四年失陷，张政补小旗。三十五年平定京师，升总旗	第73册第93页

（续表）

	所在卫	所在所	职务	籍贯	姓名	第几次下西洋	西洋战功	补充说明	出处
130	南京锦衣卫	衣右所	因下西洋升试百户	新城县	昝成	第一次	永乐三年，旧港等处有功，升试百户	洪武十四年，充校尉。三十五年克金川门，升小旗	第73册第94页
131	南京锦衣卫	锦衣右所扇手司	原系总旗，因下西洋升试百户	霸州	高谅	两次下西洋	二次下西洋		第73册第95页
132	南京锦衣卫	左所	因下西洋有功升左所正千户	龙岩县	王真	第四次第六次	永乐二十年选跟太监王景弘等下西洋公干，擒获伪王苏干剌等，节次有功，回还，永乐二十二年升锦衣卫左所正千户		第73册第97页
133	南京锦衣卫	衣前千户所	原系带支俸流官百户，因下西洋获功，未升病故，其子袭升副千户	房山县	刘福才	第三次	因下西洋锡兰山获功		第73册第101页

（续表）

	所在卫	所在所	职务	籍贯	姓名	第几次下西洋	西洋战功	补充说明	出处
134	南京锦衣卫	中所	原系总旗，因下西洋升试百户	江都县	张原	第三次	永乐九年锡兰山厮杀阵亡	祖张成，乙未年军	第73册第102页
135	南京锦衣卫	镇抚司	因西洋事先后升副千户、正千户	原籍广东广州府东莞县	陈永革	第五次	永乐三年差旧港招谕金仲礼等，五年升副千户。十七年西洋等处有功，十八年四月升正千户。原系旧港招谕到京		第73册第108页
136	南京锦衣卫	锦衣中千户所	原系总旗，因下西洋升实授百户，后未升病故，其子袭副千户	新城县	沈友	第三次	永乐九年杀败番贼	洪武三十四年……前仪卫司校尉小旗，三十五年平定京师，升锦衣卫衣中所总旗	第73册第109页
137	南京锦衣卫	镇抚司	因西洋事授带支俸副千户	龙溪县	李存荆		原系旧港招谕		第73册第110-111页
138	南京锦衣卫	锦衣前所	原系总旗，因下西洋先后升实授百户、副千户	东安县	易文整	第三次第四次	永乐九年西洋功，升实授百户，十年西洋公干，十三年升副千户	洪武三十二年充校尉，三十四年夹河有功，升小旗，三十五年渡江有功，升总旗	第73册第111页

（续表）

	所在卫	所在所	职务	籍贯	姓名	第几次下西洋	西洋战功	补充说明	出处
139	南京锦衣卫	锦衣前所	原系总旗，因下西洋升试百户	霸州	卢岷	第一次	往榜葛剌国公干，于旧港杀贼有功，永乐六年升试百户	洪武三十三年选充校尉，三十五年升小旗	第73册第120页
140	锦衣卫	锦衣左所戈戟司	原系百户，因下西洋先后升副千户、正千户	武进县	张和	两次下西洋	西洋公干回，升副千户。复下西洋，回升正千户	原系总旗，革除年间除百户	第73册第123页
141	南京锦衣卫	后千户所	原系总旗，因下西洋升试百户	绛县人	崔斌		永乐九年升总旗，十三年钦升锦衣卫后所试百户。下西洋厮杀有功	永乐元年……以力士举保赴京，拨锦衣卫镇抚司带管	第73册第129页
142	南京锦衣卫	水军所	原系总旗，因下西洋先后升试百户、实授百户	高平县	刘寿	第三次第四次	永乐七年西洋公干，升试百户。节往西洋公干，升实授百户。永乐十五年三月升本卫水军所实授百户	洪武二十一年充锦衣卫总甲，二十七年并枪升小旗，三十三年并枪升总旗	第73册第131页
143	羽林右卫（长陵卫）	中所	因下西洋升百户	新建县	刘春	第三次	永乐九年锡兰山有功，升百户	洪武十一年调羽林右卫中所	第73册第134页

（续表）

	所在卫	所在所	职务	籍贯	姓名	第几次下西洋	西洋战功	补充说明	出处
144	南京锦衣卫	镇抚司带俸	原系总旗，因下西洋升试百户	永清县	张林	第三次	永乐七年，选充下西洋，升试百户	洪武三十二年充校尉，三十三年征白沟、济南有功，升小旗。永乐十七年阵亡	第73册第138页
145	南京锦衣卫	中后所	原为马军，因下西洋先后升总旗、试百户	西安府华阴县	刘移住	第三次第四次第七次	永乐七年选下西洋公干，八年至锡兰山国给赐。九年为国王亚烈苦奈儿悖逆，杀夺官军钱粮，就行征剿，擒国王，杀败番贼。回还，本年升总旗。十年复下西洋公干。十二年至苏门答剌，闰九月，白沙岸与苏干剌对敌厮杀，回还，十三年钦升锦衣卫中后所试百户。宣德五年仍往西洋公干，八年回还，为患手足残疾……	其父刘才，洪武十九年以惯战头目拨充锦衣卫马军	第73册第145页
146	南京锦衣卫	中左所	因西洋事任实授百户，拨锦衣卫镇抚司带俸	原籍广东海阳县	蔡荣	第一次第四次	永乐三年旧港招谕，五年升实授百户，拨今卫镇抚司带俸。十年西洋公干		第73册第168-169页

（续表）

	所在卫	所在所	职务	籍贯	姓名	第几次下西洋	西洋战功	补充说明	出处
147	南京锦衣卫	左所	原系总旗，因下西洋升试百户	邳州	李青		下西洋公干回还		第73册第171页
148	南京锦衣卫	水军千户所	原系总旗，因下西洋升试百户	乐清县	陶旺	第四次	下西洋白沙岸与苏干剌对敌厮杀		第73册第184页
149	南京锦衣卫	后所	原系力士，因下西洋先后升小旗、试百户	深泽县	张忠	第二次第三次	永乐五年西洋公干。七年升……年征剿擒番，升锦衣卫后所试百户	洪武三十年充锦衣卫力士	第73册第184页
150	南京天策卫		因下西洋升指挥佥事	原籍直隶凤阳府寿州	童宣		西洋有功		第73册第212页
151	南京天策卫	右所	原为百户，因下西洋升副千户	原籍直隶大名府清丰县	单兴	第四次	永乐十年西洋公干有功，十四年升天策卫水军所副千户		第73册第240页

（续表）

	所在卫	所在所	职务	籍贯	姓名	第几次下西洋	西洋战功	补充说明	出处
152	南京天策卫	水军所	原为世袭副千户，因下西洋升正千户	芜湖县	李旺	第三次	永乐七年西洋等公干有功，升本卫所正千户	李旺，旧名保保，有伯父李伴舅，丙申年从军，戊戌年阵亡。李旺年幼，洪武十九年补役。洪武二十六年，首本所千户陈铭父陈得结交蓝玉，私造军器，听候谋反。四月，钦升天策卫水军所世袭副千户。	第73册第241页
153	南京天策卫	水军所	原系试百户，因西洋功升实授百户	新昌县	尤真		有西洋功	所据西洋功，不准袭，本舍革，替祖职试百户	第73册第261页
154	南京江阴卫	后所	原为小旗，因下西洋升试百户	兴化县	阮清	第二次	永乐五年西洋国公干	永乐十一年五虎关阵亡	第73册第274页

（续表）

	所在卫	所在所	职务	籍贯	姓名	第几次下西洋	西洋战功	补充说明	出处
155	神策卫	水军所	原系军，因下西洋先后升小旗、总旗、试百户	乐清县	李荣	第一次第二次第三次第四次	永乐三年往西洋锡兰山等国公干。永乐四年旧港杀败贼众，七月棉花屿洋杀获贼船，八月阿鲁洋剿杀贼人。永乐五年升小旗，十一月复往西洋公干，永乐七年升总旗。九月往西洋柯枝等国公干。永乐十年复往柯枝等国公干。永乐十二年苏门答剌白沙岸与苏干剌对敌。永乐十三年升神策卫水军所试百户		第73册第275页

（续表）

	所在卫	所在所	职务	籍贯	姓名	第几次下西洋	西洋战功	补充说明	出处
156	南京豹韬卫		指挥同知	南阳府唐县	甄凯		永乐二年调豹韬卫，西洋公干，十年调指挥同知，征交趾亡故	其父甄玉，洪武十八年充小旗，二十八年改营州右护卫，三十三年攻大同，升总旗，济南升百户，沧州阵亡。将凯袭升副千户，三十四年西水寨升正千户，三十五年平定京师，升营州右护卫，今改隆庆右卫指挥佥事	第73册第287页
157	南京豹韬卫	右所	原系百户，因下西洋升副千户	上元县	史斌	第二次第三次	永乐九年跟太监王贵通往爪哇西洋公干，七年回往。复下西洋	其父史源，旧名启源，前元千户，戊戌年归附。己亥年除万户……（史斌）永乐……年钦调豹韬卫右所，永乐四年运粮北京	第73册第292页
158	南京豹韬卫	中所	试百户，往西洋公干，故，其弟王忠袭升副千户	饶阳县	王斌	第三次	永乐七年往西洋公干，故	永乐二年下海捕倭，七年升豹韬卫中所试百户	第73册第300页

（续表）

序号	所在卫	所在所	职务	籍贯	姓名	第几次下西洋	西洋战功	补充说明	出处
159	南京豹韬卫	左所	因下西洋升小旗	安福县	朱大眼	第一次第四次	永乐四年西洋公干，杀贼有功，升小旗。永乐十二年溺死		第73册第305页
160	南京豹韬卫	左所	原为小旗，因下西洋升总旗	安福县	朱秋奴	第五次	永乐十四年西洋公干，十八年升总旗	接第159条，朱大眼溺死后，朱秋奴补役	第73册第305页
161	南京豹韬卫	左所	原为军，因下西洋升小旗	泰州	孙受	第一次	永乐三年，西洋功升小旗，故		第73册第308页
162	南京豹韬卫	左所	原为小旗，因下西洋升总旗	泰州	孙佛儿	第三次	永乐十年，西洋功升总旗，故	接第161条，孙受故后，由孙佛儿补役	第73册第308页
163	南京豹韬卫	右所	原为世袭百户，因下西洋先后升副千户、正千户	襄城县	张敬	第四次第五次	下西洋，永乐十三年升副千户。复下西洋，十八年升正千户，故	其父张杰，洪武十六年充军，二十二年选锦衣卫带刀	第73册第312页
164	南京豹韬卫	前所	原系小旗，因下西洋升试百户	南城县	廖兴	第三次	锡兰山厮杀有功		第73册第318页
165	南京豹韬卫	右千户所	原系总旗，因下西洋升试百户	南昌县	熊回保		下西洋		第73册第319页
166	南京豹韬卫	中左所	原系总旗，因下西洋升试百户	六合县	张僧住	第三次第五次	二次下西洋，永乐十年升总旗，十八年试百户	宣德二年交趾阵亡	第73册第321页

（续表）

	所在卫	所在所	职务	籍贯	姓名	第几次下西洋	西洋战功	补充说明	出处
167	南京豹韬卫	中所	下西洋有功，病故，其子袭升正千户	沛县	宫默		下西洋有功，永乐五年升本卫所副千户	宫默，沛县人，有父宫子成，以惯战头目年老，将默起送操练，洪武二十二年并枪充小旗，二十七年选充锦衣卫中所将军。十二月……署豹韬卫中所百户	第73册第324页
168	南京豹韬卫	中所	原系总旗，因下西洋功升实授百户	合肥县	孙贵	第三次	永乐七年，西洋公干。八年征进锡兰山等国，升实授百户	永乐四年征进交趾	第73册第333页
169	南京豹韬卫	前所	原系总旗，因下西洋升试百户	莆田县	郑佛儿	第五次	永乐十四年西洋有功，十八年升试百户	宣德二年交趾阵亡	第73册第344页
170	南京豹韬卫	前所	原系小旗，因下西洋升总旗	沛县人	杨驴儿	第一次	永乐四年于旧港杀获贼舡，五年升总旗		第73册第348页
171	南京豹韬卫	中所	原系总旗，因下西洋升试百户	石门县	屈斌（屈冬儿，顶户名屈二奇）	第四次	下西洋厮杀，十三年升豹韬卫中所试百户		第73册第350页

（续表）

	所在卫	所在所	职务	籍贯	姓名	第几次下西洋	西洋战功	补充说明	出处
172	南京豹韬卫	右所	因下西洋先后升小旗、总旗、试百户	汉阳县	杨关保	第一次 第二次 第四次	永乐三年往西洋小葛兰等国公干，五年升小旗。复下西洋古里等国公干，七年升总旗。十年仍往西洋忽鲁谟斯等国公干。十三年升豹韬卫右所副百户		第73册第355页
173	南京豹韬卫	后所	原系总旗，因下西洋升试百户	南城县	危倍生	第三次 第四次	永乐七年西洋公干，十年仍充总旗。复往西洋公干，十二年升本卫所试百户		第73册第361页
174	南京豹韬卫	水军所	因下西洋升实授百户	新昌县	尤成	第四次	下西洋，白沙岸杀贼		第73册第372-373页
175	江阴卫		原系百户，因下西洋先后升副千户、正千户、指挥佥事	江都县	傅良	第二次 第四次 第五次	永乐五年古里等国公干有功，七年升副千户。十年西洋等国公干有功，十四年升正千户。又往西洋公干，十八年升指挥佥事		第74册第10-11页

（续表）

	所在卫	所在所	职务	籍贯	姓名	第几次下西洋	西洋战功	补充说明	出处
176	江阴卫	右所	原为世袭正千户，因下西洋升指挥佥事	安仁县	余燧	第四次	永乐十年西洋公干有功，升指挥佥事	其父余先，陈氏下万户，洪武三年并枪授潞州百户。二十六年升鹰扬卫左所世袭副千户。老疾，燧替，三十年升江阴卫右所世袭正千户	第74册第13页
177	南京豹韬左卫	左所	原为实授百户，因下西洋先后升副千户、正千户	灵璧县	王僧保	第四次 第五次	永乐十三年西洋公干，回还升本卫所副千户，复下西洋公干回还，十八年升正千户	洪武三十五年升总旗	第74册第20页
178	宽河卫		原系正千户，因下西洋先后升指挥佥事、指挥同知、指挥使	晋江县	哈只	第一次 第二次 第五次	永乐三年西洋等处公干，四年旧港、棉花与阿鲁洋等处杀获贼舡，五年升指挥佥事。当年往爪哇西洋等处公干，七年升指挥同知，八年授流官。永乐十四年往西洋公干有功，回还，十七年升指挥使	洪武十四年充校尉，三十四年藁城升总旗。三十五年平定京师。永乐元年升宽河卫副千户，差往西洋等国公干，三年升正千户。四年授流官	第74册第246页

（续表）

	所在卫	所在所	职务	籍贯	姓名	第几次下西洋	西洋战功	补充说明	出处
179	南京鹰扬卫		因下西洋先后升所镇抚、流官副千户	番国	金沙班	第四次 第五次	永乐十三年，因下西洋通事升所镇抚，鹰扬卫带支俸	永乐十八年西洋公干，升流官副千户鹰扬卫镇抚带俸	第74册第322页
180	南京鹰扬卫	左所	原系军，因下西洋先后升小旗、总旗	溧阳	潘宅弟	第一次	永乐三年西洋公干回还，升小旗，七年升总旗。九年故		第74册第396页
181	南京鹰扬卫	左所	原系总旗，因下西洋升试百户	溧阳	潘住住	第四次	永乐十年，又公干，回还，十五年，升鹰扬卫左所试百户	接180条，潘宅弟故后由潘住住补役。宣德二年征进交趾亡故	第74册第396页

附录4：1981年版《中国度量衡图集》中的半刻度尺

年代	名称	来源	形制	图号与页码
东汉	鎏金铜尺	1956年山东掖县坊北村东汉墓出土，中国历史博物藏	长23.6厘米，宽2.2厘米，厚0.3厘米。折断，后经修复，通体鎏金。正面分成两段：一段分五个寸格，未刻分，格内线刻鸟兽纹饰；另一段未刻分寸，分二格，一格刻车马，另一格刻一异兽。背面满饰流云、鸟兽纹，线条刻画极为流畅	图版说明第3页，图17
东汉	骨尺	1970年河南洛阳唐寺门东汉墓出土，洛阳博物馆藏	长23.7厘米，宽2厘米，厚0.15厘米。尺面等分二段，一段刻五个寸格，未刻分。一段刻卷枝纹，上下有菱纹边饰。墓葬时代为东汉永康元年（167年）	图版说明第3页，图24

年代	名称	来源	形制	图号与页码
东汉	铜尺	1972年江西南昌施家窑出土，江西省博物馆藏	残长22.6厘米，宽1.5厘米，厚0.2厘米。两端稍残，一段刻五寸，五寸处刻交午线，另一段素面，以四寸长9.5厘米推算，一尺合23.75厘米	图版说明第3页，图25
三国·吴	银乳钉竹尺	1979年江西南昌出土，江西省博物馆藏	长24.2厘米，宽2.4厘米，厚0.6厘米。两端镶铜包头，一段以银乳钉分五个寸格，另一段素面，背面中间镂刻一圆形米字图案。与此尺同时出土的木简记有"高荣，字万绶，沛国相"，考证此墓葬为三国吴早期	图版说明第4页，图31
三国·吴	铜尺	1964年江西南昌坛子口1号墓出土，江西省博物馆藏	长23.5厘米，宽2厘米，厚0.3厘米。锈蚀严重。正面等分二段。一段刻五寸，未刻分。另一段刻有花纹。尺背面未刻分寸	图版说明第4页，图32
南朝	铜尺	中国历史博物馆藏。罗振玉：《雪堂所藏古器物图》，20页，影印本，1923年	长25厘米，宽2.2厘米，厚0.3厘米。一侧有缺损，正面刻有五寸，以六个圆圈为尺星，其余五寸未刻分寸。一端有孔。据《隋书·律历志》记载，刘宋民间尺度为晋前尺一尺六分四厘，齐、梁、陈三代沿用。由此推算刘宋尺一尺为24.6厘米。此尺长度与文献记载接近	图版说明第4页，图40
隋—唐初	人物花卉铜尺	故宫博物院藏。黄濬：《尊古斋所见吉金图初集》卷3，27页，影印本，1936年	长29.67厘米，宽2.4厘米，厚0.3厘米。正面等分二段。一段刻五个寸格，未刻分。第一寸内刻花卉，花心镂空。其余四寸内刻人物和鸟兽纹饰。另一段刻一男一女立像。背面满刻花卉及鸟兽纹饰。一端刻"此尺大吉，度作"六字。从纹饰的风格推断当为隋至唐初之尺	图版说明第6页，图43

年代	名称	来源	形制	图号与页码
唐	龙纹铜尺	1958年湖北武昌何家垄唐墓出土，中国历史博物馆藏	长29.71厘米，宽2.3厘米，厚0.2厘米。正面等分二段：一段刻五寸，未刻分；另一段刻龙纹。一端有孔。根据墓砖纹饰和墓葬特点，此墓为唐代早期墓	图版说明第6页，图44
唐	镂牙尺	日本奈良正仓院藏	1. 红牙拨镂尺，长29.5厘米，宽2.5厘米。五寸刻寸格，五寸未分格。（《东瀛珠光》第1册图18） 2. 红牙拨镂尺，长29.7厘米，宽2.2厘米。正面五寸刻寸格，五寸未分格，间以花鸟兽图案。背面通体花鸟图案。（《东瀛珠光》第4册图224其二）	图版说明第6页，图45
北宋	浮雕五子花卉木尺	1973年江苏苏州横塘出土，苏州市博物馆藏	长31.7厘米，宽3.1厘米，厚0.6厘米。尺面等分二段。一段等分五寸，每寸内浮雕不同形态的童子和折枝牡丹；另一段雕刻缠枝牡丹四朵。根据纹饰风格，推断为北宋时期之物	图版说明第8页，图60
南宋	黑漆雕花木尺	1975年福建福州浮仓山南宋墓出土，福建省博物馆藏	长28.3厘米，宽2.6厘米，厚1.25厘米。正背两面纹饰相同，均分为二段：一段分划五个寸格，寸格内阴刻铜钱等纹饰；另一段无划格，仅阴刻折枝牡丹。纹地内填绿彩，通体涂黑漆。此尺出土于宋太祖赵匡胤九世孙赵与骏妻黄升墓，葬于南宋淳祐三年（1243）。此尺与编号64竹尺均较宋代统一尺度为短，可能是福建地方用尺	图版说明第8页，图63
南宋	竹尺	1974年福建泉州湾宋代沉船内发现，福建省泉州海外交通史博物馆藏	残长20.7厘米，宽2.4厘米，厚0.4厘米。残存二段：尺面半段刻五个寸格，未刻分；另半段未刻分寸。实测五寸长13.5厘米，推算一尺合27厘米	图版说明第8页，图64